Strategien gegen Jugendarbeitslosigkeit
im internationalen Vergleich
Strategies against Youth Unemployment.
An International Comparison

AF125718

Claus Groth/Wolfgang Maennig (Hrsg.)

Strategien gegen Jugendarbeitslosigkeit im internationalen Vergleich

Auf der Suche nach den besten Lösungen

Strategies against Youth Unemployment: An International Comparison

The search for best practise

PETER LANG

Frankfurt am Main · Berlin · Bern · Bruxelles · New York · Oxford · Wien

Die Deutsche Bibliothek - CIP-Einheitsaufnahme

Strategien gegen Jugendarbeitslosigkeit im internationalen
Vergleich : auf der Suche nach den besten Lösungen =
Strategies against youth unemployment / Claus Groth ;
Wolfgang Maennig (Hrsg.). - Frankfurt am Main ; Berlin ;
Bern ; Bruxelles ; New York ; Oxford ; Wien : Lang, 2001
   ISBN 3-631-37659-6

Umschlagabbildung:
Rainer Schwinge.

ISBN 3-631-37659-6

© Peter Lang GmbH
Europäischer Verlag der Wissenschaften
Frankfurt am Main 2001
Alle Rechte vorbehalten.

www.peterlang.de

Grußwort des Bundespräsidenten

Mitte der neunziger Jahre stand überall in Europa das Thema „Jugendarbeitslosigkeit" ganz oben auf der politischen Tagesordnung. Die große Sorge war, dass eine Generation heranwächst, für die Arbeitslosigkeit zur Normalität und Hoffnungslosigkeit zur Perspektive wird. Damals gab es viele gezielte politische Initiativen und unternehmerische Ansätze, um das Problem zu lösen. Nicht alle waren erfolgreich und auch manche erfolgversprechenden Ansätze fielen Streichaktionen in den öffentlichen Haushalten zum Opfer.
Jugendarbeitslosigkeit ist kein Thema von gestern, auch wenn die Situation auf dem Arbeitsmarkt heute nicht mehr ganz so dramatisch ist. Die Vorzeichen haben sich umgekehrt: Die Zahl der Arbeitslosen nimmt ab und nicht mehr zu. Die Zahl der Arbeitsplätze nimmt zu und nicht mehr ab. Noch immer beträgt die Jugendarbeitslosigkeit in Deutschland aber 8,8 Prozent und ist damit viel zu hoch, wenngleich weit unter dem Durchschnitt der anderen OECD-Staaten.

Darum ist es auch so wichtig, über „Best Practice" zu reden. Daraus lässt sich viel lernen, gerade im internationalen Austausch. Darum war die Zusammenkunft von 15 Fachleuten aus 12 Staaten auf der EXPO 2000 in Hannover eine nützliche Sache.

Unsere vergleichsweise günstige Situation verdanken wir vor allem den Stärken unseres dualen Systems der beruflichen Ausbildung. Für fast zwei Drittel der jungen Männer und Frauen ist es nach wie vor der Weg in die Zukunft. Diese Form der Ausbildung ist gewiss reformbedürftig, aber sie ist auch reformfähig. Die Beiträge in dem vorliegenden Tagungsband zeigen viele unterschiedliche Wege, durch zukunftsorientierte Ausbildung Jugendarbeitslosigkeit vorzubeugen und zu bekämpfen. Nicht alles davon können und wollen wir in Deutschland umsetzen, anderes bietet aber offensichtlich große Chancen, die wir nutzen sollten.

Die Green-Card-Initiative, die ja ein durchaus sinnvoller Ansatz ist, um kurzfristig Mängel bei der Besetzung wichtiger Arbeitsplätze auszugleichen, ist für sich allein genommen keine dauerhafte Lösung. So lange es noch zwischen drei und vier Millionen Arbeitslose gibt, muss das drittgrößte Industrieland der Welt in der Lage sein, die Arbeitskräfte für den eigenen Bedarf in erster Linie selbst auszubilden. Welche Veränderungen dafür in Bildung und Ausbildung notwendig sind, darüber lohnt politischer Streit. Auch dafür sind Anregungen und Erfahrungen aus dem Ausland wichtig und nützlich.

Inhalt

Arbeit im Dritten Sektor – Ein Weg zur dauerhaften Integration?

Claus Groth und Wolfgang Maennig

Jugendarbeitslosigkeit:
Wirtschafts- und Bildungspolitik sowie die Rolle des Dritten Sektors

Die Arbeitslosigkeit in Deutschland der neunziger Jahre, insbesondere die Jugendarbeitslosigkeit, war nach allgemeinen Empfinden zu hoch. Starke Verharrungstendenzen in den Statistiken, aber auch in der durch die Öffentlichkeit wahrgenommenen Politik gegen die Jugendarbeitslosigkeit führte zu zunehmender Unzufriedenheit und verstärktem Engagement einzelner Persönlichkeiten, Unternehmen, Verbänden und sonstigen Institutionen. In einer dieser Initiativen, der „Düsseldorfer Initiative Jugend & Arbeit 2000" wurde in praktischer Arbeit und in einer Zusammenkunft beteiligter Jugendlicher, deren Eltern, Lehrern und Ausbildern sowie Vertretern von Wirtschaft, Politik und Wissenschaft mit großem Konsens festgestellt, dass a) Jugendarbeitslosigkeit kein rein wirtschaftliches Problem ist, sondern dass sie zu schwerwiegenden dauerhaften sozialen und psychischen Schädigungen führen kann und somit ein gesellschaftliches Problem ist. Folgerichtig wurde gefordert, dass b) alle gesellschaftlichen Gruppen – und nicht nur die häufig allein gelassene Wirtschaftspolitik – ihre Verantwortung tragen sollen. Schließlich ergab sich aus der Diskussion mit internationalen Experten, dass c) Deutschland u.U. von den Erfahrungen und durchaus beeindruckenden Erfolgen benachbarter Länder bei der Bekämpfung der Jugendarbeitslosigkeit lernen könnte. Einzelheiten sind im entsprechenden Tagungsband festgehalten.[1]

Nach den meisten Statistiken nimmt die empirische Bedeutung der (Jugend-) Arbeitslosigkeit in Deutschland, anderen europäischen Nationen, aber auch darüber hinaus seit dem Ende der neunziger Jahre ab. Grund für eine Entwarnung? Keine Notwendigkeit mehr, sich um eine bessere Politik gegen Jugendarbeitslosigkeit Gedanken zu machen? Keine Notwendigkeit mehr, bisher unbeteiligte gesellschaftliche Gruppen in die Verantwortung zu nehmen?

Immerhin, auch das jetzige – und absehbare – Niveau der Jugendarbeitslosigkeit ist (zu) hoch. Hinter diesen „(zu) hoch" mag sich für Viele ein wertgebundenes (Vor-)Urteil verbergen, welches erst durch eine objektivierbare Referenz, einen eindeutigen Maßstab einer Überprüfung zugänglich wird. Wer sich die im erwähnten Tagungsband ausführlich beschriebenen sozialen Folgen vergegen-

---

1 Vgl. Groth und Maennig (1998).

wärtigt, wird jedoch kaum noch Zweifel verspüren, dass der Kampf gegen die Jugendarbeitslosigkeit von höchster Priorität ist.

Anlässlich der Weltausstellung EXPO 2000 hat es der Deutsche Pavillon als seine Pflicht angesehen, die Diskussion um die Jugendarbeitslosigkeit im globalen Rahmen erneut aufzunehmen. Diesmal sollten nicht nur Europäer zu Worte kommen, sondern Erfahrungen aus allen Teilen der Welt gesammelt werden. Zu universell war der Anspruch der EXPO 2000, um diese Aufgabe nicht anzugehen.

Der vorliegende Band dokumentiert die Ergebnisse der Zusammenkunft von 15 Referenten aus 12 Staaten, welche vor rd. 100 Teilnehmern Projekte, Lösungsansätze und Strategien gegen die Jugendarbeitslosigkeit mit dem Ziel vorstellten, nach „best practices" zu suchen. In den drei Panels zur Arbeitsmarktpolitik, zur Bildungspolitik und zur Rolle des Dritten Sektors diskutierten Experten aus verschiedenen Wissensbereichen (z.B. Ökonomie, Politik, Soziologie und Pädagogik), unterschiedlichen Tätigkeitsfeldern (Projektträger, Jugendvertreter, Bildungsinstitutionen, Regierung und regierungsnahe Institutionen, Universitäten) und drei verschiedenen Kontinenten.

Peter Grottian erinnert in seinem einleitenden Beitrag daran, dass die (Arbeitsmarkt-)Politik daran zu messen ist, ob sie Jugendlichen eine angemessene Gegenwart sowie perspektivreiche Zukunft ermöglicht. Er kommt – zumindest für die deutsche Politik – zu der eher skeptischen Einschätzung, dass sie schon ihrer Gegenwartsaufgabe nur mit unangemessen geringer Priorität nachkommt. Er beklagt, dass das Thema gegenüber anderen (Mode-)Themen wie „Jugend und Gewalt", „Jugend und Rechtsextremismus", „Jugend und Drogen", denen scheinbar mit plakativen Aktionen beizukommen ist, benachteiligt wird. Peter Grottian zeigt, dass eine systematische Lösung nicht nur diejenigen Jugendlichen zu fokussieren hat, die keine Lehrstelle finden, sondern alle Jugendlichen, die entweder keinen Zugang zum Bildungs- und Ausbildungssystem oder zu einem Arbeitsplatz haben. Damit arbeitet er die zentrale Rolle der Bildungspolitik, welcher der gesamte zweite Teil des vorliegenden Tagungsbandes gewidmet ist, bereits heraus.

Möglichkeiten und Grenzen der Arbeitsmarktpolitik

Im ersten Teil, der sich den arbeitsmarktpolitischen Strategien im Speziellen widmet, werden die Erfahrungen aus vier recht unterschiedlichen Ländern dargestellt. Gerhard Bosch, der sich insbesondere mit Deutschland beschäftigt, vergleicht zunächst die Jugendarbeitslosigkeit international und kommt zu dem Schluß, dass das duale System der beruflichen Ausbildung ein wirkungsvoller Integrationsmechanismus für die nachwachsende Generation ist. In den nächsten Jahren steht nach Gerhard Bosch die Arbeitsmarktpolitik für Jugendliche vor vier großen Herausforderungen. Erstens muss vor allem bis 2005 die Zahl der Ausbildungsplätze wegen der demographisch bedingten Zunahme der Bewerber gesteigert werden. Hierzu muss eine Ausbildung sowohl für Jugendliche als auch für Unternehmen attraktiv bleiben. Zweitens müssen die Berufsbilder kontinuierlich modernisiert und vor allem auch die Durchlässigkeit zu den akademischen Berufen hergestellt werden. Drittens muss das duale System auch in Ostdeutschland verankert werden. Viertens müssen neue Instrumente für die Integration bildungsferner Jugendlicher entwickelt werden. So muss auf die Jugendlichen zugegangen werden; sie müssen gefördert, aber auch gefordert werden, indem beispielsweise individuelle Entwicklungspläne vereinbart und die nicht qualifizierungswilligen oder -fähigen Jugendlichen in Arbeit vermittelt werden.

Lena Schröder stellt die Erfahrungen Schwedens dar, also eines Landes, das traditionell einen deutlich kollektiven Ansatz in der gesellschaftlichen Wohlfahrtsmaximierung propagierte und erst in den letzten Jahren eine gewisse Annäherung an die Politik der anderen „westlichen" Länder vollzieht. Sie geht insbesondere auf die Arbeitslosigkeit unter ethnischen Minderheiten und Immigranten ein und untersucht die Möglichkeiten und Grenzen von Arbeitsmarktprogrammen für diese Gruppierungen, bei denen die Arbeitslosenraten besonders hoch sind. Dieses Spezialthema innerhalb der Jugendarbeitslosigkeit könnte bei zunehmender Globalisierung und zunehmender internationaler Migration zukünftig noch mehr Bedeutung gewinnen. Lena Schröder streicht in ihrer Analyse zunächst das Manko Jugendlicher heraus, das in einer nur geringen Berufserfahrung – und damit geringeren Arbeitsleistung – besteht. Der Arbeitgeber hat für junge Arbeitnehmer höhere Ausbildungskosten zu tragen als für Erwachsene – oder zumindest wird dies so angenommen. Des Weiteren ist die mögliche Arbeitsleistung eines jugendlichen Arbeitsuchenden schwieriger einzuschätzen als die von Arbeitnehmern mit Berufserfahrung. Selbstverständlich sind solche Erfahrungen allenfalls eine statistische Mittelwert-Erfahrung, dennoch wirken sie sich auf jugendliche Einwanderer und ethnische Minderheiten diskriminierend aus.

Sie kommt zwar zu dem Schluss, dass erfolgreiche aktive Arbeitsmarktprogramme für arbeitslose Jugendliche unmittelbar an der Schnittfläche zwischen Schule und Arbeitsstelle anzusiedeln sind. Vor darüber hinaus gehenden Verallgemeinerungen warnt sie jedoch. Insbesondere hält sie es für problematisch, erfolgreiche Programme international einfach zu kopieren. Die Programme müssen auf die besonderen Gegebenheiten der jeweiligen Länder abgestimmt sein. So sollten sie z. B. berufsbezogene Kurse in Ländern beinhalten, in denen die Verknüpfung zwischen Bildungswesen und Arbeitsmarkt sehr schwach ist, und öffentlich finanzierte Arbeitsbeschaffungsmaßnahmen in Ländern mit streng regulierten Arbeitsmärkten anbieten. Ein entscheidender Aspekt ist dabei, dass die Programme die Bedeutung von statistischer Diskriminierung reduzieren, indem sie verlässliche Informationen über die Arbeitsleistung jugendlicher Arbeitssuchender zur Verfügung stellen.

Der Tagungsort "Expo" war Anlass genug, in die Diskussion nicht nur den üblicherweise einbezogenen Kreis von OECD-Ländern einzubeziehen, sondern bewusst auch in anderen Ländern nach "best practice" zu suchen, ohne die Warnung der nur begrenzten Übertragbarkeit von Lena Schröder zu vergessen. Einen ersten Beitrag in diese Richtung leistet Janyl Kojomuratowa, indem sie die arbeitsmarktpolitischen Programme in Kirgistan vorstellt. Neben traditionellen Maßnahmen wie Arbeitsbeschaffungsmaßnahmen, Ausbildung, Umschulung und Fortbildung werden dort Maßnahmen durchgeführt, von denen durchaus gelernt werden kann. So sind im Programm „Jugendscheck" für die Arbeitgeber direkte Lohnkostenzuschüsse und die Reduktion von Sozialabgaben vorgesehen. Die teilweise monatlich stattfindende „Job-Börsen für Jugendliche" schaffen direkte Treffen der Arbeitgeber und der Jugendlichen „Gesicht zu Gesicht" ohne zusätzlicher Zeitaufwand.

Bildungspolitik gegen Jugendarbeitslosigkeit

Im zweiten Teil, der sich mit den bildungspolitischen Ansätzen zur Bekämpfung der Jugendarbeitslosigkeit beschäftigt, stellt David Raffe in seinem Beitrag, der sich speziell mit der Berufsausbildung beschäftigt fest, dass es wenig sinnvoll erscheint, die Effektivität von verschiedenen Institutionen oder politischen Interventionen zu vergleichen. Vielmehr ist es wichtig, generellere Bedingungen für ein effektives Übergangssystem zu identifizieren. Hierzu gehören nach allgemeiner Auffassung eine gesunde Wirtschaft; vielfältige Chancen, Erfahrungen am Arbeitsplatz mit Ausbildung zu verbinden; gut organisierte Wege, die die Grundausbildung mit Arbeit und weiterführendem Lernen verknüpfen; engmaschig geknüpfte Sicherheitsnetze für die Risikogruppen; gute Information und Beratung sowie effektive Institutionen und Prozesse. Vor diesem Hintergrund warnt er – wie Lena Schröder –, dass Politiken, die in einem Land erfolgreich ist, in einem anderen Land nicht die gleiche Wirkung haben müssen.

Speziell auf den Beitrag der beruflichen Ausbildung zur Bekämpfung der Jugendarbeitslosigkeit eingehend, zeigt David Raffe, dass dieser wesentlich von der Art des Übergangssystems abhängt. Zu wesentlichen Dimensionen des „Übergangssystems" gehören das Ausmaß, nach dem Lehrplan und Qualifikationen standardisiert sind; der Zeitpunkt und die Art der Differenzierung innerhalb des

Bildungssystems; die Stärke der beruflichen Arbeitsmärkte und das Ausmaß, nach dem die berufliche Ausbildung arbeitsplatzspezifisch ist; die Stärke und die Art von Verbindungen zwischen Bildung und Arbeitsmarkt; die Rolle und die Organisation von betriebsinternem Lernen; und die Familienstruktur sowie die Unterstützung, die sie bei der Arbeitsplatzsuche gewährt.

Robert B. Schwartz nimmt den Faden von David Raffe auf und betont, dass es mehrere gute Wege gibt, die Herausforderung in Bezug auf den Übergang von der Schule ins Berufsleben anzunehmen. So gibt es dabei erfolgreiche Länder, in denen die Lehre der häufigste Weg in die Berufstätigkeit ist (Deutschland und die Schweiz); Länder (Belgien und Schweden), die sich hauptsächlich auf die Berufsausbildung in den Schulen verlassen; wieder andere Länder (Japan, Korea und die USA), die die Mehrzahl ihrer Jugendlichen in allgemeinbildenden Schulen behalten sowie schließlich erfolgreiche Länder, die eine breite Mischung aus verschiedenen Wegen anwenden (Österreich und Norwegen).

Robert B. Schwartz betont weiterhin, dass es nicht mehr sinnvoll ist, die Welt der Jugendlichen zu teilen in eine, in der die jungen Menschen den höheren Bildungsweg einschlagen und eine, in der sie einen Beruf ergreifen. In dem sich herausbildenden Wirtschaftssystem werden alle Jugendlichen sowohl auf das Berufsleben als auch auf die Weiterbildung vorbereitet werden müssen. Weiterbildung mag für einige hauptsächlich am Arbeitsplatz stattfinden, aber die zugrundeliegende Basis an Wissen und Fähigkeiten, die für den Erfolg am „high performance" Arbeitsplatz (z.B. analytisches Denken, logisches Denken, Problemlösungsstrategien) notwendig ist, ist im Prinzip die gleiche, die für den Erfolg im akademischen Umfeld benötigt wird. Ebenso müssen die, die sich für die Universität entscheiden, mit einigen der sog. „weicheren" Fähigkeiten (z.B. Teamfähigkeit, Konfliktlösungsfähigkeit) ausgestattet sein, wenn sie sich in ihren ausgewählten Berufen behaupten wollen. Diese Analyse legt einen Bedarf an größerer Integration von Arbeit und Lernen für alle jungen Menschen nahe, egal welchen Weg sie vom Schul- ins Berufsleben einschlagen.

Von einer innovativen, bereits im Schüleralter greifenden Schulung solcher „weicheren" Fähigkeiten bzw. „sozialen Kapitals" berichtet Heike Kahl am Beispiel sogenannter „Schülerfirmen". Das Konzept basiert auf dem im angelsächsischen Raum entwickelten Programm „Education for enterprise". Hierbei geht es nicht darum, frühzeitig „den Kapitalismus in die Schule zu holen", sondern um die Entwicklung von Eigeninitiative, Selbstverantwortung und Teamfähigkeit in Formen mit großer Lebensnähe und Ernstcharakter. Die Schüler sind für die Planung und Umsetzung einer eigenen „Geschäftsidee" verantwortlich. Sie haben Partner unter den Lehrern und in der Kommune sowie „Partnerunternehmen" zu finden, Unternehmensstrukturen aufzubauen, Produkte oder Dienstleistungen herzustellen bzw. zur Verfügung zu stellen usw.. Mittlerweile ist die Palette der Geschäftsideen sehr vielfältig. Längst stehen Modellagenturen, die Beratung kleiner Unternehmen in Sachen Software und Internet, Schülerreisebüros und Entwicklungsbüros von Solartechnologien gleichberechtigt neben traditionellen Formen von Schülercafés und Schülerzeitungen.

Heike Kahl hofft, dass es über solche Projekte der Schule besser gelingt, Abstraktionsfähigkeit und Systemdenken zu vermitteln, Offenheit für Experimente zu entwickeln, intellektuelle Flexibilität herauszubilden, die es den jungen Menschen ermöglicht, erlangtes Wissen schnell auf unterschiedliche (und sich ändernde) Situationen anzuwenden und Kooperationsfähigkeit zu fördern.

Katy Orr analysiert den Übergang von der Schule ins Berufsleben aus der Perspektive der Jugendlichen in der Europäischen Union. Auf Grund der strukturellen Veränderungen auf dem Arbeitsmarkt und der zunehmenden Zeitdauer, die Jugendliche in der Ausbildung verbringen, haben sich Bildung und Beschäftigungsmuster für Jugendliche im letzten Jahrzehnt deutlich verändert. Der Rückgang von traditionellen Produktionsindustrien bei gleichzeitigem Wachstum der neuen Technologien und dem Dienstleistungssektor hat zu einer Nachfrage nach neuen Fähigkeiten und einem höheren Bildungsniveau geführt. In vielen Bereichen sind Lücken und unbesetzte Stellen zu verzeichnen, die auf einen Mangel an angemessen gebildeten und ausgebildeten Personen in der Arbeitswelt zurückzuführen sind. Der Arbeitsmarkt verlangt außerdem eine größere Flexibilität und eine Bereitschaft über das ganze Leben hinweg Fähigkeiten zu entwickeln.

Katy Orr untersucht vor diesem Hintergrund die Schlussfolgerungen des Lissaboner Gipfels des Europarates im März 2000, bei dem sich die Staats- und Regierungschefs verpflichteten, die Ausweitung der wissensorientierten Wirtschaft und die Modernisierung und Verbesserung von Sozialhilfe- und Bildungssystemen zu fördern.

Im letzten Beitrag des zweiten Teils wirft Thomas Bediako Licht auf Probleme bei der Bekämpfung von Jugendarbeitslosigkeit in 50 Staaten Afrikas, welche in vielen industrialisierten Nationen in dieser Form nicht existieren. In diesen Ländern mit ihren unterschiedlichen Rahmenbedingungen, Sichtweisen, Einflüssen und Erwartungen leben ca. 122 Millionen Jugendliche im Alter zwischen 15 und 24 Jahren. Dabei ist davon auszugehen, dass der Anteil junger Menschen an der Gesamtbevölkerung im Verlauf der nächsten 30 Jahre von 18% auf 21% im Jahr 2025 weiter anwachsen wird, ohne dass entsprechende Arbeitsplätze zur Verfügung stehen.

Auch Thomas Bediako betont die zentrale Rolle der Bildung bei der Bekämpfung der Jugendarbeitslosigkeit, weißt jedoch eindringlich darauf hin, dass sie das Problem nicht lösen kann, wenn die internationale Wirtschaftsordnung, AIDS etc.

die entsprechenden Erfolge im Keime ersticken. Für die Besserung der Bildung in Afrika erscheinen ihm im Übrigen u.a. die Motivation und Moral der Lehrer sowie die angemessene Finanzierung des Bildungssystems von zentraler Rolle.

Zur Rolle des Dritten Sektors

Im Dritten Teil des vorliegenden Bandes zeigt Helmut K. Anheier zunächst auf, dass der Dritte Sektor weltweit auf Wachstumskurs ist und seit Jahren überdurchschnittlich zum Beschäftigungswachstum beigetragen hat. Marktwirtschaftliche Elemente, diesem Sektor früher oft fremd, finden zunehmend Verbreitung und mögen zu diesem Wachstum beigetragen haben. Andererseits könnten im Wettbewerb mit erwerbswirtschaftlichen Einrichtungen gerade die größeren Einrichtungen des Dritten Sektors das Nachsehen haben, weil beispielsweise flexible Beschäftigungsverhältnisse und –strukturen für den schnellen und effizienten Zugang zu Kapital entscheidend sein wird. Weite Teile des Leistungsangebots sozialer Dienste sind schon heute nicht mehr unmittelbar Kernbereiche für die (Wohlfahrts-)Verbände. Die Sozialmärkte werden entsprechend noch über Jahre als unkonsolidierte Märkte starken Wandlungen unterworfen sein. Die oft widersprüchlichen Entwicklungstendenzen im Dritten Sektor werden neue Organisationsformen und –modelle hervorbringen, die auch neue Beschäftigungsformen beinhalten (gerade für Jugendliche).

Paul Dekker, ansonsten nicht im Dissenz mit Helmut K. Anheier, zeigt am Beispiel der Niederlande, dass der Dritte Sektor zwar wächst, jedoch zur Zeit relativ unbedeutend bei der Bekämpfung der Arbeitslosigkeit ist. Der Dritte Sektor ist zwar in die Umsetzung des "Gesetzes zur Einpassung von Arbeitssuchenden" eingebunden. Nach diesem Gesetz haben die Gemeinden die Aufgabe, für Arbeitslose unter 23 eine "lückenlose Vorgehensweise" mit individuellen Kombinationen von Maßnahmen, Angeboten für Schulung, Arbeitserfahrungsprojekten und, wenn nötig, psychologischer und sozialer Hilfe sowie "sozialer Aktivierung" zu entwickeln. Und gerade im Rahmen von sozialer Aktivierung kann freiwillige Arbeit eine wichtige Rolle als erster Schritt Richtung Arbeitsmarkt spielen. Ein Monopol des Dritten Sektors auf Einbindung dieser freiwilligen Arbeit existiert jedoch nicht, und insgesamt ist die Rolle des Dritten Sektors für die Schaffung von Arbeitsplätzen für Jugendliche sehr eingeschränkt. Teilweise liegt dies auch daran, dass in wichtigen Bereichen des Dritten Sektors wie der Gesundheitsfürsorge und Bildung Anstellungen angeblich zu wenig attraktiv sind. Grund für Pessimismus ist dies für Paul Dekker hingegen nicht, denn mit seiner Art von "Dritter Vorgehensweise" neben der bürokratischen und kommerziellen gelingt es ihm teilweise, gezielt Stellen für Individuen und Gruppen mit Behinderungen zu schaffen und somit eine Vorbildfunktion auszufüllen.

Martin Potůček untersucht diese Thematik aus tschechischer Sicht. In Bezug auf die Jugendarbeitslosigkeit in seinem Land betont er – so wie einleitend Peter Grottian – die Bedeutung der politischen Prioritätensetzung der Regierung, bevor er diese im Kontext des geplanten EU-Beitritts untersucht. Aus seiner Beschreibung vergangener und aktueller Entwicklungen des tschechischen Dritten Sektors wird deutlich, dass insbesondere die rechtlichen Rahmenbedingungen und die finanziellen Mittel wichtige Bestimmungsfaktoren sind. Er zeigt sich optimistisch, dass der Dritte Sektors zur Beschäftigung aller befähigter Jugendlicher insbesondere dann beitragen kann, wenn er angemessen auf den Aspekt der internationalen Migration eingeht.

Mario Roitter zeigt auch am Beispiel seines Heimatlandes Argentinien, dass insbesondere Jugendliche von Arbeitslosigkeit betroffen sind, die über eine schlechtere Ausbildung verfügen. Die wichtigsten Initiativen der öffentlichen Hand zur Ausbildung und zur Schaffung von Arbeitsplätzen für Jugendliche waren jedoch erfolglos. Vor diesem Hintergrund und vor dem Hintergrund der sozioökonomischen und politischen Prozesse, die zu den aktuellen beispiellosen Arbeitslosenraten geführt haben, zeigt er den möglichen Beitrag des Nonprofit-Sektors in seinem Land.

Im letzten Länderbericht von Hanlie van Dyk, der sich auf Südafrika bezieht, und in vielerlei Hinsicht nahtlos an die Stellungnahme von Thomas Bediako anschließt, schätzt sie zunächst, dass der Dritte Sektor ca. 450.000 vollen Stellen entsprechende Arbeitsplätze zur südafrikanischen Wirtschaft beisteuert. Inklusive der Freiwilligen steigt die Zahl auf ca. 800.000. Schätzungen gehen davon aus, dass zur Zeit ca. 135.000 Jugendliche im Dritten Sektor arbeiten. Dies sind 5% aller beschäftigten Jugendlichen. Der Beitrag des Dritten Sektors zur Beschäftigung von Jugendlichen geht allerdings noch darüber hinaus: Durch solche Beschäftigung gelingt der Ausbau der individuellen Beschäftigungsfähigkeit und der Fähigkeit, genug Mut für den Weg in die Selbständigkeit oder gar für eine Position als Arbeitgeber aufzubringen – entweder durch Aus- und Weiterbildung oder die Entwicklung von Fähigkeiten und Selbstvertrauen im Rahmen von freiwilligem Engagement.

Gleichzeitig nennt allerdings auch Hanlie van Dyk Gründe für eine zurückhaltendere Beurteilung der Rolle des Dritten Sektors bei der Bekämpfung der Jugendarbeitslosigkeit. So wird teilweise argumentiert, dass jeder Freiwillige, der eine Tätigkeit ausübt, die einer vollen Stelle entspricht, einem Arbeitslosen genau diese Stelle nimmt. Ein weiterer Kritikpunkt bezieht sich auf die angebliche Instrumentalisierung des Dritten Sektors durch eine Gruppe von Einzelpersonen, die allein ihr eigenes Interesse im Blick hat: Diese würden Organisationsstrukturen und rechtliche Möglichkeiten dieses Sektors grundsätzlich dazu nutzen, durch eine schnelle Abfolge von Gründung und Auflösung von Organisationen für sich selbst Arbeitsplätze zu schaffen. In diesem Prozess würde dann die Vorstellung von Verantwortlichkeit verloren gehen. Dies wiederum würde negative Rückwirkungen auf die Gesellschaft im allgemeinen und den Dritten Sektor im Besonderen nach sich ziehen.

In der Abschlussdiskussion, welche in diesem Band nicht ausführlich dokumentiert wird, bestand zunächst Einigkeit, dass Jugendarbeitslosigkeit ein weiterhin drängendes Problem ist, was weder durch die aktuelle konjunkturelle Belebung noch durch die abzusehenden demographischen Entwicklungen angemessen gelöst werden wird. Jugendarbeitslosigkeit ist kein rein wirtschaftliches Problem, sondern hat breite soziale, psychologische und familiäre Auswirkungen, deren desintegrierende Folgen kaum absehbar sind. Die Jugendarbeitslosigkeit bleibt somit ein „Dauerbrenner", und die Regierungen sind gut beraten, das Thema offensiv anzugehen.

Ansonsten wurde festgehalten, dass – so wie bei dem in diesem Band dokumentierten Zusammentreffen – ein interdisziplinäres Vorgehen gegen das vielschichtige Problem der Jugendarbeitslosigkeit förderlich ist, und das grenzübergreifende Kooperationen sinnvoll sind. So ergab sich hier tatsächlich die erhoffte Vielfalt an neueren geeigneten Strategien. Abschließend können als präventive Maßnahmen z.B. folgende Innovationen im Bildungssystem in den Vordergrund gestellt werden:

- Ausbildung von Schlüsselqualifikationen durch Schülerunternehmen und Engagement im Dritten Sektor,
- Flexibilisierung des betrieblichen Ausbildungssystems einschließlich der Erweiterung der Berufsbilder,
- Gewinnung geeigneter Ausbilder, auch durch angemessene Bezahlung.

Ferner wurde die Bedeutung der Schaffung geeigneter sozialer Rahmenbedingungen bis hin zu gesundheitlichen Maßnahmen wie der Bekämpfung von Aids (Togo, Südafrika) betont.

Bei den kompensatorischen Maßnahmen wurden unter anderem

- der individuelle Berater- und Vermittlungsservice nach nordeuropäischen Vorbildern,
- „Jugendschecks", mit denen Jugendlichen ein Einfluss auf die zu subventionierenden Ausbildungs- und Arbeitsplätze gegeben wird (Kirgistan),
- Anreize und Beratung zum Selfemployment einschließlich hierfür erforderlicher Mikrokredite,

- neue Anreizsysteme für arbeitsmarktpolitische Träger, mit denen nicht die Verweildauer, sondern der Vermittlungserfolg belohnt wird,
- die Teilprofessionalisierung von ehrenamtlicher Arbeit und
- die verstärkte Aneignung von soft skills als Schlüsselqualifikationen im Dritten Sektor

hervorgehoben. Für Letzteres sind institutionelle Änderungen bis hin zum Steuerrecht erforderlich, damit beispielsweise die Organisationen im Dritten Sektor angemessene Rücklagen bilden können.

Bei allen Ansätzen ist zu beachten, dass die jungen Arbeitslosen nicht als Klienten, sondern als Problemlösungspartner angesehen werden müssen, die ihren eigenen Beitrag leisten können oder aber hierzu aktiviert werden sollen. Es wurde klar, dass ein Königsweg nicht existiert und erfolgreiche Maßnahmen nicht direkt auf andere Länder übertragbar sind. Es wurde gefordert, dass die Maßnahmen unbürokratisch vernetzt und finanziert (komprimierte Budgets) und nach angemessener Zeit fair evaluiert werden müssen. Noch konkreter: Die besten Lösungen bzw. der „best practice" gegen Jugendarbeitslosigkeit werden sich sich von Region zu Region unterscheiden, sie werden sich im Zeitablauf verändern. Da die Maßnahmen gegen Jugendarbeitslosigkeit stets recht ressourcenintensiv sind, muss – vielleicht stärker als bisher – permanent die Frage gestellt werden, wie die (meist öffentlichen) Gelder bestmöglich eingesetzt werden.

Dringlich wurde schließlich die Notwendigkeit betont, ein klares Leitbild zu entwickeln, welches Arbeiten wie die der Enquetekommission „Zukunft der Bürgergesellschaft" und des „Bündnisses für Arbeit" koordiniert.

Literatur:

C. Groth, W. Maennig (Hrsg.) (1998a), Jugend & Arbeit. Mit Beiträgen von T. M. Andersen, W. Franz, P. Gregg, R. Münchmeier, R. Schettkat und Ch. Wyplosz, Frankfurt.

Im Laufe dieses Projektes sind eine Reihe von Dankesschulden entstanden, die wir an dieser Stelle zumindest teilweise abtragen wollen. Wir danken zunächst der Trägergesellschaft Deutscher Pavillon mbH mit Ihren Gesellschaftern für die finanzielle Unterstützung, ohne die das Projekt nicht möglich gewesen wäre. Vielfältige Hinweise und ideelle Unterstützungen hat die Bundesanstalt für Arbeit in Nürnberg geleistet. Bei der organisatorischen Umsetzung haben sich das TEAM Deutscher Pavillon, insbesondere Herr Oliver Hasenkamp sowie die BRIDGES

Public Management Consulting GmbH, insbesondere Frau Dr. Ute Gallmeier und Herr Michael Weber verdient gemacht. Prof. Wolfgang Cezanne (Cottbus) und Prof. Gernot Weißhuhn (Berlin) haben jeweils einen Arbeitskreis umsichtig geleitet. Monika Duhm, Heike Nerbe und Margret Reinisch haben umfangreiche Korrekturarbeiten an den Manuskripten vorgenommen. Die Mitarbeiter des Peter Lang Verlages haben mit großer Geduld und hohem Arbeitstempo für eine recht schnelle Veröffentlichung der Arbeitsergebnisse gesorgt. Ihnen allen danken wir sehr herzlich für die Unterstützung.

Gerhard Bosch*

Die Zukunft der Arbeitsmarktpolitik für Jugendliche in Deutschland

"Es ist schlimm genug, rief Eduard, dass man jetzt nichts mehr für sein ganzes Leben lernen kann. Unsere Vorfahren hielten sich an den Unterricht, den sie in ihrer Jugend empfangen; wir aber müssen jetzt alle fünf Jahre umlernen, wenn wir nicht ganz aus der Mode kommen wollen"

J.W. Goethe Die Wahlverwandschaften, Erstveröffentlichung 1809

1 Einleitung

Arbeitsmarktpolitische Maßnahmen sind Interventionen in Marktprozesse mit dem Ziel, das Beschäftigungsniveau bestimmter Personengruppen zu erhöhen. Diese Zielgruppenorientierung unterscheidet Arbeitsmarktpolitik zum Beispiel von makro-ökonomischen Maßnahmen, die auf die Erhöhung des Beschäftigungsniveaus insgesamt zielen. Da sich die Personengruppen, deren Integration durch Arbeitsmarktpolitik angestrebt wird, beträchtlich unterscheiden, haben sich auch ganz unterschiedliche Arbeitsmarktpolitiken für die einzelnen Gruppen herausgebildet.

Die Besonderheiten der Arbeitsmarktpolitik für Jugendliche ergeben sich aus zwei Tatsachen:

• Erstens stehen Jugendliche am Beginn ihres Erwerbslebens. Anders als für ältere Beschäftigte vor der Rente sind Maßnahmen, die nur auf eine kurzfristige Beschäftigung zielen, nicht hinreichend. Ziel muss die nachhaltige Integration in den Arbeitsmarkt im Laufe des noch bevorstehenden Erwerbslebens sein.

• Zweitens werden gerade in der Jugendphase die für den künftigen Erfolg im Beschäftigungssystem so wichtigen allgemeinen und beruflichen Fähigkeiten herausgebildet. Durch eine gute Erstausbildung werden die Grundsteine für späteres Weiterlernen gelegt. Gelungene Teilnahme an Bildung sowie der Aufbau und die Stabilisierung von Arbeitsmotivation und nicht allein sofortige Eingliederungserfolge müssen daher mehr als bei anderen Personengruppen Erfolgsmaßstäbe dieser Arbeitsmarktpolitik sein.

---
* Prof. Dr. Gerhard Bosch, Institut Arbeit und Technik, im WZN NRW, Munscheidstr. 14, D-45886 Gelsenkirchen, Tel: +49 209 17 07 147, Fax: +49 209 17 07 124, Email: bosch@iatge.de

Diese beiden Besonderheiten der Arbeitsmarktpolitik für Jugendliche stehen in engem Zusammenhang. Die Nachhaltigkeit der Beschäftigung von Jugendlichen wird durch eine möglichst breite Erstausbildung und eine stabile Erwerbsorientierung erheblich verbessert. Insofern sind Bildung und Arbeitsmotivation auch wesentliche Merkmale der Beschäftigbarkeit, der sogenannten Employability, die von der Europäischen Kommission als wesentliches Ziel der Beschäftigungspolitik genannt werden (Europäische Kommission 1998a). Häufig wird Arbeitsmarktpolitik nur als das kurative Eingreifen in den Arbeitsmarkt, um schon aufgetretene Arbeitslosigkeit oder Bildungsbenachteiligung von Jugendlichen abzubauen, verstanden. Da aber eine versäumte Erstausbildung nur in Ausnahmefällen wieder aufgeholt werden kann und Arbeitslosigkeit bei Jugendlichen, die noch keine Arbeitserfahrung haben, die Arbeitsmotivation sehr langfristig beeinträchtigen kann, ist gerade bei dieser Gruppe eine so enge Definition arbeitsmarktpolitischen Handlungsbedarfs unzureichend. Ich möchte daher den folgenden Ausführungen einen sehr weiten Begriff der Arbeitspolitik zugrunde legen, der präventiven Maßnahmen, mit denen Arbeitslosigkeit und Bildungsbenachteiligung verringert wird, einschließt.

Die Arbeitsmarktpolitik für Jugendliche unterscheidet sich zwischen den einzelnen Ländern erheblich. Dafür gibt es mehrere Gründe: Jugendliche sind in unterschiedlichem Maße von Arbeitslosigkeit betroffen und die Beschäftigungs- und Bildungssysteme der Länder weichen beträchtlich voneinander ab. In Deutschland – und das ist eine Besonderheit – durchlaufen ungefähr zwei Drittel aller Jugendlichen das Duale System der beruflichen Ausbildung, das damit eines der wesentlichen Integrationsmechanismen Jugendlicher in den Arbeitsmarkt darstellt. Arbeitsmarktpolitik für Jugendliche ist in Deutschland daher mehr als in anderen Ländern Berufsbildungspolitik. Der Sinn einer Berufsausbildung steht in Deutschland eigentlich bei allen, bei Jugendlichen, ihren Eltern, Politikern, Gewerkschaftern und Unternehmern, außer Frage. Die aktuelle Lehrstellensituation ist jeden Herbst ein bundesweit diskutiertes Thema. Am Ende des Schuljahres sind z.B. die deutschen Zeitungen voll von Sonderbeilagen über Berufsmöglichkeiten für Jugendliche und Anzeigen über freie Ausbildungsstellen. Ein solche hohe öffentliche Beachtung wird man in Frankreich, Großbritannien oder den USA vergeblich suchen. Eine betriebliche Lehre hat dort keine große Reputation und die wenigen verbliebenen Auszubildenden stehen im Schatten der Aufmerksamkeit. In Großbritannien gab es in den 60er Jahren zumindest im Handwerk, dem verarbeitenden Gewerbe und in der Bauwirtschaft ein funktionierendes System der Lehrlingsausbildung in den Betrieben (Marsden 1995). Dieses System ist bis auf kleine Reste abgestorben, da niemand ein Interesse hatte, es aufrechtzuerhalten und weiterzuentwickeln.

Im folgenden werden einige Überlegungen zur künftigen Rolle der Arbeitsmarktpolitik für Jugendliche in Deutschland entwickelt. Aus den genannten Gründen wird dabei sehr viel von der Berufsausbildung die Rede sein. Dies gilt um so
mehr als Bildung immer mehr zum Eintrittsticket in den Arbeitsmarkt wird. Die
Rolle der Bildung auf dem Arbeitsmarkt ist Gegenstand des zweiten Abschnitts.
Im dritten Abschnitt werde ich mich mit dem Dualen System in Deutschland seinen Erfolgen und Problemen befassen. Abschließend werden kurz die wichtigsten
Herausforderungen für die künftige Arbeitsmarktpolitik und Ansatzpunkte zum
Handeln benannt.

2 Bildung wird immer mehr zum Eintrittsticket in den Arbeitsmarkt

Es ist fast unbestritten, dass eine gute allgemeine und berufliche Bildung zunehmend zum Eintrittsbillet in und zur Aufenthaltsberechtigung auf dem Arbeitsmarkt
(Bosch 2000a) wird. Dies kann man an drei Indikatoren ablesen:
(1) Erstens differenzieren sich die Beschäftigungsquoten, also der Anteil der Be-
    schäftigten an allen Personen im erwerbsfähigen Alter, in allen entwickelten
    Ländern zunehmend nach dem Qualifikationsniveau aus. Die Beschäftigungs-
    quote der hoch qualifizierten Männer zwischen 25 und 54 Jahren liegt um fast
    20 Prozent über der der gering Qualifizierten. Beschäftigte mit einem mittleren
    Qualifikationsniveau, dies schließt alle Absolventen des Dualen Systems der
    beruflichen Bildung ein, liegen dazwischen. Bei den Frauen sind die Unter-
    schiede noch deutlicher ausgeprägt. Während 81,1 Prozent der Frauen zwi-
    schen 25 und 54 Jahren mit einem höheren Bildungsabschluß erwerbstätig wa-
    ren, lag die Beschäftigungsquote der Frauen mit einem niedrigeren Bildungs-
    abschluß bei knapp unter 50 Prozent (Tabelle 1). Mittlerweile liegt die Be-
    schäftigungsquote von Frauen mit einem Hochschulabschluss (hohe Qualifi-
    kation in Tabelle 1) in den meisten entwickelten Industrieländern über der Be-
    schäftigungsquote von gering qualifizierten Männern. Im Bereich der höher
    Qualifizierten ist inzwischen der Einfluß des Bildungsniveaus auf die Ar-
    beitsmarktposition ausgeprägter als der der Geschlechtszugehörigkeit.
(2) Zweitens entwickeln sich die tatsächlichen Arbeitszeiten der Beschäftigten
    nach Qualifikationsniveau auseinander. Während an- und ungelernte Beschäf-
    tigte 1984 noch 7,5 Wochenstunden kürzer arbeiteten als höher qualifizierte
    Beschäftigte, ist diese Differenz bis 1997 auf 13,3 Wochenstunden gestiegen.
    Die Differenz der Arbeitszeit zwischen Un- und Angelernten einerseits und
    Facharbeitern bzw. Angestellten mit Ausbildung andererseits hat sich von 3,3

Tabelle 1: Beschäftigungsquoten* von Männern und Frauen (25 – 54 Jahre) nach Bildungspotential in der EU, 1997

	Niedrig		Mittel		Hoch	
Land	M	F	M	F	M	F
Dänemark	78,9	62,5	89,3	77,0	93,0	87,9
Deutschland	73,3	49,8	84,8	68,7	92,4	80,7
Frankreich	78,9	56,0	88,4	71,1	90,2	80,9
Schweden	76,0	65,5	81,8	78,8	86,3	87,1
Großbritannien	78,3	63,0	86,7	74,0	93,1	85,9
EU 15	79,0	48,0	86,3	68,3	91,2	81,1

* Anteil der Beschäftigten an allen Erwerbspersonen zwischen 25 und 54 Jahren

Quelle: Europäische Kommission, 1998b

Tabelle 2: Durchschnittliche tatsächliche Wochenarbeitszeit in Stunden, 1984 und 1997, Westdeutschland

	ALLE		Vollzeit		Teilzeit	
	1984	1997	1984	1997	1984	1997
Un- und Angelernte	35,9	31,4	41,1	41,5	25,1	16,3
Facharbeiter / Ang. m. Ausb. / Beamte einf. D.	39,2	37,3	42,0	41,3	25,9	21,4
Vorarbeiter / Qualifiz. Ang. / Beamte mittl. D.	39,9	37,1	42,7	42,2	25,6	22,7
Meister	43,2	44,7	44,0	44,8	(23,2)*	38,4
Hochqualif. Angest. / Beamte geh./höh. D.	43,4	44,7	45,9	47,0	28,7	30,3
Insgesamt	39,4	37,7	42,8	43,1	26,0	21,2
Frauen	33,8	31,7	41,6	41,4	25,5	21,1
Männer	42,8	42,2	43,2	43,9	30,8	21,5

*zu geringe Fallzahl

Quelle: Sonderauswertung Sozioökonomisches Panel durch das Institut Arbeit und Technik

Wochenstunden 1984 auf 5,9 Wochenstunden fast verdoppelt (Tabelle 2). Der Grund: Bei den geringer Qualifizierten ist vor allem der Anteil der geringfügig Teilzeitbeschäftigten deutlich gestiegen. Er lag 1997 bei 40,4 Prozent und damit deutlich über dem Durchschnitt von 25 Prozent. Der Fachkräftemangel, den wir heute in einigen Bereichen spüren, wäre also noch viel höher, wenn er nicht durch eine Verlängerung der Arbeitszeit bei vielen qualifizierten Arbeitskräften verschleiert worden wäre; umgekehrt wäre die Arbeitslosigkeit bei den An- und Ungelernten noch höher, als sie es ohnehin schon ist, wenn ihre Arbeitszeit nicht überproportional verkürzt worden wäre. Während in der klassischen Industriegesellschaft die Unternehmen alle Anstrengungen ergreifen, die Maschinen lange laufen zu lassen, geht es in der Dienstleistungsgesellschaft – zumindest in deren wissensintensiven Bereichen – um möglichst lange „Gehirnlaufzeiten".

(3) Drittens werden Erwerbsverläufe durch eine gute Berufsausbildung stabilisiert. Un- und angelernte Beschäftigte müssen eher instabile Beschäftigungsverhältnisse akzeptieren, während besser qualifizierte Beschäftigte – zunehmend allerdings erst nach einer schwierigen Integrationsphase – mit größerer Wahrscheinlichkeit in ungekündigten Beschäftigungsverhältnissen arbeiten (Schaubild 1). Mit einer guten Ausbildung verliert ein Betriebswechsel viel von seiner Bedrohung. Viele Studien zeigen (z. B. Bosch 1990), dass beruflich breit qualifizierte Beschäftigte selbst bei erzwungenem Betriebswechsel auf ihren vorhandenen Qualifikationen aufbauen können und allenfalls vorübergehend Einkommensverluste zu beklagen haben.

Schaubild 1:

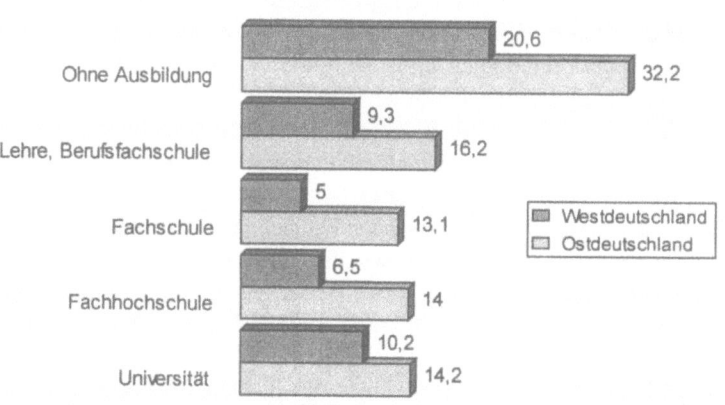

Berufsausbildung und Beschäftigungsstabilität

So viel Prozent der Beschäftigten mit dieser Qualifikation arbeiten in "unsicheren"* Beschäftigungsverhältnissen

unsichere Beschäftigungsverhältnisse = befristete Bechäftigung, Leiharbeit, geringfügige Beschäftigung

Quelle: IAB, Stand 98/99

In einer zunehmend flexiblen Arbeitswelt wird eine gute Qualifikation zum besten Garanten von sozialer Sicherheit im Wandel. Mit einer breiten Berufsbildung bedeutet Mobilität – bildlich gesprochen, dass die Arbeitskräfte nicht jedesmal wieder bei 1 anfangen müssen, nachdem sie bis 35 vorgewürfelt haben. Viel mehr können auch in wechselhaften Erwerbsverläufen Berufserfahrungen, Erstausbildung und Weiterbildung aufeinander aufbauen. Damit können Patchwork- (Geißler 1995 und 2000; kritisch hierzu Bosch 2000b) oder Bastelbiographien (Hitzler 1988) mit all ihren sozialen Risiken, die von einigen Sozialwissenschaftlern für die zwangsläufige Zukunft ausgegeben werden, vermieden werden. Dafür gibt es bereits deutliche Signale aus dem Arbeitsmarkt:

- Die inhaltlich Passung von Beruf und ausgeübter Erwerbstätigkeit ist unverändert hoch (Konietzka, Lempert 1998). Es ist nicht erkennbar, dass Berufe im Laufe des Erwerbslebens stärker entwertet werden als in der Vergangenheit.

- Wer eine Berufsbildung hat, bildet sich eher fort als An- oder Ungelernte. Man kann nur dazu lernen, wenn schon Substanz da ist. Diese Substanz und das dazu gehörige Selbstvertrauen erwirbt man sich vor allem durch eine breite Allgemein- und eine gute Berufsausbildung (Bosch 2000b).

- Obwohl die Wirtschaft turbulenter geworden ist, hat sich in Deutschland und in vielen andern Industrieländern zur großen Überraschung vieler Forscher die durchschnittliche Betriebszugehörigkeit in den letzten Jahren, im übrigen auch in Klein- und Mittelbetrieben erhöht (Knuth u.a. 2000; ILO 1997). Dieses scheinbar paradoxe Ergebnis lässt sich jedoch wie folgt erklären: Die Unternehmen sind zunehmend auf qualifizierte Mitarbeiter angewiesen; sie wollen diese auch in Krisenzeiten halten; da die beruflich qualifizierten Beschäftigten heute breiter ausgebildet sind und vielfältiger eingesetzt werden, kann man sie auch leichter intern umsetzen, was Beschäftigungsverhältnisse stabilisiert. Zudem sind durch flexible Arbeitszeiten erhebliche Puffer eingezogen worden. Mehr und mehr Unternehmen entlassen heute lieber vorübergehend Arbeitsstunden als Mitarbeiter.

Durch die Verlängerung der Bildungszeiten hat sich auch die „Jugendphase" verlängert. Unter dieser Phase verstehen wir die Übergangszeit zwischen Erstausbildung und voller Aufnahme einer Erwerbstätigkeit, die eine selbständige Lebensführung ermöglicht. Zwischen 1975 und 1995 hat sich das Durchschnittsalter Jugendlicher beim Übergang vom Bildungs- in das Beschäftigungssystem um 3,8 Jahre von 20,2 auf 24 Jahre erhöht. Hinter diesen Durchschnittszahlen verbirgt sich eine zunehmende Differenzierung dieser Übergänge und der arbeitsmarktpolitischen Maßnahmen für Jugendliche (Tabelle 3). Sie beginnen mit Hilfen für schulmüde Jugendliche im Alter von 14 Jahren und reichen hin zur Unterstützung des Übergangs von Hochschulabsolventen in den späten Zwanzigern ins Beschäftigungssystem. In den internationalen Beschäftigungsstatistiken werden unter „Jugendliche" Personen bis zum Alter von 25 Jahren verstanden. Da die Arbeitsmarktpolitik für Jugendliche sich aber nicht allein am Lebensalter, sondern auch an der Problematik der Übergänge zwischen Bildungs- und Beschäftigungssystem festmacht, reicht der Aktionsradius der Arbeitsmarktpolitik oft über die statistische Altersgrenze hinaus.

Tabelle 3: Durchschnittsalter beim Übergang aus dem Bildungs- ins Erwerbssystem 1975 bis 1995 (Alte Bundesländer und Berlin-West)

Jahr	Betriebliche Lehre	Universität	Berufsbildung insgesamt
1975	18,6	26,9	20,2
1995	21,2	29,4	24,0
Veränderung 1975 – 1995	+2,6	+2,5	+3,8

Quelle: Rheinberg/ Hummel, 1999, S. 40

3 Das Duale System der beruflichen Bildung in Deutschland

Wie bereits erwähnt, ist der deutsche Arbeitsmarkt im Unterschied zu anderen Arbeitsmärkten weitgehend beruflich strukturiert. 1989 hatten nur 16 % der Beschäftigten in Westdeutschland keine berufliche Ausbildung während es in den USA 45 % waren (Schaubild 2). Mehr als zwei Drittel der deutschen Beschäftigten haben eine Lehre abgeschlossen. Jugendarbeitslosigkeit in Deutschland ist daher eng mit dem Ausbildungsverhalten der Unternehmen verbunden. Verschiedene internationale vergleichende Studien zeigen, wie sehr sich infolge der unterschiedlichen Ausbildungsstrukturen auch die Arbeitsorganisation in Deutschland von der in den USA und in Großbritannien, das in dieser Hinsicht sehr den USA gleicht, unterscheiden (Prais, Wagner, 1983; Wagner, Finegold 1997; Finegold 2000). Die Arbeitsorganisation in den USA und in Großbritannien ist wegen der mangelnden Kompetenz vieler Arbeitskräfte viel hierarchischer als in Deutschland. Die unteren Führungskräfte kommen meisten aus den Hochschulen, da es keine internen Aufstiegsmechanismen (zum Beispiel Meister, Techniker und Fachwirte) gibt. Da mehr Kompetenzen bei den Führungskräften konzentriert sind und diese gleichzeitig eine große Anzahl von wenig qualifizierten Beschäftigten anleiten und kontrollieren müssen, ist die Führungsdichte in den USA und in Großbritannien dichter als in Deutschland. Die beruflich gut ausgebildeten deutschen Arbeitskräfte koordinieren viele hingegen ihrer Aufgaben im Team untereinander und entlasten damit die Unternehmensleitung von Koordinierungsaufgaben.

Schaubild 2:

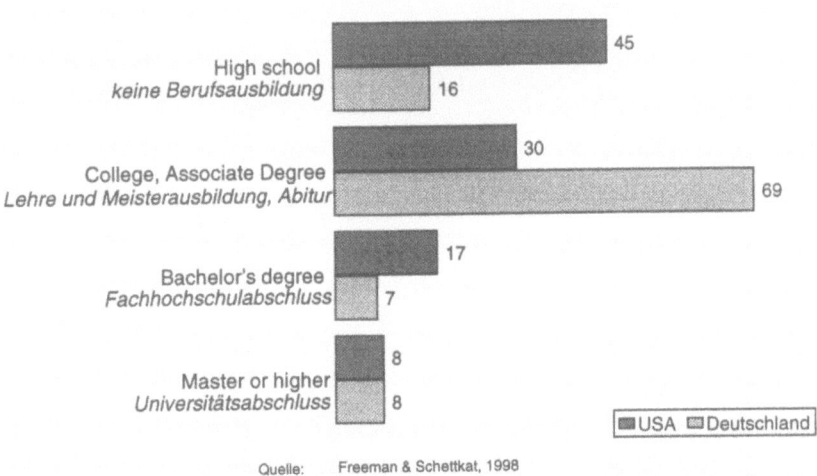

Bei der Integration der nachwachsenden Generation erweist sich das Duale System der beruflichen Bildung als erheblich erfolgreicher als die Bildungssysteme anderer Länder (OECD 1998). Die Jugendarbeitslosigkeit ist im Verhältnis zur allgemeinen Arbeitslosigkeit in keinem anderen OECD-Land so niedrig wie in Deutschland (Schaubild 3). Die Arbeitslosigkeit in Deutschland konzentriert sich stärker als in vielen anderen Ländern auf die Älteren. Die Kombination von praktischem und theoretischen Lernen in der Lehre, und dies oft noch in prozessnahen Projekten, erleichtert nach der Ausbildung die rasche Übernahme von Funktionen im Betrieb. Jüngere Arbeitskräfte aus dem dualem System erreichen daher die gleiche Produktivität wie erfahrene Arbeitskräfte. In Ländern hingegen, in denen die meisten Jugendlichen aus dem allgemeinbildenden Schulsystem oder aus von der betrieblichen Praxis getrennten Berufsausbildungseinrichtungen kommen, müssen die Betriebe diese erst mühsam und sehr kostenträchtig anlernen. Diese hohen Integrationskosten sind der Grund dafür, dass in solchen Ländern Arbeitskräfte, die schon über Berufs- und Arbeitserfahrung verfügen, vorgezogen werden.

Schaubild 3:

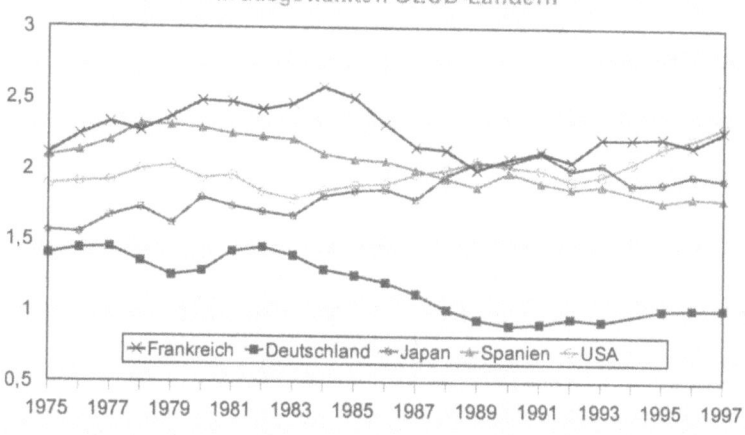

Arbeitslosenquoten von Jugendlichen im Alter von 15 bis 24 Jahren
im Verhältnis zu den allgemeinen Arbeitslosenquoten
in ausgewählten OECD-Ländern

Legende: Frankreich — Deutschland — Japan — Spanien — USA

Quelle: OECD 1999

Durch ihre innere Differenzierung haben zudem Jugendliche mit ganz unterschiedlichen Schulabschlüssen ihre Chancen. Das gilt auch für benachteiligte Jugendliche. In den letzten Jahren haben jeweils mehr als 15 000 Jugendliche ohne Hauptschulabschluss einen Lehrvertrag abgeschlossen (bmb+f 2000). Das ist nicht befriedigend, aber ein Indikator für die Offenheit des Systems. Der größte Pluspunkt des Dualen Systems ist der schnelle und direkte Zugang in das Beschäftigungssystem. Der Zugang ist zwar heute holpriger geworden, da er oft nur über Phasen befristeter Beschäftigung mit hoher Unsicherheit erfolgt. Außerdem werden Führungspositionen in Betrieben zunehmend durch Hochschulabsolventen besetzt, was die Attraktivität einer Berufsausbildung einschränkt. Trotzdem wird der Pluspunkt der schnellen Arbeitsmarktintegration in den heutigen Zeiten bei den Jugendlichen nicht gering gewertet. Das erklärt auch die in vielen Befragungen immer wieder festgestellte hohe Attraktivität einer Berufsausbildung bei den Jugendlichen (Raab 1996).

Berufsbildungssysteme wie das deutsche können in Zeiten raschen technologischen und organisatorischen Wandels nur überleben, wenn die Berufsbilder und Lernformen kontinuierlich weiterentwickelt werden. Wenn Berufsbilder hinter den Stand der Entwicklung in den Unternehmen zurückfallen, werden die Unternehmen das Interesse an einer Ausbildung verlieren und versuchen, die Qualifikationsdefizite durch die Rekrutierung von Hochschulabsolventen oder „handgestrickte" Bildungsmaßnahmen zu beheben. Bestehende Berufsbilder müssen also weiterentwickelt werden; darüber hinaus muss überprüft werden, ob neue Berufsbilder notwendig werden.

Anfang der 70er Jahre stammten die meisten Berufsbilder noch aus den 30er Jahren. Die Einführung neuer Technologien und die Zusammenführung verschiedener beruflicher Tätigkeiten ließen viele traditionelle und sehr spezialisierte Berufe überflüssig werden. In der ersten großen Neuordnungswelle zwischen 1970 und 1995 wurden die meisten Berufe revidiert. Dieser Revision lagen drei Ordnungsgedanken zugrunde:

- Erstens wurden spezialisierte und inhaltlich zusammenhängende Berufe zusammengeführt und überholte Berufsbilder aufgegeben. In der Folge sank die Zahl der anerkannten Berufe von 901 im Jahre 1950 auf 355 im Jahr 1999. Dabei sind neben Monoberufen 85 Ausbildungsberufe mit einer breiten Grundausbildung entstanden, die 253 Spezialisierungen erlauben (Beispiel: Verwaltungsfachangestellte in der Kommunalverwaltung).
- Zweitens hat sich das Leitbild der Ausbildung verändert. Orientierungspunkt ist nicht mehr das Arbeiten in arbeitsteiligen und hierarchischen Formen der Arbeitsorganisation, sondern im Team und in Kooperation mit anderen Berufsgruppen.
- Drittens wurden die Inhalte modernisiert (Integration neuer Technologien) und auch die Lernformen verändert (Zum Beispiel: Lernen in Projekten).

Vor allem durch die Schaffung breiterer Berufsbilder sollte der potentielle Einsatzbereich und die später Mobilitätsfähigkeit der Beschäftigten erhöht werden. Durch die gemeinsame Grundausbildung in verwandten Berufen – der Deutsche Industrie- und Handelstag (DIHT) spricht neuerdings sogar von Berufsfamilien – erfordert der Wechsel in eine andere Spezialisierung keine aufwendige Umschulung mehr, sondern nur noch eine kürzere Weiterbildung.

Die Neuordnung der Berufe nahm wegen der heterogenen Interessenlage vor allem auf der Arbeitgeberseite[1] bis zu 10 Jahre in Anspruch (zum Beispiel bei den Metallberufen). Mit der raschen Verbreitung der neuen Informationstechnologien in den 90er Jahren und der Entwicklung neuer Dienstleistungstätigkeiten wurde erkennbar, dass das Berufsbildungssystem zu langsam auf die neuen Entwicklungen reagierte. Die Sozialpartner, die in Deutschland Berufsbilder im Konsens entwickeln müssen, einigten sich 1995 darauf, diese Prozeduren zu beschleunigen. Für die Modernisierung bestehender Berufsbilder wurde ein Zeitrahmen von ei-

---

1 Die Gewerkschaftsseite war in der Regel homogener und treibende Kraft der Modernisierung der Berufe (Streeck u.a. 1987).

nem Jahr gesetzt und für die Neuentwicklung von Berufen von zwei Jahren[2]. Seit 1996 sind mit bislang ungewohntem Elan 33 neue Berufe entwickelt und 109 alte modernisiert bzw. erweitert. Das Tempo der Neuordnung konnte damit gegenüber den Jahren zuvor um mehr als 150 Prozent gesteigert werden (Schaubild 4). So wurden 8 neue Berufe im IT- und Medienbereich entwickelt, in denen (Stand 1999) bereits rund 40 000 Auszubildende eingestellt sind. Damit ist ein Grundstein gelegt worden, berufliche Arbeitsmärkte auch in neuen Beschäftigungsbereichen zu schaffen und neue Betriebe für die duale Ausbildung zu gewinnen. Bei der Modernisierung der Berufe Ende der 90er Jahre ging es vor allem um eine stärkere Dienstleistungsorientierung der Berufsausbildung und die Berücksichtigung der neuen Informationstechnologien. In den nächsten Jahren werden die Berufe in regelmäßigen Abständen überprüft und weiterentwickelt werden müssen, damit die Ausbildung mit der Innovationsdynamik Schritt hält bzw. ihr vorauseilt. Das Bundesinstitut für Berufsbildung erhielt den Auftrag, für diese Neuordnung Frühwarnsysteme zu entwickelt und hat hierzu bereits erste Schritte unternommen (vgl. zum aktuellen Stand www.bibb.de).

Schaubild 4:

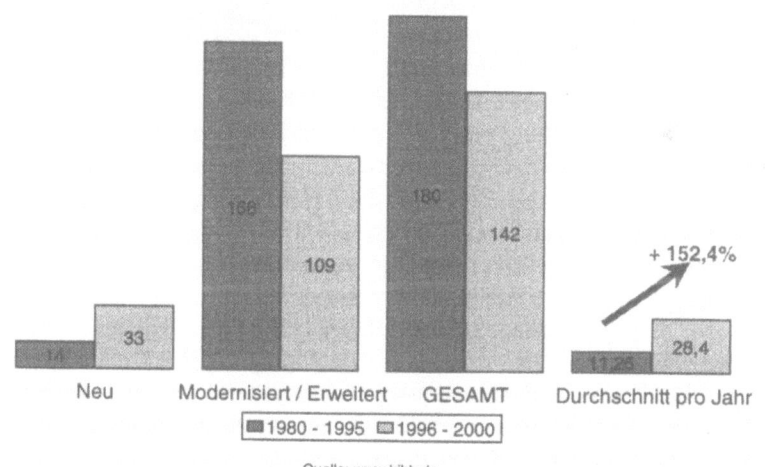

Modernisierung und Neuschaffung von Berufen

| Neu | Modernisiert / Erweitert | GESAMT | Durchschnitt pro Jahr |

1980 - 1995   1996 - 2000

Quelle: www.bibb.de

---

2 Vgl. Arbeitsgruppe „Aus- und Weiterbildung" im Bündnis für Arbeit, Ausbildung und Wettbewerbsfähigkeit, Strukturelle Weiterentwicklung der dualen Berufsausbildung – Gemeinsame Grundlagen und Orientierungen, Beschluss vom 22.10.1999.

Das duale System ist damit auf qualitativer Seite durch eine Modernisierung der Berufe „wetterfest" gemacht worden. Eine Achillesferse des Systems bleibt aber die Ausbildungsbereitschaft der Unternehmen. Diese Bereitschaft ist erstens sehr konjunkturabhängig; in Konjunkturkrisen geht die Ausbildungsbereitschaft regelmäßig zurück, da die Unternehmen ihre Kosten verringern wollen und dies bei der Ausbildung am leichtesten ist. Nach der Wiedervereinigung wurde zweitens in Ostdeutschland ein Strukturproblem erkennbar. Die ökonomisch noch nicht gefestigten ostdeutschen Betriebe kämpften ums Überleben und konnten kaum in Ausbildung investieren. Der Staat sprang mit Subventionen ein, an die sich die Unternehmen jetzt gewöhnten. Drittens schließlich schwankt die Nachfrage nach Ausbildungsplätzen vor allem wegen der unterschiedlichen Dimensionen der Geburtenkohorten sehr stark; wenn starke Kohorten in den Arbeitsmarkt eintreten, müssen die Unternehmen über Bedarf ausbilden oder der Staat muss einspringen, um Jugendarbeitslosigkeit zu vermeiden.

Als Anfang der 80er Jahre die geburtenstarken Jahrgänge Ausbildungsplätze nachfragten, garantierte die Wirtschaft auf Drängen der Politik und unter dem Eindruck, das andernfalls eine Ausbildungsabgabe eingeführt würde, jedem Jugendlichen einen Ausbildungsplatz. Die Zahl der neu abgeschlossenen Ausbildungsverträge wuchs in Westdeutschland von 558,400 im Jahre 1977 auf 705,652 im Jahre 1984. Alle diese scheinbar über den aktuellen Bedarf ausgebildeten Jugendlichen wurden im folgenden Wirtschaftsaufschwung eingestellt. Wahrscheinlich war die Ausbildung auf Vorrat der Grund dafür, dass in den späten 80er Jahren, als hohes Wirtschaftswachstum und Arbeitszeitverkürzungen zusammenkamen, keine nennenswerten Fachkräfteengpässe auftraten.

Diese Selbstverpflichtung der Wirtschaft und ihr Engagement in der Berufsausbildung stößt bei ausländischen Betrachtern mit anderen Bildungssystemen immer wieder auf Erstaunen. Eine britische Expertendelegation schrieb nach einem Besuch in Deutschland dazu Folgendes: „It is difficult to relate all this to British attitudes. UK employers would in general welcome a reduced financial commitment to training" (Studies in Vocational Education and Training 1983, Vol.3: 11). „They (die deutschen Unternehmer G.B.) appear anxious to retain as much control as they can over training and are willing to pay for training. In Britain we are faced by a completely contrary position where companies are reluctant to train above the minimum and would welcome increased attention paid by the schools to preparation for employment, and the specific requirements of individual companies" (Studies in Vocational Education and Training 1983, Vol.4: 11).

In den Jahren darauf sank die Nachfrage nach Ausbildungsplätzen und die Betrieb führen die Ausbildung zurück. Der Anteil der Betriebe, die ausbildeten, fiel von 34,3% aller Betriebe im Jahre 1985 auf 23,7% im Jahre 1995. In Ostdeutschland bildeten nur 19,1% aller Betriebe aus. Der Anteil der Auszubildenden an den Beschäftigten ging von 8,8% im Jahre 1985 auf 5,5% im Jahre 1995 zurück (Ostdeutschland 5,2%) (www.bibb.de) und ist in der folgenden Wirtschaftskrise weiter gesunken. Es ist offen, ob die Ausbildungsbereitschaft der Unternehmen durch die Einführung von Share-Holder-Value-Strategien dauerhaft gesunken ist, oder ob es sich um einen vorübergehenden Konjunktureinbruch und eine zeitlich begrenzte Strukturkrise in Ostdeutschland handelt. In vielen Unternehmen werden mit der Einführung von Share-Holder-Value-Strategien alle Aktivitäten der Unternehmen auf den Prüfstand gestellt und nach ihrem Beitrag für das Unternehmensergebnis befragt. Bei kurzfristiger Sichtweise rechnen sich die Aufwendungen für berufliche Bildung oft nicht, da die Erträge erst längerfristig anfallen. Der Druck, ständig hohe Renditen nachweisen zu müssen, verstärkt zweifellos kurzfristiges Denken, bringt es aber nicht zwangsläufig hervor. Auf einen Renditeverfall können Unternehmen nämlich völlig unterschiedlich reagieren. Ich habe in einem britischen und einem deutschen Unternehmen – die Namen spielen hier keine Rolle – die Frage gestellt, was sie tun würden, wenn in einem Unternehmensbereich die erwartete Rendite nicht erwirtschaftet wird. Im britischen Unternehmen wurde geantwortet: *„Schnell schließen oder abstoßen"* und im deutschen *„Mehr investieren, um ihn wieder profitabel zu machen"*. Wenn Unternehmen sich im Markt über Innovationen behaupten wollen, sieht es gut für die Berufsbildung aus. Auch mit Share-Holder-Value wird der Kapitalismus nicht überall gleich sein, sondern es gibt nationale Handlungsspielräume für den Erhalt des rheinischen Kapitalismus.

Der Staat (Bund und Länder) hat mit zahlreichen Programmen versucht, die betriebliche Ausbildungslücke zu schließen. Ungefähr 80% der Ausbildungsplätze in Ostdeutschland sind voll oder zum Teil subventioniert. In Westdeutschland hat die neue Bundesregierung 1998 ein umfangreiches Sofortprogramm für 100 000 Jugendliche aufgelegt (Jump – Chancen für Junge). Der Maßnahmenkatalog dieses Programms reicht von der Förderung überbetrieblicher Ausbildung, über Trainingsprogramme für noch nicht vermittelte Bewerber und Lohnkostenzuschüsse bei der Einstellung arbeitsloser Jugendlicher bis hin zur Förderung des Nachholens eines Hauptschulabschlusses und Qualifizierungs-Arbeitsbeschaffungsmaßnahmen (Friedrich u.a. 1999). Die Maßnahmenvielfalt ergibt sich aus der Unterschiedlichkeit der betroffenen Jugendlichen; die Bildungsorientierung ist in dem Maßnahmekatalog wegen der starken Verberuflichung des deutschen Arbeitsmarktes auch stärker gewichtet als die direkte Vermittlung in Arbeit. In Westdeutschland ist der Anteil der öffentlichen geförderten Jugendlichen in Ausbildung in einem Jahr (von 1998 auf 1999) von sieben auf 12 % gestiegen (Bardeleben 2000). Die Länder gaben 1999 zusätzlich 451,78 Mio. DM zur Schaffung zusätzlicher Ausbildungsplätze aus. Drei Viertel dieser Summe entfiel auf Ostdeutschland (bmb+f 2000).

Die Jugendarbeitslosigkeit konnte 1999 im Vergleich zum Vorjahr vor allem durch diese Programme deutlich verringert werden (um 6,3% BMA, bmb+f 1999). Die Maßnahmen des Bundes und der Ländern zielen auf die Erhöhung des Lehrstellenangebots sowie auf die Finanzierung verschiedener kompensatorische Maßnahmen durch den Staat für benachteiligte Jugendliche. Da keine umfassende Evaluation dieser Maßnahmen vorliegt, können sie nicht pauschal bewertet werden. Es scheint jedoch außer Frage zu stehen, dass vielen Jugendlichen der Übergang in eine Lehre und in Arbeit ermöglicht wurde. Ebenso deutlich wird aber auch, dass ein Teil der Jugendlichen nur in Warteschleifen endet, ohne mit der Arbeitswelt in Berührung gekommen zu sein. Es gibt zu viele und zu breit angelegte Berufsvorbereitungsmaßnahmen, die die Lage der Jugendlichen nicht entscheidend verbessern. Die angebotenen Maßnahmen sind nicht überschaubar und die vielfältigen Programme stehen in Konkurrenz zueinander. Die Anreizsysteme für die Träger sind in der Vergangenheit oft falsch gesetzt. Sie halten in Berufsvorbereitung- oder auch Arbeitsbeschaffungsmaßnahmen aus finanziellem Eigeninteresse oft Jugendliche fest, anstatt sie zu vermitteln. Dieses finanzielle Eigeninteresse kann man den Trägern allerdings nicht vorwerfen, da es sich aus der Finanzierungslogik von Programmen ergibt, die oft nur Teilnahme und Verweildauern, nicht aber Vermittlungen fördern. Es handelt sich also mehr um ein Steuerungsproblem bei den Programmen.

Auch wenn die Gesamtbilanz gut ausfällt, sollten folgende Probleme nicht übersehen werden:

- Die Jugendarbeitslosigkeit ist in einzelnen Regionen trotz zahlreicher staatlicher Programme sehr hoch; dies gilt insbesondere in Ostdeutschland, wo das duale System ohne öffentliche Subventionen noch nicht lebensfähig ist (Tabelle 4). Durch die starke Abwanderung Jugendlicher (Schaubild 5), und die hohe Anzahl Jugendlicher in verschiedenen arbeitsmarktpolitischen Maßnahmen werden diese regionalen Differenzen durch die Arbeitslosenquoten bei weitem unterzeichnet.

- Zweitens konzentriert sich Jugendarbeitslosigkeit zunehmend auf besondere Personengruppen. 61,5% der jugendlichen Arbeitslosen in Westdeutschland und 46,5% in Ostdeutschland haben keine abgeschlossene Berufsausbildung.

- Insbesondere ausländische Jugendliche sind von Arbeitslosigkeit betroffen. Ihre Integration in das deutsche Bildungssystem ist in den letzten Jahren nicht vorangekommen (Schaubild 6). Nach neueren Untersuchungen des Bundesinstituts für Berufsbildung ist der Anteil der Ungelernten unter den ausländischen Jugendlichen in den letzen Jahren sogar noch gestiegen (DIW 2000).

Tabelle 4: Arbeitslosenquoten Jugendlicher in West- und Ostdeutschland

	Westdeutschland	**Ostdeutschland**
Arbeitslosenquote unter 20 Jahre	8,3%	14,9%
Arbeitslosenquote 20-25 Jahre	9,2%	19,0%

Quelle: BA: Strukturanalyse des Bestands an Arbeitslosen am 30. September 1999

Schaubild 5:

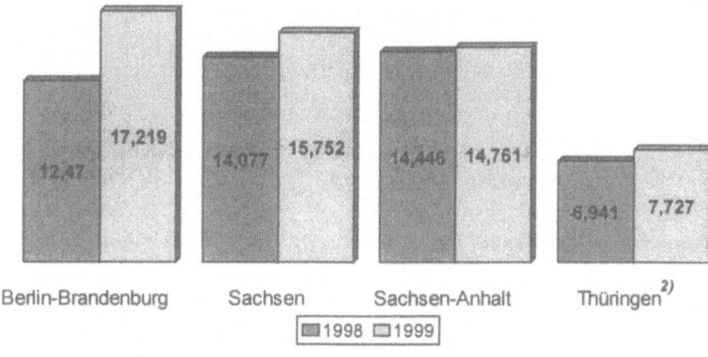

Abwanderung der 15- bis 25-jährigen aus den neuen Bundesländern[1] in den Westen

in Tausend — absolute Zahlen

Berlin-Brandenburg: 12,47 (1998), 17,219 (1999)
Sachsen: 14,077 (1998), 15,752 (1999)
Sachsen-Anhalt: 14,446 (1998), 14,761 (1999)
Thüringen[2]: 6,941 (1998), 7,727 (1999)

■1998 □1999

1) Abwanderungszahlen von Mecklenburg-Vorpommern werden nicht nach Alter aufgeschlüsselt
2) Die Zahlen beziehen sich auf 18- bis 25-jährige
Quelle: DGB, einblick 18/00: 8

Insgesamt haben sich infolge der hohen Arbeitslosigkeit und der sozialen Polarisierung der letzten Jahre zunehmend arbeitsmarkt- und bildungsferne soziale Milieus entwickelt, die die Integration vieler Jugendlicher in den Arbeitsmarkt erschweren. Arbeitslosigkeit wird zunehmend „vererbt,,. Das kann man an der Teilnehmerstruktur im Sofortprogramm der Bundesregierung zum Abbau der Jugendarbeitslosigkeit ablesen. Gefördert wurden vor allem Jugendliche aus Haushalten, die Erfahrungen mit Langzeitarbeitslosigkeit haben (Tabelle 5). Viele der Jugendlichen mit schlechten Arbeitsmarktchancen haben unrealistische Vorstellungen über Mode- und Traumberufe und ihre Verdienstmöglichkeiten entwickelt.

Ungelerntenquote nach Staatsangehörigkeit in Prozent

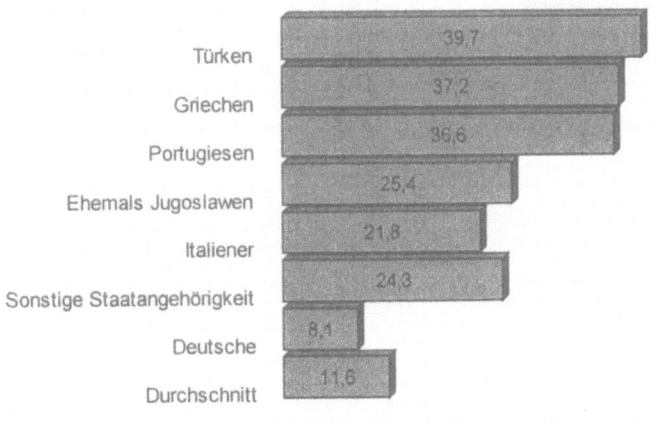

Türken — 39,7
Griechen — 37,2
Portugiesen — 36,6
Ehemals Jugoslawen — 25,4
Italiener — 21,8
Sonstige Staatangehörigkeit — 24,3
Deutsche — 8,1
Durchschnitt — 11,6

Quelle: Bmb+f: Berufsbildungsbericht 2000; 65

Tabelle 5: Erfahrungen mit Arbeitslosigkeit bei Eltern und Familie (Teilnehmer im Sofortprogramm zum Abbau der Jugendarbeitslosigkeit)

Erfahrungen mit Langzeitarbeitslosigkeit	Eltern	Familie
Langzeitarbeitslosigkeit jemals erfahren	30%	52%
Langzeitarbeitslosigkeit im Augenblick oder im letzten Jahr erfahren	20%	36%

Quelle: Dietrich H., 2000

Da sich die Ausbildungssituation in einigen westdeutschen Bundesländern deutlich verbessert hat und schon Jugendliche vor allem aus Ostdeutschland angeworben werden (siehe Schaubild 5), wurde Ende 2000 beschlossen, die Bundesförderung stärker auf Ostdeutschland zu konzentrieren. Im Jahre 2001 sollen 50% der 2Mrd DM nach Ostdeutschland gehen. Wegen der deutlichen regionalen Arbeitsmarktunterschiede können 5% der Mittel für Mobilitätshilfen – allerdings nur für Arbeits- und nicht Ausbildungsplatznachfrager – eingesetzt werden. Weiterhin sollen die Mittel stärker auf die Problemgruppen konzentriert werden und die Träger erhalten seit bereits seit Anfang 2000 bei Vermittlungen aus außerbetrieblicher in innerbetriebliche Ausbildung eine Prämie von DM 4000.-. Einige der genannten Steuerungsprobleme wurden damit korrigiert.

In den nächsten Jahren steht die Arbeitsmarktpolitik für Jugendliche in Deutschland vor vier großen Herausforderungen. Erstens muss in den nächsten Jahren noch einmal das Lehrstellenangebot erhöht werden. Zweitens muss eine Verfestigung der Arbeitslosigkeit von benachteiligten Jugendlichen (vor allem Ausländer) verhindert werden. Drittens geht es die Erhöhung des Lehrstellenangebots in Ostdeutschland. Viertens schließlich müssen die Berufsbilder kontinuierlich modernisiert werden. Dass für die Modernisierung der Berufsbilder die Grundsteine gelegt worden sind, wurde bereits dargestellt. Deshalb werde ich im Folgenden nur auf die drei ersten Herausforderungen eingehen.

(1) Bis zum Jahre 2010 wird die Nachfrage nach Ausbildungsplätzen noch einmal steigen (Schaubild 7; Schaubild A und B), da geburtenstarke Jahrgänge ins Erwerbsleben treten. Danach wird die Nachfrage nach Ausbildungsplätzen aufgrund der demographischen Entwicklung deutlich zurückgehen. Deshalb wird die Zahl der Ausbildungsplätze in den nächsten Jahren erhöht werden müssen. Das beste wäre eine Berufsbildungsabgabe, die die ausbildenden Betrieb belohnt und von den Trittbrettfahrern einen Beitrag verlangt. Ich sehe kein vernünftiges ökonomisches Argument gegen eine Berufsbildungsabgabe. Es kommt ja nicht zu einer Mehrbelastung der Wirtschaft, sondern zu einer solidarischen Umverteilung mit guten Erträgen für alle. Die These, dass sich Unternehmen wie bei der Schwerbehindertenabgabe von der Ausbildung freikaufen würden, ist durch nichts belegt. In der Bauwirtschaft ist man mit einer solchen Abgabe in Höhe von 2,8% der Bruttolohnsumme sehr gut gefahren (vgl. Kapitel 6 in Bosch, Zühlke-Robinet 2000). Das einzige Argument, was ernsthaft gegen eine Abgabe spricht, ist ein politisches Argument. Die Unternehmensverbände haben eine solch massive Frontlinie hier aufgebaut, dass eine Abgabe nur mit einem enormen Konflikt durchsetzbar wäre, dessen Nebenfolgen unabsehbar sind. Wenn also dieser Weg versperrt ist, bleiben nur die weichen Instrumente der Überzeugung und die öffentliche Subvention. Im „Bündnis für Arbeit, Ausbildung und Wettbewerbsfähigkeit‚ ist dazu ein umfangreicher Maßnahmekatalog vereinbart worden, der kurzfristig umgesetzt werden muss[3]. Es wurde u.a. vereinbart, auf regionaler Ebene jährlich Ausbildungskonferenzen durchzuführen, in gemeinsamen Kampagnen nicht ausbildende Betriebe für die Ausbildung zu gewinnen, das Ausbildungsplatzangebot

---

3 Bündnis für Arbeit, Ausbildung und Wettbewerbsfähigkeit. Ergebnisse der Arbeitsgruppe „Aus- und Weiterbildung" Presse und Informationsamt der Bundesregierung.

Schaubild 7:

Bedarf an Ausbildungsplätzen bis 2006
in Tausend

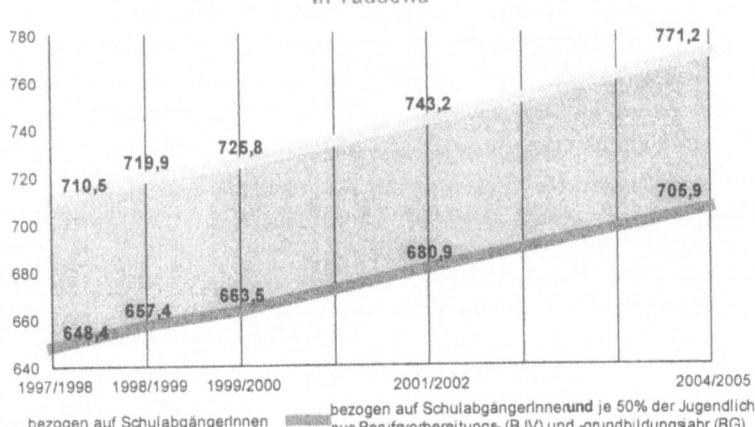

780				771,2
760		743,2		
740	719,9 725,8			
720	710,5			705,9
700				
680		680,9		
660	657,4 663,5			
640	648,4			

1997/1998   1998/1999   1999/2000   2001/2002   2004/2005

bezogen auf Schulabgängerinnen ▬▬ bezogen auf Schulabgängerinnenund je 50% der Jugendlichen aus Berufsvorbereitungs- (BJV) und -grundbildungsjahr (BG)

░░ Bandbreite des voraussichtlichen Bedarfs an Lehrstellen

Quelle: DGB einblick 20/99. 8

Schaubild A:

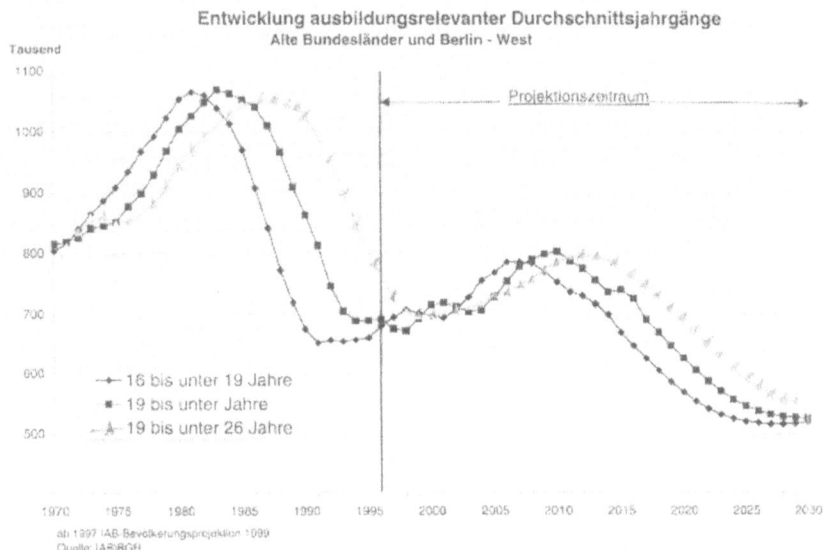

Entwicklung ausbildungsrelevanter Durchschnittsjahrgänge
Alte Bundesländer und Berlin - West

Tausend

Projektionszeitraum

—♦— 16 bis unter 19 Jahre
■ 19 bis unter Jahre
--▲-- 19 bis unter 26 Jahre

1970 1975 1980 1985 1990 1995 2000 2005 2010 2015 2020 2025 2030

ab 1997 IAB-Bevölkerungsprojektion 1999
Quelle: IAB/BGR

entnommen aus Rheinberg/Hummel, 1999: 22

38

Schaubild B

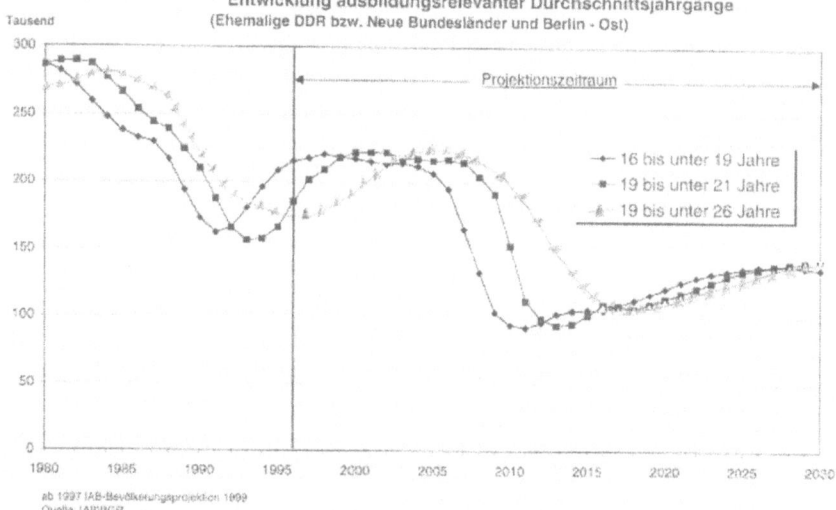

entnommen aus Rheinberg/Hummel, 1999: 52

in der Bundesverwaltung um 6% zu erhöhen und die Zahl der Auszubildenden in den neuen IT-Berufen auf 40 000 zu steigern. Die Unternehmen verpflichteten sich, den demographisch bedingten Zusatzbedarf in den nächsten Jahren zu decken. Bislang ist diese Verpflichtung nur unzureichend eingelöst worden; die Zunahme der Zahl der abgeschlossenen Ausbildungsverträge ist weitgehend auf den Ausbau der öffentlich geförderten Ausbildung zurückzuführen. Die Politik muss die Einlösung des Ausbildungsversprechens von der Wirtschaft mit dem gleichen Nachdruck wie zu Beginn der 80er Jahre einfordern. Da die Konjunktur anzieht und erste Arbeitskräfteengpässe erkennbar sind, bestehen gute Chancen, hier auch das Eigeninteresse der Betriebe zu mobilisieren.

(2) In der kompensatorischen Arbeitsmarktpolitik für benachteiligte Jugendliche – in besonderem Maße junge Ausländer – ist ein grundlegender Wandel der Philosophie notwendig. Es muss durch frühzeitige Intervention verhindert werden, dass Jugendliche sich in arbeitsfernen Milieus festsetzen. Man muss auf diese Jugendlichen aktiv zugehen und nicht auf ihre Nachfrage nach Unterstützung warten, dann aber auch ihren Einsatz fordern und notfalls mit Sanktionen (Streichung der Unterstützung) reagieren. Dabei geht es nicht nur

39

um die Vermittlung in Ausbildung sondern auch in Arbeit. Zwar nimmt die Zahl der Arbeitsplätze für Ungelernte ab, gleichwohl gibt es hier einen ungedeckten Bedarf. Im Programm „Jugend in Arbeit" für langzeitarbeitslose Jugendliche in NRW ist diese neue Philosophie umgesetzt wurde. Alle langzeitarbeitslosen Jugendliche in NRW sind angesprochen worden. Mit diesen Jugendlichen wird persönlich Kontakt aufgenommen und ein Entwicklungsplan sowie die Umsetzung der im Entwicklungsplan festgelegten Schritte (Qualifizierung, Vorbereitungstraining, Übergang in Arbeit etc.) vereinbart. Während der Maßnahmen werden die Jugendlichen vom Arbeitsberater begleitet und nach den Maßnahmen folgt eine nachgehende Beratung. Die Berater bei den Kammern erhalten leistungsbezogene Prämien für jeden Arbeitsschritt. Die Wirtschaft hat sich in dieser Gemeinschaftsaktion bereit erklärt, jedem arbeitswilligen und arbeitsfähigen Jugendlichen einen Arbeitsplatz anzubieten. 4200 der rund 10.000 langzeitarbeitlosen Jugendlichen in NRW waren im Herbst des Jahres 2000 wieder in Arbeit. Es zeigte sich, dass der Engpaß nicht die Zahl der zu Verfügung stehenden Arbeitsplätze, sondern die Arbeitsmotivation und Arbeitsfähigkeit der Jugendlichen war. Vergleichbare Ansätze der „Aktivierung" von jugendlichen Arbeitslosen werden auf lokaler Ebene in mehreren Kommunen ausprobiert (zum Beispiel in Köln), wobei Arbeits- und Sozialämter eng zusammenarbeiten. Einige der Ansatzpunkte dieser Experimente sollten in die großen Regelprogramme übernommen werden.

Die wichtigsten Ansatzpunkte in Zukunft sind:

- Schaffung neuer Anreizstrukturen für Träger: In Leistungsvereinbarungen müssen Ergebnisse (Vermittlungen, Abschlüsse bei Bildungsmaßnahmen etc.) und nicht Verweildauern finanziert werden.
- Schaffung einer neuen Kultur der Verantwortung in regionalen Netzwerken: Die Grenzen rein staatlicher Fürsorge über die Finanzierung von Maßnahmen sind unübersehbar geworden: Die Verantwortung wird geteilt und an spezialisierte aber stigmatisierte Institutionen abgegeben. Die Ergebnisse werden immer schlechter. Nur in gemeinsamer Verantwortung von Wirtschaft, Trägern und anderen Institutionen (Schulen etc.) können bessere Ergebnisse erreicht werden.
- Maßgerechter Zuschnitt von Maßnahmen durch die Vereinbarung individuelle Entwicklungspläne. Durch Standardmaßnahmen und nicht angemessenes Eingehen auf individuelle Problemlagen, erreicht man viele der Jugendlichen nicht und die öffentliche Unterstützung verliert wegen mangelnder Qualität bei den eigentlichen Betroffenen an Reputation.
- Frühere Interventionen bei schulmüden Jugendlichen, um deren Motivationsverfall frühzeitig aufzufangen. Dazu müssen Wechsel zwischen

Schule und praktischer Ausbildung in Betrieben oder Bildungszentren für lernschwache Jugendliche ab der 8. Klasse erleichtert werden.

- Auch berufliche Vorbereitungs- und Qualifizierungsmaßnahmen sollten mit betrieblicher Praxis verknüpft werden. Sie sollten künftig Praxisphasen in den Unternehmen beinhalten. Damit werden die Betriebe als Partner bei der beruflichen Orientierung gewonnen und die Jugendlichen früher mit der betrieblichen Realität konfrontiert.

- Intervention bei Abbruch von Maßnahmen: Bei Maßnahmeabbruch müssen die Jugendlichen angesprochen und eventuell andere Schritte vereinbart werden. Jugendliche, die eine Ausbildung abbrechen und keine neue anfangen, sollten die erlernten Ausbildungsbestandteile zur Verbesserung ihrer Arbeitsmarkchancen zertifiziert werden.

(3) Auch in Ostdeutschland wird noch in den nächsten Jahren die Nachfrage nach Ausbildungsplätzen hoch bleiben, dann aber werden durch den Geburtenknick nach der Wiedervereinigung die nachwachsenden Alterskohorten sich fast halbieren (siehe Tabelle B im Anhang). Die ostdeutsche Wirtschaft steuert auf einen großen Fachkräftemangel hin. Sie hat in den letzten Jahren zu wenig junge Leute eingestellt und qualifiziert; dadurch bildete sich eine ungesunde Alterspyramide heraus. Ein drastisch ansteigender Einstellungsbedarf wird dann in einigen Jahren nicht durch die deutlich geringeren Jahrgänge Jugendlicher zu befriedigen sein (Behr, M., Kottmann, A. Engel T. 1999). In Sachsen werden die meisten der heute 55-60 Jährigen bis 2010 in den Ruhestand gehen Die Gruppe der 20-jährigen schrumpft um rund 40 Prozent. Die Bevölkerung Sachsens sinkt bis 2015 von 4,5 Mio. auf 4,1 Mio. Um einen Ausbildungsplatz bewerben sich 23 000 Jugendliche; 1996 waren es 57 000. Der künftige Fachkräftemangel kann vor allem kleine Betriebe die Existenz kosten (Sächsisches Staatsministerium für Wirtschaft und Arbeit 2000). Die Politik ist offensichtlich in einem Dilemma. Solange die Betriebe auf öffentlich geförderte betriebsnahe Ausbildung, also eine kostengünstige Alternative zur eigenen Ausbildung zurückgreifen können, wird die Ausbildungsbereitschaft nicht deutlich zunehmen. Darüber hinaus sind besondere Strukturprobleme unübersehbar. Viele ostdeutsche Betriebe sind z.B. Ableger von Unternehmen mit Hauptsitz in Westdeutschland und nur auf bestimmte Fertigungsschritte spezialisiert. Diese größere Spezialisierung erschwert eine vollständige Ausbildung. Die Politik wird kaum vermeiden können, auch in den nächsten Jahren überbetriebliche Ausbildungsplätze für Jugendliche trotz der hohen Mitnahmeeffekte der Betriebe weiter zu fördern. Auch werden Arbeitsbeschaffungsmaßnahmen für Jugendliche als Überbrückungsmaßnahme bis in die besseren Jahre unvermeidlich bleiben. Die Politik wird allerdings parallel dazu die Ausbildungsbe-

reitschaft der Unternehmen fördern müssen, indem sie gezielt an Engpässen interveniert. Das eben genannte Problem der Spezialisierung kann und wird z. B. durch die Förderung von Ausbildungsverbünden angegangen. Die Ausbildungsbereitschaft muss darüber hinaus durch die glaubhafte Drohung erhöht werden, dass sich die Politik in den Zeiten kleinerer Jahrgänge aus der Förderung zurückzieht. An diesem Punkt wird sich entscheiden, ob die Strukturkrise des Ausbildungssystems in Ostdeutschland überwunden werden kann oder die Subventionsmentalität überwiegt.

Zusammenfassend lässt sich sagen, dass die Arbeitsmarktpolitik für Jugendliche in den nächsten Jahren hohe politische Priorität genießen muss. Durch die demographische Entwicklung wird es bald zu großen Arbeitskräfteengpässen kommen. Dann werden die Jugendlichen von heute gebraucht und die Lücken lassen sich auch nicht mit Einwanderern decken. Man kann es sich weder aus sozialer noch aus volkswirtschaftlicher Sicht leisten, die starken Jahrgänge der Jugendlichen von heute nicht so gut wie möglich auszubilden oder zumindest anzulernen. Darüber hinaus müssen auch die Berufsbilder des dualen Systems in den nächsten Jahren weiter modernisiert werden, da ansonsten dem System wegen mangelnder Attraktivität die Bewerber ausgehen werden. Vor allem muss auch die Durchlässigkeit nach oben bis hin in den akademischen Bereich durch anerkannte Weiterbildungsmaßnahmen verbessert werden, um auch den ergeizigen Jugendlichen mit Aufstiegsperspektiven Anreize zu einer Ausbildung zu bieten. Der Handlungsbedarf in den nächsten Jahren ist also unübersehbar und man kann mit den Lösungen nicht lange warten.

Literatur

Bardeleben, R. v. , 2000. Ausbildungsfinanzierung heute – Ergebnisse der Untersuchungen des Bundesinstituts für Berufsbildung (BiBB), Bonn, Manuskript.

Behr, M., Kottmann, A., Engel T., 1999. Die Hauptsache kommt erst noch ... 10 Jahre nach der Wende: der stabilisierten ostdeutschen Industrie droht bald Personalabbau, in: Frankfurter Rundschau, Dokumentationsseite 22.10.1999.

bmb+f , 2000. Berufsbildungsbericht 2000. Bundesministerium für Bildung und Forschung Berlin/Bonn.

BMA, bmb+f , 1999. Jump – Chancen für Junge, Bundesministerium für Arbeit, Berlin/ Bonn.

Bosch, G., 1990. Qualifizieren statt entlassen. Beschäftigungspläne in der Bundesrepublik und Rekonversion im Vergleich, Westdeutscher Verlag, Opladen.

Bosch, G., 2000a. Arbeitszeit, Qualifikation und Arbeitsorganisation, in: Personalführung Heft 10, 52-60.

Bosch, G., 2000b. „Fast-Food"-Pädagogie unbrauchbar. Kein Bedarf an flexiblen Alles- und Nichtskönnern. In : Erziehung und Wissenschaft 4, 52-61.

Bosch, G., Zühlke-Robinet, K. , 2000. Der Bauarbeitsmarkt. Soziologie und Ökonomie einer Branche, Campus, Frankfurt/New York.

Dietrich H., 2000. Ergebnisse aus der Begleitforschung zum Sofortprogramm zum Abbau der Jugendarbeitslosigkeit, IAB V/4 9.5.2000, Nürnberg.

DIW, 2000. Die Integration junger Ausländer in das deutsche Bildungssystem kommt kaum noch voran, in: DIW-Wochenbericht 29.

Europäische Kommission, 1998a. Beschäftigung in Europa 1998. Arbeit für die Menschen: von Leitlinien zu Maßnahmen, Generaldirektion Beschäftigung, Arbeitsbeziehungen und soziale Angelegenheiten, Amt für Veröffentlichungen, Luxemburg.

Europäische Kommission, 1998b. Beschäftigung in Europa 1997. Amt für Veröffentlichungen, Luxemburg.

Friedrich, M. u.a. ,1999. Das Sofortprogramm zur Bekämpfung der Jugendarbeitslosigkeit zeigt Wirkung. Erste Ergebnisse aus der Begleitforschung des BiBB. In: BWP Heft 6, S. 5-10.

Finegold, D., 2000. Skills, Work Organisation and Economic Performance in Germany. In: Peter Berg (ed.), Creating Competitive Capacity : labour market institutions and workplace practices in Germany and the United States. Berlin. pp. 121-130.

Freeman, R.B., Schettkat, R., 1998. Low Wages Services: interpreting the US-German difference. Paper to the LOWER Conference Groningen. The Netherlands. Nov. 19-21.

Geißler, K.H., 1995. Perspektiven des dualen Systems – Besorgnis und Hoffnung. In: Der berufliche Bildungsweg (NW), 11,19-24.

Geißler, K.H., 2000. Flexibler Experte ersetzt Meister. In: Erziehung und Wissenschaft, 2, 34-44

Hitzler, R., 1988. Sinnwelten, Westdeutscher Verlag, Opladen.

ILO, 1997. World Employment 1996/1997. National policies in a global context. Intenatioanl Labour Office, Geneva.

Konietzka, D., Lempert, W., 1998. Mythos und Realität der Krise der beruflichen Bildung. Der Stellenwert der Berufsausbildung in den Lebensverläufen verschiedener Geburtskohorten. Zeitschrift für Berufs- und Wirtschaftspädagogik, 94, 3, 321-339.

Knuth, M., Schräpler, J. P., Schumann, D., 2000. Die Neuverteilung von Beschäftigungschancen und -risiken in der Dienstleistungsgesellschaft. IAT Gelsenkirchen Manuskript.

Marsden, D., 1995. A phoenix from the ashes of apprenticeship? Vocational training in Britain. In: International Contributions to Labour Studies, 5, 87-114.

OECD, 1998. Employment Outlook (insbesondere Kapitel 3 „Getting started, settling in: the transition from education to the labour market„), Paris.

OECD, 1999. Labour Force Statistics 1975-1997, Paris.

Prais, S.J., Wagner, K., 1983. Some practical aspects of human capital investment: training standards in five occupations in Britain and Germany. In: National Institute Economic Review, 105, 46-65.

Raab, E., 1996. Jugend sucht Arbeit, Deutsches Jugendinstitut, München.

Rheinberg, A., Hummel, M., 1999. Bildung und Beschäftigung im vereinten Deutschland, BeitrAG 226, 40.

Sächsisches Staatsministerium für Wirtschaft und Arbeit, 2000. Entwicklungsrichtungen und Kapazitäten der beruflichen Erstausbildung im Freistaat Sachsen (Gutachten des ifo-Instituts München und der Universität Chemnitz). Institut für Wirtschaftsforschung, München.

Studies in Vocational Education and Training, 1983. Experiments with the first year of apprenticeships, Vol.3, London.

Studies in Vocational Education and Training, 1983. The industrial tutor in the FRG, Vol.4, London.

Streeck, W. u.a. ,1987. Steuerung und Regulierung der beruflichen Bildung. Die Rolle der Sozialpartner in der Ausbildung und berufliche Weiterbildung in der Bundesrepublik Deutschland, Ed. Sigma, Berlin.

Wagner, K., Finegold, D., 1997. Der Einfluß der Aus- und Weiterbildung auf die Arbeitsorganisation – Eine Untersuchung in der Fertigung US-Amerikanischer Maschinenbauunternehmen. In: Clermont A. & Schmeisser (eds.), Internationales Personalmanagement, München: Vahlen, pp. 43 – 67.

Zusammenfassung

Die Jugendarbeitslosigkeit ist in Deutschland im Verhältnis zur allgemeinen Arbeitslosenquote niedriger als in den meisten anderen Industrieländern. Das duale System der beruflichen Ausbildung, das zwei Drittel aller Jugendlichen durchlaufen, ist ein wirkungsvoller Integrationsmechanismus für die nachwachsende Generation. Gleichwohl hat sich in Ostdeutschland und bei unqualifizierten Jugendlichen, vor allem jungen Ausländern, Arbeitslosigkeit verfestigt. Der Autor plädiert dafür, dieses System beizubehalten und weiter zu entwickeln, da Bildung insbesondere für Jugendliche, die ihr Erwerbsleben noch vor sich haben, der Schlüssel für nachhaltige Beschäftigbarkeit (Employability) ist. Er beschreibt, wie in den letzten Jahren die Berufsbilder modernisiert worden sind. In den nächsten Jahren steht die Arbeitsmarktpolitik für Jugendliche vor vier großen Herausforderungen. Erstens muss vor allem bis 2005 die Zahl der Ausbildungsplätze wegen der demographisch bedingten Zunahme der Bewerber gesteigert werden. Zweitens müssen die Berufsbilder kontinuierlich modernisiert und vor allem auch die Durchlässigkeit zu den akademischen Berufe hergestellt werden. Drittens muss das duale System auch in Ostdeutschland verankert werden. Viertens müssen neue Instrumente für die Integration bildungsferner Jugendlicher entwickelt werden. Die möglichen Antworten auf diese vier Herausforderungen werden im einzelnen beschrieben.

Summary

Youth unemployment in Germany is lower relative to the general unemployment rate than in most other industrialised countries. The dual vocational training system, through which two thirds of all young people pass, is an effective mechanism for integrating the rising generation. Nevertheless, unemployment has taken root in Eastern Germany and among unskilled young people, particularly young foreigners. The author puts the case for maintaining and further developing this system, since training is the key to long-term employability, particularly for young people who have their entire working lives in front of them. He describes how training profiles have been modernised in recent years. Labour market policy for young people will face four major challenges over the next few years. Firstly, the number of training places will have to be increased, particularly up to and including the year 2005, because of a demographically determined rise in the number of applicants. Secondly, the training profiles must be continuously modernised, and in particular there must be greater prospects of promotion to the more academic occupations. Thirdly, the dual system must be firmly established in Eastern Germany as well. Fourthly, new instruments for the integration of young people who remain outside the dual system must be developed. The possible answers to these four challenges are described in detail.

Peter Grottian

Den Umbau der Arbeitsgesellschaft mit Strategien für die Jugend koppeln

Es wäre machbar: Das Bündnis für Arbeit könnte zum Ende des Jahres 2000 mit einer mittleren Sensation aufwarten: 400.000 Jugendlichen werden unkonventionell Arbeitsplätze angeboten, oder sie müssen sich selbst solche mit öffentlicher Unterstützung suchen. Ein öffentliches Programm selbstorganisierter Arbeit, Teilzeiteinstellungskorridoren für die junge Generation, gesellschaftlich sinnvoller Arbeit im Non-Profit-Sektor. Teilprofessionalisierung ehrenamtlicher Arbeit, New Work und Jugend-Netzwerkarbeit könnten rasch wirken und Jugendliche dauerhaft in Arbeit bringen. Das wäre teuer (7 Mrd. DM), aber es wäre der Vorbote einer anderen Arbeits- und Tätigkeitsgesellschaft. Das wäre machbar, wenn wir endlich akzeptierten, dass die herkömmlichen Mittel nicht mehr greifen.

Die rot-grüne Koalition hat ihren Erfolg an die wirksame Bekämpfung der Arbeitslosigkeit gebunden und ein Bündnis für Arbeit ins Leben gerufen. Sie selbst hat arbeitsmarktpolitische Sofortmaßnahmen ergriffen und die ökologische Steuerreform begonnen – eine Strategie, die auf etwas höherem Niveau die Politik ihrer Vorgänger fortführt: die Wettbewerbsfähigkeit durch Senken der Arbeitskosten zu verbessern, mit Übergangsmaßnahmen Arbeit zu beschaffen und junge Menschen durch Lohnkostenzuschüsse und außerbetriebliche Ausbildung in die Arbeitswelt zu integrieren. Zum Herbst 2000 steht ziemlich in den Sternen, was aus dem Bündnis für Arbeit wird. Anders als die Regierungen von Holland, England, Frankreich, Dänemark und Schweden verfügt die rot-grüne Bundesregierung über keine erkennbare innovative beschäftigungspolitische Strategie. Sie hat bisher noch nicht einmal die Lippen gespitzt und ist vorerst weit davon entfernt, eine Repolitisierung der Arbeitsmarktfrage einzuleiten, um einen "produktiven Deal" zwischen Staat, Gewerkschaften und Arbeitgebern zu stiften. Auch das Sparpaket spart nur, schreibt bestehende Förderungsprogramme fest, ohne trotz berechtigtem Sparen neue Experimente couragiert anzugehen. Die mangelnde pragmatische Vision ist das Problem, – was die Regierung und die Öffentlichkeit gleichermaßen lähmt.

Politik ist daran zu messen, ob sie Kindern und Jugendlichen eine ihnen gemäße Gegenwart sowie eine offene und gestaltbare Zukunft ermöglicht. Gegenwärtige Politik zeichnet sich dadurch aus, dass sie schon die Forderungen des Tages versäumt: Jugendarbeitslosigkeit und Strategien zu ihrer Reduzierung ernsthaft zu diskutieren. Arbeitslosigkeit als gesellschaftsrelevantes Thema hat abnehmende Priorität in der Politik und in den Bewertungen der Bürgerinnen und Bürger. Über Jugendarbeitslosigkeit ist ein Mantel des Schweigens gebreitet. Über ein 2 Mrd. DM schweres Projekt gegen Jugendarbeitslosigkeit – das JUMP-Programm – seine Erfolge und Mißerfolge, seine möglichen Perspektiven, reden nur einige Experten. Jugendliche werden marktwirtschaftlich und politisch betulich-besorgt-spaßanbiedernd umschwätzt, wenn die Modethemen „Jugend und Gewalt", „Jugend und Rechtsextremismus", „Jugend und Drogen" auf die Tagesordnung kommen. Dann beugen sich die besorgten Erwachsenen über die jugendlichen Objekte, reden von Individualisierung, schlechten Schulen und den sich auflösenden Familien – nur über die „Erwachsenengesellschaft", die das Zukunftsloch für die Jugendlichen größer macht, redet man allenfalls beim Thema Rente, aber nicht bei der Jugendarbeitslosigkeit. Einen PC für jeden Schüler avanciert zur beklatschten Lösungsperspektive.

Aber die politisch verantwortlichen Akteure haben Jugendarbeitslosigkeit von der Tagesordnung weitgehend abgesetzt. Das Bündnis für Arbeit behandelt es nicht mehr, die Tarifparteien haben in den Tarifverhandlungen 1999/2000 keine jugendpolitischen Komponenten eingebaut, die Jugend selbst artikuliert sich mit ihren eigenen Interessen nicht mehr und schließlich ist eine öffentliche Debatte nicht erkennbar. Es gibt so etwas wie eine strukturelle Komplizenschaft verbal für die Jugend zu sein und sie fast lautlos auszugrenzen.

Im eklatanten Widerspruch zu dieser Dethematisierung von Jugendarbeitslosigkeit stehen die Fakten: Es geht nicht primär um die 18.000-34.000 jungen Leute, die keine Lehrstelle finden, sondern um die ca. 800.000 Jugendlichen, die entweder keinen Zugang zum Bildungs- und Ausbildungssystem oder zu einem Arbeitsplatz haben und vorerst in „verdeckter" oder in „normaler" Armut verharren.

Diese Politik, die auf eine Wiedergewinnung des klassischen Wachstums und die Transformation zur Dienstleistungsgesellschaft setzt, verkennt immer noch, dass wir es schon lange nicht mehr mit einer konjunkturellen Krise, auch nicht mit Anpassungsproblemen an die Globalisierung zu tun haben, sondern dass wir die Epoche der europäischen Lohnarbeitsgesellschaft mit ihren Vollzeitarbeitsbiographien verlassen. Das Ende der langen Nachkriegskonjunktur, die durch die Globalisierung hervorgerufene Wanderung von Investitionen, vor allem aber die mikroelektronische Revolution mit ihrer Produktivitätsexplosion machen die Rückgewinnung der klassischen Vollbeschäftigung selbst bei hohen Wachstumsraten unmöglich. Bisherige Dienstleistungen helfen hier nur begrenzt, da auch sie zunehmend der Rationalisierung unterliegen. Ein klassisches Wachstum wäre überdies aus ökologischen Gründen höchst problematisch. Ein innovationsgetriebenes Wachstum der Spitzentechnologien, für die Deutschland immer noch einer der besten Standorte ist, wird das Sozialprodukt steigern, aber kaum in nennenswertem Umfang Arbeitsplätze schaffen, sie im Gegenteil in der langen Tendenz eher vermindern.

I. Neue Normalarbeitszeit

Notwendig wäre also ein neues Denken über "Vollbeschäftigung", die Länge von "Normalarbeitszeiten" und deren Verteilung. Dies ist schon deshalb unabweisbar, weil durch die zunehmende Frauenerwerbstätigkeit die Nachfrage nach Arbeit weiterhin steigt. Das aber ist aufgrund der Produktivitätsfortschritte nur möglich, wenn der Normalarbeitstag weiterhin verkürzt wird. Von 1950 bis 1994 ist die durchschnittliche Jahresarbeitszeit von knapp 2.300 auf 1.600 Stunden gesunken, in den Jahren der Vollbeschäftigung von 1959 bis 1974 um 280 Stunden, in den folgenden 15 Jahren wachsender Arbeitslosigkeit (und gewerkschaftlicher Schwäche) nur um 167 Stunden und bis 1994 um weitere 54 Stunden. Nicht ein ökonomischer Automatismus, sondern die Bereitschaft der Gesellschaft zur Anpassung an die steigende Produktivität und die Emanzipation der Frauen – und die Kraft der Arbeitnehmer, diese Bereitschaft zu fordern, wird hier als ein entscheidender Faktor von Beschäftigung erkennbar. Die flexibilisierte 30-Stunden-Woche neuen Typs ist für zwei Drittel aller zukünftigen Erwerbstätigen wahrscheinlich.

II. Personenbezogene und öffentliche Dienstleistungen

Ein hohes Wachstum der privaten personenbezogenen Dienstleistungen könnte im Bereich der pflegenden, helfenden, freizeit- und erziehungsbezogenen Tätigkeiten Arbeitsplätze schaffen. Dass hier gesellschaftliche Nachfrage besteht, ist im Prinzip unstrittig (auch wenn der Sättigungsgrad zu marktgerechten Löhnen niedriger liegen mag als angenommen), aber sie führt bisher nicht zu regulären Arbeitsplätzen, wird allenfalls in die Forderung nach Billigjobs gemünzt. Je mehr sie zu regulären, von Privaten finanzierten Arbeitsplätzen führen sollen, desto billiger müssen diese Arbeiten bezahlt werden, und desto mehr droht eine schärfere Spaltung der Gesellschaft: In Dienstboten und solche, die sie bezahlen können. Die Biedenkopf-Stoibersche Zukunftskommission hat das lakonisch als die Strategie des "Muts zur Ungleichheit" vorgestellt. Gerade eine rot-grün geführte Regierung muss sich fragen, ob sie eine solche Tendenz unterstützen will – etwa durch staatlich dauerhaft subventionierte Niedriglohnsektoren; auch die weitere Kommerzialisierung der Intimsphäre, des Familienlebens, der Freizeit und der Kultur wären unerwünschte Konsequenzen einer solchen Politik.

Die öffentliche Nachfrage zu steigern, gilt inzwischen als Utopie. Sinkende staatliche Etats führen dazu, dass über neue, dauerhafte öffentliche Tätigkeitsfelder nicht mehr geredet wird. Die großen Schwierigkeiten, ohne größeren Umbau des Steuerstaats und der öffentlichen Institutionen Jobs in Millionenzahl anzubieten, führen dazu, dass schicksalsergeben vom "Ende der Arbeit" geschrieben und damit ein Klima der Akzeptanz geschaffen wird für die zunehmende, aber keineswegs zwangsläufige Ungerechtigkeit und Ausgrenzung. Der Preis ist hoch: Die Gesellschaft verzichtet darauf, die Arbeitsleistung und die Qualifikationen von Erwerbslosen, in deren Ausbildung sie investiert hat, zu nutzen. Statt Hunderttausende in ABM folgenlos zu beschäftigen, könnten sie an der Entwicklung modernerer Formen des öffentlichen Verkehrs, der Pflege und Verschönerung unserer Landschaften, Dörfer und Städte arbeiten, die Zahl der Erzieher in Kindergärten und Schulen vergrößern, die öffentlichen Dienstleistungen verbessern: Z. B. durch längere Öffnungszeiten von Bädern, Bibliotheken, Sportanlagen. Öffentlicher Reichtum, Lebensqualität und Arbeitsplätze würden synchron steigen; statt dessen zahlen wir Millionen von Menschen Unterstützung für ihre Ausgrenzung aus dem öffentlichen Leben. Die Umlenkung von Sozialtransfers auf diese Aufgaben ist prinzipiell möglich; sie setzte allerdings voraus, dass wir die Verteilungsmechanismen des Staates einer grundlegenden Änderung unterziehen. Das ist nicht einfach, aber auf Dauer kann diese Gesellschaft es sich nur um den Preis öffentlicher Verwahrlosung leisten, 20 % ihrer Bürger von Erwerbsarbeit auszuschließen und andererseits auf die Erledigung zahlreicher Arbeiten und Dienstleistungen zu verzichten. Eine Repolitisierung der staatlichen Möglichkeiten steht an – aber in anderer Bearbeitungsform.

Kurzfristig mag die Variante "lieber Arbeitslosigkeit als öffentliche Dienste" rational erscheinen, da sie gerade die neue Mitte und die Kapitaleigner geringerer Steuerbelastung unterzieht. Langfristig und vor allem bei weiterer Zunahme der Arbeitslosigkeit dürften die negativen Wirkungen dramatisch überwiegen: Kranken-, Gewalt- und Kriminalitätsraten werden steigen. Die Kosten für diese Art Transfer zugunsten der Ausgegrenzten werden zunehmen und damit synchron Populismus, Steuerflucht und weitere Gewalt. Jeder Langzeitarbeitslose kommt gesamtfiskalisch teurer als ihn zu beschäftigen. Öffentliche und halböffentliche Dienstleistungen müssen zum Teil abgebaut, aber auch neu und anders ausgebaut werden. Ziel eines Bündnisses für Arbeit muss es demnach sein, auch mit möglichen Sofortmaßnahmen eine qualitative Veränderung unseres Sozial- und Steuersystems anzustreben, nicht nur zu lindern, sondern die Grundlage für eine neue Arbeitsgesellschaft zu legen.

III. Was ansteht

Die Einkommensentwicklung seit 1992 und die Steuerpolitik der Regierung Kohl haben gezeigt: Dauerhafte, unkonditionierte Lohnzurückhaltung schafft keine Arbeitsplätze. Flexibilisierung der Arbeitszeiten und eine an Betriebsabläufe gekoppelte Reduzierung der Überstunden lösen konjunkturelle Probleme vor allem kleiner und mittlerer Unternehmen, vermehren aber nicht die Arbeitsmenge. Sie wirken weitgehend als "wilde Arbeitszeitverkürzung" und desintegrieren die Arbeitswelt. Geringfügige Beschäftigungsverhältnisse und niedrig qualifizierte und bezahlte Sektoren unterspülen die Systeme sozialer Sicherung und schleifen die relative Homogenität der deutschen work force. Unter der Hand entstehen zum Teil amerikanische Strukturen; ein Kulturbruch größerer Art bereitet sich vor.

In dieser Situation müsste eine rot-grüne Regierung vor allem das Leitbild einer zukunftsfähigen Gesellschaft entwickeln. Dazu gehören soziale Sicherungssysteme für eine Arbeitswelt, in der die lebenslange Vollzeitarbeit schon demnächst zur Ausnahme wird – etwa durch den Umstieg auf einen Finanzierungsmix aus Steuern (für eine allgemeine bedarfsdeckende Grundsicherung), Beiträgen (für eine leistungsbezogene Aufbaurente) und privater Vorsorge. Dazu gehören Überlegungen, wie der durch Kapitalwanderung und Steuervermeidung erodierende Steuerstaat instandzusetzen ist, damit er die Gemeinschaftsaufgaben, die diese Gesellschaft zukunftfähig machen, wieder lösen kann.

Von der Entwicklung eines solchen Leitbilds einer ökologisch aufgeklärten, sozialen und kulturellen Tätigkeitsgesellschaft für Männer und Frauen wird es abhängen, ob die Menschen auch größere Verwerfungen gewohnter Horizonte und Sicherheiten, Einschränkungen und Einbußen schlicht hinnehmen oder ob sie im Vertrauen auf neue, haltende Strukturen selbst experimentier- und wagnisfreudiger werden. Wir glauben, dass strukturelle Änderungen der Arbeitsmärkte und Sozialsysteme möglich sind, wenn die Regierten und die Regierenden wissen, wohin sie gehen wollen. Leitbilder sind keine Pläne, sondern Orientierungen, die Strategien allererst ermöglichen. Sie richten unterschiedliche, auch flexible und verschieden große Schritte in die Zukunft. Eine zielgerichtete Politik ist ohne sie nicht möglich. Jospin und Blair haben – was immer davon zu halten ist – wenigstens einen Versuch gemacht, bei Rot-Grün ist bisher wenig zu sehen.

In der sozialdemokratischen und grünen Programmatik der Diskussion der letzten Jahre finden sich aber genug Ideen zu einer solchen Leitbild-Diskussion:
- Über den ökologischen Umbau der Gesellschaft, der etwa im Bereich der Energieeinsparung, Energietechnologieinnovation und Arbeitswachstum kombiniert;

- über die Sanierung ökologischer Schäden und die Erneuerung der Verkehrs- und Gesundheits-, Kommunikations- und Bildungssysteme, die Beschäftigung schaffen, vor allem aber die Infrastruktur für einen Sozialstaat entwickeln, der nicht mehr auf einer klassischen Arbeitsgesellschaft ruht;
- über einen neuen, stark reduzierten Normalarbeitstag, der zur Grundlage der Sozialsysteme wird und der die Produktivitätsgewinne der Vergangenheit gleichmäßiger verteilt, als der Markt es kann, und der langfristig die Grundlage zu einer "Dreizeitgesellschaft" (J. Rinderspacher) legt, die nicht vertikal gespalten ist (in Kernarbeiter, Dienstleister, ABM-Kräfte und ehrenamtlich Tätige), sondern in der tendentiell jede Arbeitsbiographie aus Erwerbsarbeit, Eigenarbeit und Bürgerarbeit besteht. Nur so lässt sich Demokratie in hochindustrialisierten Nationen sichern, lassen sich historisch erworbene Qualifikationen weiterentwickeln und "europäische" Lebensformen neu erlernen.

Eine folgenreiche Diskussion dieser drei Dimensionen müsste freilich die Kosten solch weitgehender Reformen kalkulieren – ebenso wie die gesellschaftlichen Kosten ihrer Unterlassung. Eine solche Debatte ist nicht in wenigen Monaten zu führen, um so wichtiger ist es, sie jetzt zu eröffnen, in einer Form, die nicht (wie die Zukunftskommissionen) von Parteien angestiftet und wahltaktisch instrumentalisiert wird, sondern gesamtgesellschaftlich wirksam wird, etwa als Enquetekommission mit effektiver medialer Begleitung oder als – neuartige – "Royal Commission". Regierung und Bündnis für Arbeit sollten über ihre Form nachdenken und neben solchen zentralen Diskussionen über die Zukunft der Arbeit viele lokale Zukunftswerkstätten ermutigen. Es gilt, die Bürger mit dem einschneidenden Charakter des Epochenwechsels vertraut zu machen und die Schwierigkeiten und Chancen des Umbruchs zu zeigen, aber auch für einen Aufbruch von unten zu ermuntern.

IV. Ausloten

Junge Menschen und Arbeitslose können nicht auf die Ergebnisse eines solchen Diskurses warten. Ausbildungsprogramme und Arbeitsbeschaffungsmaßnahmen werden jetzt gebraucht. Aber es macht einen Unterschied, ob sie der – langfristig wirkungslosen – Stützung erodierender Strukturen dienen oder ob sie als "erste Schwalben" den anstehenden Umbau vorbereiten und erkunden. In diesem Sinne sollten:

- Staatliche Maßnahmen Erneuerungspfade betreten und in Teilbereichen testen. Das gilt z. B. für die Subventionierung von niedrigqualifizierten Täkeiten im privaten Sektor: ein regional und zeitlich begrenztes Programm könnte die umstrittene Behauptung prüfen, hier läge ein großes Arbeitsplatzpotential,

- zukunftsweisende Aktivitäten im Kern staatlicher Arbeitsförderung stehen. ABM-Programme sollten, wo immer es sinnvoll ist, von kurzfristiger und oft genug ineffektiver Beschäftigung und versickernden Lohnkostenzuschüssen auf dauerhafte Beschäftigung in wirklichen gesellschaftlichen Modernisierungsprogrammen umorientiert werden: Im sozialökologischen Umbau, in Wärmedämmung und Solarisierung, der Reurbanisierung der Städte, der Entwicklung der Ganztagsschulen mit Nachmittagsbetreuung. Dabei können Privat- und Gemeinwohlunternehmer auf neuartige Weise um die neuen öffentlichen Dienste konkurrieren, indem die Vorhaben nicht mehr wie bislang bei ABM auf Antrag nach Zuwendungsrecht gefördert werden. 27 Milliarden im Etatansatz für aktive Arbeitsmarktpolitik der Bundesanstalt für Arbeit geben hier den Spielraum für innovative Experimente, wenn lähmende Vorschriften gelockert und regionale Versuche ermutigt würden,

- Tarifverhandlungen im öffentlichen Dienst den staatlichen Körperschaften die Möglichkeit geben, Strukturen zu entwickeln, die Zeitwohlstand an die Stelle ausschließlich monetär wachsender Lebenschancen setzen. Gerade der öffentliche Dienst muss Vorreiter werden bei einer langfristig geplanten, allgemeinen und starken Verkürzung der Regelarbeitszeit (mit wachstumsabhängigem, sozial abgestuften Teillohnausgleich). Statt einer linearen Stellenkürzung eine lineare Arbeitszeitverkürzung. In den neuen Ländern haben Kindergärten und Schulen gezeigt, dass es möglich ist, Lohnstop mit Beschäftigungswachstum zu koppeln. Wenn Menschen sehen, dass solidarische Arbeitsumverteilung tatsächlich zu mehr Arbeitsplätzen führt, ist nachgewiesenermaßen ihre Bereitschaft, Neues zu wagen, höher als bei denjenigen, die für sie in den Tarifverhandlungen sitzen,

- betriebliche Arbeitszeitverkürzung und Überstundenreduktionen nicht nur akute Krisen bewältigen helfen. Sie können ein handlungsorientiertes öffentliches Bewusstsein für das epochale Problem der Rationalisierung der Lohnarbeit bei zugleich wachsender Erwerbsbeteiligung schaffen. Eine wirksame Strategie zwischen bloß betrieblichen (und rücknehmbaren) Vereinbarungen und gesetzlich festgelegter Höchststundenzahl bestünde darin, die Beiträge der Sozialversicherung stufenweise an einen deutlich sinkenden Normalarbeitstag zu koppeln – etwa, indem der Normalbeitrag auf 30 Arbeitsstunden berechnet wird, Mehrarbeit mit prozentual höheren, Teilzeitarbeit mit geringeren Beiträgen belegt wird (bei gleicher Leistung). Ein derartiger Hebel würde auch familienpolitisch wirken und eine gleitende Umverteilung von den jetzt arbeitenden zu den künftigen Generationen ins Werk setzen. Wichtig wäre, dass dieser Übergang auf die neue Normalarbeitszeit rechtzeitig angekündigt und stufenweise vorgenommen wird, so dass die Unternehmen Zeit haben, sich anzupassen und Engpässe bei spezifischen Qualifikationen zu vermeiden.

V. Konkrete Vorschläge

Ein zukunftsorientierter Umbau der Arbeitsgesellschaft setzt mittelfristig wirkende Entscheidungen voraus, für die eine umfassende gesellschaftliche Diskussion die Voraussetzung ist. Regierung, Bündnis für Arbeit und Öffentlichkeit sollten sie anstoßen. Vor allem aber sollte die Regierung möglichst in enger Abstimmung mit den Tarifpartnern und anderen gesellschaftlichen Institutionen mit ihren Sofortmaßnahmen, für die erhebliche Summen zur Verfügung stehen, deutliche Schritte in die Richtung struktureller Veränderungen gehen.

Wir plädieren aus mehreren Gründen dafür, den Akzent eindeutig auf die junge Generation der 15-27jährigen zu setzen. Erstens: Jeder fünfte Jugendliche zwischen 15 und 25 Jahren ist ohne Ausbildungs- oder Arbeitsplatz, etwa 800.000 Jugendliche haben derzeit keine Beschäftigungsperspektive. Zweitens: Beschäftigungspolitische Experimente für Jugendliche zu wagen – auch wenn sie finanzielle Risiken in sich tragen – findet leichter politischen Konsens. Drittens: Mit Jugendlichen eine neue Arbeitsgesellschaft vorzuleben, hätte auf Dauer die größte Chance, Arbeits- und Lebensmuster den neuen Bedingungen anzupassen und selbst gestalterisch zu wirken. Dezentralisierung und Individualisierung der Arbeitsplatzangebote, verbunden mit einem erstklassigen Beratungsangebot scheint das erfolgreichste Rezept vorerst zu sein (vgl. Beitrag von Dekker).

Die Vorschläge, die wir im Folgenden konkret unterbreiten, sind Vorschläge zum Experiment. Sie sind nicht ohne Risiko, sie gehen über bisherige Strategien hinaus, könnten aber relativ rasch erfolgreich sein:

1. 100.000 selbstorganisierte Arbeitsplätze – oder JUMP fortentwickeln

Die Arbeitslosigkeit, aber auch die ABM-Schleifen ohne langfristige Perspektive ebenso wie das "Verwaltet-Werden" führen bei jungen Erwachsenen zu Frust und Zynismus, sie beziehen Geld, sitzen Lehrgänge ab und verlieren dabei oft eigene Kraft und Zutrauen in die Gesellschaft. Das ist schon jetzt eines der Defizite des 100.000 Programms gegen Jugendarbeitslosigkeit. Wir schlagen zum Umbau des JUMP-Projekts daher eine dreistufige Initiative für Aufbruch vor, die sich an diejenigen jungen Leute wendet, die keinen Arbeitsplatz gefunden haben, und auf ihre Findigkeit, Flexibilität und Tätigkeitslust setzt.

Erste Stufe: Junge Menschen, die eine Berufsidee haben – selbständig, im Non-Profit-Bereich oder angelehnt an existierende Kleinunternehmen – erhalten einen einmaligen Zuschuss von 2.000 DM. Sie probieren einen Arbeitsplatz aus oder bereiten sich darauf vor. Sie können sich Beratung und Unterstützung einkaufen – bei privaten Beratungsagenturen, ehrenamtlichen Unternehmensberatern, unkonventionellen Beratungsagenturen, aber auch in staatlichen Organisationen – , um ein berufliches Ziel zu formulieren und einen Vorschlag für einen individuell zugeschnittenen Arbeitsplatz und eine entsprechende Förderung zu entwickeln. Das kann eine unterstützende Anschubfinanzierung sein, aber auch die Finanzierung von Praktika in Firmen, Fortbildungen, vielleicht auch Auslandsaufenthalten. Es kann auch bezuschusste Probearbeit sein, wenn junge Leute rasch etwas gefunden haben oder selbst versuchen.

Zweite Stufe: Spätestens nach drei Monaten wird dieser "Berufswegeplan" geprüft – von einem ehrenamtlichen lokalen Gremium, in dem Lehrer, Unternehmer, Handwerker, Arbeitsnehmer mitwirken. Hinzuzuziehen sind die jeweiligen Beschäftiger. Dieses Gremium bewertet den beruflichen Lebensplan, macht Verbesserungsvorschläge, gibt Anregungen und entscheidet nach den Kriterien: Realismus der Perspektive und der Selbsteinschätzung, Sparsamkeit und Qualität der Selbstdarstellung über eine weitere Förderung.

Dritte Stufe: Für einen Zeitraum bis zu drei Jahren werden Mittel für die Verwirklichung der Berufskarriere bereitgestellt. Die Auszahlung wird an die Vorlage von Ergebnisberichten an das ehrenamtliche Gremium gebunden. Die Höhe der Förderung orientiert sich an halben oder Zweidrittel-Arbeitsverhältnissen und sollte zwischen 1.200 und 2.500 DM brutto betragen. Es kämen noch die Kosten des Arbeitsplatzes hinzu, zusammen wäre das nicht teurer als laufende Arbeitsförderungsmaßnahmen.

Wie viele junge Menschen gefördert werden können, hängt davon ab, wie viele sich beteiligen und wieviel Mittel aufgewendet werden sollen. Schon jetzt enthalten die Förderungen für den Arbeitsmarkt 2,7 Mrd. für die sogenannte freie Förderung: damit könnten bereits 200.000 Bewerber für die Ausarbeitung eines Berufsplans (1. Stufe) und darüber hinaus 100.000 von ihnen für die Verwirklichung ihres Plans (3. Stufe) unterstützt werden.

Eine dezentralisierte und entbürokratisierte Form der Einstiegsförderung kann erfolgreich sein, weil sie auf die Ideen, die Initiative und die Kraft der Jungen selbst setzt. Nicht das von der Kammer gesetzte Berufsbild, ein "Maßnahmeträger" oder eine Behörde gibt den Weg vor, sondern die Jungen selbst werden gefordert und mit einem Vertrauensvorschuss auf den Weg geschickt. Dabei werden sie nicht allein gelassen, können aber selbst entscheiden, welche Hilfe sie brauchen und wollen. Durch die Beteiligung von Menschen mit institutioneller und professioneller Erfahrung am Ort der Arbeitssuche wird eine Beurteilung der Bewerber möglich, werden existierende Verbindungen genutzt und persönliche Beziehungen gestiftet.

Mit einem solchen Ansatz wird ausgeschlossen, dass mit staatlichen Mitteln Privatunternehmen wild subventioniert werden. Unkonditionierte Arbeitsplatzzuschüsse in Milliardenhöhe haben in der Vergangenheit kaum neue Arbeitsplätze, sondern fast nur Mitnahmeeffekte und Wettbewerbsungerechtigkeiten produziert. Damit ist nicht ausgeschlossen, dass ein Betrieb zum Ort für Weiterbildung und Praktika wird – und dafür bezahlt wird – oder dass neue Jobs angelehnt an Non-Profit-Organisationen entstehen.

Eine flankierende Ergänzung könnte darin liegen, die Banken für ein Arbeitsplatzkreditprogramm zu gewinnen, das die Wirkung unserer Vorschläge rasch verstärken würde. Die Banken müssten die Kredite zu zinsgünstigen Konditionen verschaffen, die Kreditnehmer sie langfristig zurückzahlen, der Staat für den Ausfall bürgen.

2. Steuerbürger schaffen Jugendarbeitsplätze

Viele Steuerbürger haben naheliegende oder phantasievolle Ideen, wie in ihren beruflichen, persönlichen oder stadtteilbezogenen Arbeitszusammenhängen neue nützliche Arbeit nötig wäre (private Dienstleistungen, Betreuung von Kindern und alten Menschen, Verbesserung der Bibliotheken etc.). Statt Lohn- und Einkommensteuer zu zahlen, können sie dieses Geld für die Schaffung von Arbeitsplätzen im Non-Profit-Sektor einsetzen. Ein oder mehrere Steuerzahler richten einen tarifangelehnt bezahlen Arbeitsplatz ein, und das Finanzamt schreibt Ihnen (nach einer Änderung des § 34 a Einkommenssteuergesetz) im ersten Jahr 100 %, im zweiten 80 % des Bruttolohns auf ihrem Steuerkonto gut. So werden Steuerzahler, Bürger, Individuen an der Verantwortung für die Schaffung von Arbeitsplätzen interessiert, sie können eigene Nutzen- und Lebensqualitätskalküle realisieren und persönliche, kommunale und arbeitsrechtliche Zusammenhänge stiften. Das könnte den gesellschaftlichen "Verdichtungsgrad" erhöhen; außerdem: Arbeitsplätze zu schaffen, könnte zu einer qualitativ anderen Reputation von Steuerermäßigungen führen. 50.000 Arbeitsplätze in dieser Form halten wir für plausibel.

3. Wer "Halbe-Halbe mit Kind" arbeitet, wird belohnt

Wir sagten schon: Langfristig müssen kürzere Arbeitszeiten ökonomisch attraktiver werden, indem sie von Steuern und Sozialabgaben teilweise entlastet (Bonus), während traditionelle Arbeitszeiten (38 Std. und Überstunden) stärker belastet werden. Ein solch radikaler Umbau hat kurzfristig als allgemeine Maßnahme keine Realisierungschance, wohl aber ein Pionierprojekt für junge Arbeitnehmer. Hier sollte die vom Bundesverfassungsgericht angemahnte Erhöhung von Kindergeld oder Kinderfreibetrag zumindest zum Teil beschäftigungsinnovativ genutzt werden und vernünftige Teilzeitarbeit gesellschaftspolitisch prämieren, statt Freibeträge mit fragwürdiger Umverteilung zu finanzieren. Junge Paare mit Kind, die beide teilzeit arbeiten, leisten nicht nur Erwerbsarbeit "halbe-halbe", sondern auch Erziehungs-, Haus- und Eigenarbeit. Die öffentliche Hand könnte solche "kleine Revolutionen" fördern, etwa so, dass jede 10 %ige Arbeitszeitverkürzung beider Partner nur zu jeweils 3 % Netto-Lohnminderung führt. Der Lebensgewinn wäre augenscheinlich und könnte die Lernprozesse junger Männer beschleunigen. Analog dazu wären Alleinerziehende zu fördern. Je nach Stärke der Anreize wären 50.000 Teilzeitarbeitsplätze neuen Typs wahrscheinlich.

4. 100.000 Arbeitsplätze im öffentlichen Dienst

Junge Leute brauchen nicht nur Arbeitsplätze, sondern der öffentliche Dienst braucht dringend einen qualifizierten Jugendschub in die Alten-Wagenburg. Ca. 300.000 Stellen sind für den Nachwuchs gesperrt. Deshalb sollten in den Tarifverhandlungen die Weichen neu gestellt werden. Es sollte nicht allein um 5,5 % mehr Lohn gehen, sondern um eine solidarische Arbeitszeit- und Gehaltsumverteilung zumindest des höheren Dienstes (ca. 5 %), um die Koppelung von Altersteilzeit mit Neueinstellungen oder um eine Zweckbindung von 0,5 bis 1 % der Tariflohnforderungen für die Einstellung von jungen Menschen. Die Gewerkschaften könnten sich darauf einlassen, wenn eine Nachprüfbarkeitsklausel in den Tarifvertrag geschrieben wird, die bei nicht realisierten Arbeitsplätzen die 0,5 bis 1 % als Cash an die Beschäftigten nachzahlt. Insgesamt wären ca. 1,5 bis 2 Mrd. DM für 100.000 Arbeitsplätze neuen 2/3-Zuschnitts vorzusehen.

Vorschläge wie diese sind innerhalb von sechs Monaten umsetzbar – wenn man sie politisch will. Sie sind auch finanzierbar (7 Mrd. DM) trotz aller Sparpakete, die möglicherweise sogar erweitert gehören, um neue Projekte machen zu können. Sie könnten darüber hinaus die notwendige große gesellschaftliche Debatte über die Zukunft der Arbeit in Gang bringen. Jeder vernünftige Vorschlag zur Reduzierung der Arbeitslosigkeit wird geprüft, versprach der Kanzler in seiner

Regierungserklärung. Vernünftig aber scheinen nach 18 Jahren des angebotspolitischen Wartens auf Wachstum und Konjunktur nur noch neue Schritte. So gesehen hat das rot-grüne Legitimationsdefizit jetzt auch eine Chance.

Zusammenfassung

Deutschland ist – was die Bekämpfung der Jugendarbeitslosigkeit betrifft – in mehrfacher Hinsicht ein blockiertes Land. Anders als andere Länder unternimmt die Bundesrepublik Deutschland jenseits ihrer unbestrittenen Erfolge im Rahmen ihres Bildungs- und Ausbildungssystems wenig Anstrengungen, den 15-27jährigen Jugendlichen ein echtes Beschäftigungsangebot zu machen, das die traditionellen Beschäftigungsfelder von Markt und Staat überschreitet. So gesehen ist das JUMP-Programm gegen Jugendarbeitslosigkeit ein partieller Qualifikationserfolg, aber ein mittleres Beschäftigungsdesaster. Deutschland ist aber auch deshalb ein blockiertes Land, da die Auseinandersetzungen über eine bessere Bekämpfung der Jugendarbeitslosigkeit verstummt sind und so etwas wie eine strukturelle Komplizenschaft der Dethematisierung herrscht. Deshalb wird es in nächster Zeit darauf ankommen, eine politische Rethematisierung der Jugendarbeitslosigkeit mit neuen Lösungsansätzen vor allem für die benachteiligten Jugendlichen zu versuchen. Der Beitrag macht für ein dezentrales, stadtteilnahes und individualisiertes Konzept verschiedene Vorschläge, das Beschäftigungsangebot für Jugendliche durch ein unkonventionelles staatliches Beschäftigungsprogramm zu erweitern, um die faktische Jugendarbeitslosigkeit von jetzt ca. 800.000 Jugendlichen zu halbieren. Arbeitsplätze auf Kredit, einen Beschäftigungskorridor im öffentlichen Dienst, ein Teilzeit-Großprojekt für junge Paare und ein Konzept, wie Steuerzahler zu Beschäftigern werden könnten, neue Arbeitsplatz-Tore aufstoßen und einen „Arbeitsmarkt von unten" begründen und realisieren helfen.

Summary

As far as the fight against youth unemployment is concerned, Germany as a country is suffering in several respects from a blockage. Leaving aside for a moment the undisputed successes of its education and training system, the Federal Republic of Germany is, in contrast to other countries, making relatively little effort to provide young people between 15 and 27 with genuine job opportunities which go beyond the traditional fields of employment offered by the state and the market. From this perspective the JUMP-Programme against youth unemployment has been a partial success in terms of qualification, but a medium-sized disaster in terms of employment. Germany is also a country with a blockage for the reason that the discussions on ways of improving the fight against youth unemployment have fallen silent and the current situation is dominated by a kind of structural complicity in removing the item from the agenda. For this reason the main task of the immediate future will be to put the subject of youth unemployment back onto the political agenda along with new approaches to solving the problem, in particular for disadvantaged youth. This contribution makes a number of proposals for a decentralised, community-oriented and individualised concept designed to expand the employment opportunities open to young people by means of an unconventional state employment programme in order to reduce by half the current de facto figure for youth unemployment of some 800,000. The topics discussed here include: jobs on credit, an employment corridor in the public sector, a part-time large-scale project for young couples and a concept for turning tax-payers into employers, helping to open new doors to employment and to establish and maintain a "grass-roots labour market".

Lena Schröder[1]

Unemployment among Young People with a Foreign Background: The Potential of Active Labour Market Programmes

Introduction

In most industrialised countries youth unemployment is higher than adult unemployment. The distance between youth and adult unemployment – i.e. the relative youth unemployment rate – differs substantially between countries. In some countries youth unemployment is three to four times higher than adult unemployment, in other countries the youth unemployment rate is only slightly higher or even below the adult rate. In many countries young people with a foreign background[2] are reported to be disadvantaged on the labour market. There is, however, no comparable statistical information available that could give some insight into variations between countries as far as the labour market integration of young people with a foreign background is concerned.

Many researchers from several academic disciplines have addressed the question as to why unemployment disproportionately affects young people in general and what could explain the differences between countries (e.g. Wadensjö 1996, Shavit & Müller 1998, Blanchflower & Freeman 2000, OECD 1999). There is thus a substantial body of evidence concerning those features of educational systems and labour market institutions which are favourable for a smooth labour market integration of young people in general. In short, it seems that unemployment does not disproportionately affect labour market entrants in countries where educational systems provide vocational education, especially in the form of apprenticeship training. On the other hand, long term unemployment among young peo-

---

1 Swedish Institute for Social Research, Stockholm University, S-106 91 Stockholm, Sweden, phone: +46 (0)8 16 2607, fax: +46 (0)8 15 4670, e-mail: Lena.Schroder @sofi.su.se
2 I will use the expression "foreign background" to denote people who are foreign born or have foreign born parents irrespective of their citizenship. Some of these people could be regarded as ethnic minorities. All ethnic minorities do not, however, have a foreign background in the way it is defined in this paper. This can be illustrated by the examples of the black population in the U.S, the Samic population of Northern Scandinavia or the Aborigines in Australia.

ple seems to be less frequent in countries with flexible labour markets as compared to countries with strictly regulated labour markets.

Whether these institutions also favour the integration of young people with a foreign background is an open question, as no reliable and comparable statistical information on their situation, both in school and on the labour market, is available. Nonetheless the issue is extremely important as a successful labour market entry probably is decisive for integration into society in general as well as for the provision of skilled labour in labour markets threatened by ageing population and skill shortages. The purpose of this paper is to establish what fragments of knowledge already exist and to assemble these pieces by means of a theoretical framework in order to facilitate a discussion of the potentials of active labour programmes. Another purpose is to issue some warnings against a number of common misconceptions regarding the labour market situation of young people with a foreign background and the reasons behind this situation.

Statistical background

Warning 1: Be very careful in interpreting statistical information!
This warning is always relevant, but particularly important in the assessment of the labour market situation of people with a foreign background. International statistical sources give unemployment and employment rates for people with a foreign background according to their citizenship. Citizenship, however, is not of great relevance for the individual's possibilities on the labour market. According to empirical research, the time of residence in the host country is of paramount importance (Chiswick 1978, Borjas 1994). Statistical series comparing individuals with different citizenships within a single country are misleading (e.g. Somalian and Turkish citizens), as some foreign citizens tend on average to be mainly newcomers whilst others have, on average, already been resident in the country for a very long time. The same problems arise in intertemporal comparisons if the average time of residence in the host country has been changing over time. High unemployment among foreign citizens in the 1990s for example, can be largely explained in many countries by a high proportion of newly arrived refugees from the former Yugoslav republics.

Comparing countries aggravates the problem, as the rules for naturalisation differ between countries. In some countries with liberal naturalisation rules, foreign citizens are mainly newcomers, in other countries their time of residence is substantial. The unemployment rate of people born in an Eastern Europe country and residing in Sweden in 1999 is illustrative of the importance of time of residence.

Figure 1 Unemployment rates for people born in Eastern Europe, Sweden 1999

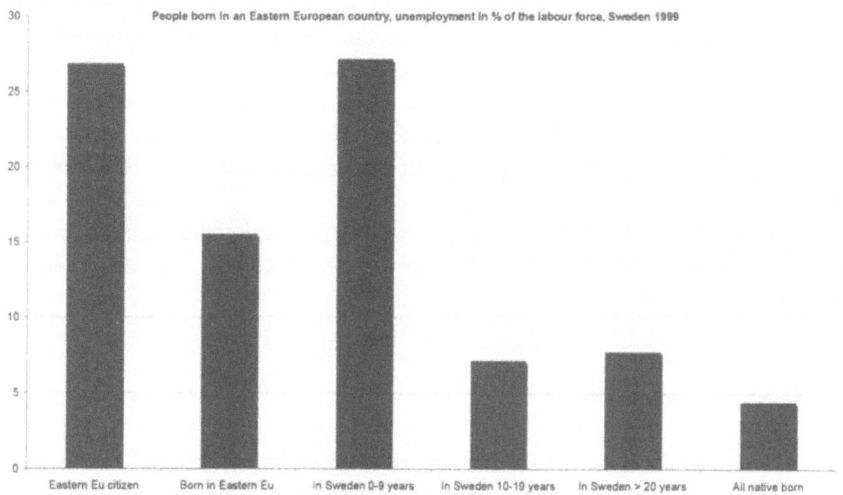

Source: Statistics Sweden, Labour Force Surveys, own calculations

The bar to the very left is the unemployment rate for foreign citizens with an Eastern European citizenship.[3] Their unemployment rate is very high, 26 per cent of the labour force as compared to 4.4 per cent for the indigenous population.

The next bar illustrates the unemployment rate of people born in an Eastern European country irrespective of their citizenship.[4] The unemployment rate is 16 per cent, i.e. 10 percentage points lower than for foreign Eastern European citizens. The reasons for this difference is that the foreign citizens are a subgroup of those who were born in foreign countries, with a shorter time of residence in Sweden.

The following three bars reveal what is really interesting and what is never shown in official statistics, namely unemployment for people born in Eastern Europe according to time of residence of Sweden. The unemployment rate of

---

3 This is the figure usually given in official statistics.
4 This figure is sometimes given in official statistics and always when referring to USA or Canada.

those who have spent less than 10 years in Sweden is roughly the same as for foreign citizens. More important is that those who have been in Sweden for a longer time (10 years and more) have the substantially lower unemployment rate of 7 per cent, which is only slightly above the rate for the indigenous population.

The lack of relevant statistical information not only hinders the analysis of the labour market situation of people with a foreign background. It also leaves the door open to all kinds of preconceptions and prejudices about the situation and its underlying causes. As an example, comparing the unemployment rates of Finnish (low) and Eastern European (high) citizens in Sweden could give rise to ideas that special ethnic or cultural characteristics of the Eastern European population are behind their difficulties on the labour market, while the differences in fact are mainly explained by the high proportion of newcomers in the Eastern European population.

A prerequisite for effective measures against unemployment among young with a foreign background is that countries have correct and relevant statistical information on the situation.

Why higher unemployment?

Another prerequisite is that measures against unemployment should be related to the reasons why unemployment is high and particularly high for certain groups. This issue warrants a new warning:

Warning 2: Some misconceptions regarding the reasons behind higher unemployment rates of young people with a foreign background.
One argument in the debate on the high unemployment rates of young people with a foreign background is that they do not look for work as actively as other people. There is very little research on this issue, but the few existing studies point in the opposite direction: Jobseekers with a foreign background are looking for work at least as actively as other people. (Arai *et al.* 1999, Silbermann & Fournier 1999).

Another argument is that people with a foreign background are too "culturally distant" to be fully productive in the host country, and that the possession of "cultural capital" has gained in importance in the knowledge society, where working in teams is becoming increasingly important. This argument is particularly applied to people with backgrounds from Africa, Asia and Latin America. There is, however, no empirical support for this idea. From a theoretical point of view it is possible to argue for the opposite, namely that modern organisations increasingly need to be flexible, and that organisations more easily adapt to new circumstances if the workforce is not too homogeneous.

Other explanations

Other explanations of the higher unemployment rate focus on differences in social background between young people with a foreign background and other young people. Foreign born parents are unemployed, have low skill jobs and/or low education to a greater extent than other parents. This is an important issue as social background has an influence on educational attainment as well as on labour market success. Studies including information on family background show the higher unemployment rate among youth with a foreign background can be partly explained by the disadvantaged position of their parents, i.e. when information on parental background is included in the analysis, the gap is reduced between youth with a foreign background and other young people. Although smaller, the gap still remains. (Vilhemsson, 2000, Arai *et al.*, 2000, Silbermann & Fournier 1999). These results have some policy implications. When parents are unemployed, their children do not have access to the same kind of networks as the children of the employed. A lack of resourceful networks could be detrimental to a successful labour market integration, as a lot of information and recruitments into vacancies are channelled through informal networks. All types of job search assistance measures by the Employment Services or other agencies, would thus be particularly valuable for this group of young jobseekers.

Another factor that explains some of the differences in labour market situation between young people with a foreign background and other young people is educational attainment. At least in France, Germany and Sweden young people with a foreign background are less successful in school than other young people. This result is modified when information on parental education is included in the analysis, but some of the differences remain. (Alba *et al.*, 1994, Arai *et al.*, 2000, Vallet, 2000). The policy implication of these results is that school reforms aiming at equal opportunities for all young people would enhance the labour market situation for young people with a foreign background.

Differences in social background and in educational attainment can thus explain some of the higher unemployment rates for young people with a foreign background. The unemployment gap between young people with a foreign background and other young people is reduced, but not closed.

65

Demand side factors

Up to know I have discussed factors on the supply side of the labour market, i.e. what is wrong with young people with a foreign background? There could also be factors on the demand side, i.e. could there be something wrong with the employers?

Unreliable and inadequate information with subsequent prejudices and misconceptions could be one of the factors behind the high unemployment rates of young people with a foreign background. The link between information and unemployment is that some of the unexplained unemployment differences could be caused by discrimination. In everyday language discrimination usually means that employers, colleagues or customers simply do not like to be in contact with people belonging to certain ethnic groups. Within economics this is denoted preference discrimination.

But within economics there is also another concept, which probably is more relevant when it comes to the employment possibilities of young job seekers. This other concept is "statistical discrimination" and means that when it is difficult and costly to acquire information on the productivity of all individual job seekers, it is rational to base the hiring decision on group averages rather than on the abilities of the individual job seeker. This means that a young job seeker is judged according to what is believed to be the average performance of the ethnic group to which he or she seems to belong. Regardless if the information on these averages is true or false, the result is discrimination of the individual. To illustrate the idea we can think of a situation with a great number of job applicants from which the employer has to chose the most suitable. It would be very expensive to interview all of these job applicants and it is thus rational to make a selection. The selection criteria would be based on preconceptions regarding the average performance of different groups. One such criteria could be the probability of speaking fluent German. Job applicants with German sounding names (as Schröder, the name of the non-German speaking author of this paper) would be selected for an interview, while applicants with names that sound "foreign" would not be selected. The reason is that it would be too time consuming and costly to find out whether some of the individuals with "foreign" names are born in Germany and speak fluent German.

Measures against unemployment

The most efficient measure against statistical discrimination is easily accessible and reliable information regarding the abilities of the individual job seeker. The best way of providing this information is work experience, which, alas, is exactly what unemployed youth lack. On theoretical grounds it is thus possible that labour market programmes in the form of wage subsidies and/or tax reductions to employers could be effective measures against unemployment among young people with an foreign background.

Unfortunately, there is not much evidence to prove the relevance of this theoretical argument. There are no programme evaluations addressing the question of their usefulness for young people with a foreign background. Existing empirical evidence on the effects of programmes in general are mainly based on studies from the U.S, which differs from most European countries both in the structure of the labour market as well as with regard to the educational system. The U.S. has less regulated wages and less restrictions on the employers' hiring and firing decision than, for example, Germany, Sweden and France. On the other hand the educational systems of countries like Germany and Austria seem to produce more productive labour market entrants than is the case in the U.S. Hence what works or does not work in the U.S. does not necessarily produce similar results in other countries.

There are, however, some evaluations from other countries which show that, under certain conditions, wage subsidy programmes can give impact positively on the future employment probabilities of the participants. These conditions are that employers should provide training in compensation for the subsidies they receive, and that the work tasks should be related to the education and the professional aspirations of the young programme participants. (Gautié, 1999, Schröder, 1996). Looking more closely at these successful labour market programmes, they can be said to imitate the features of the apprenticeship system, i.e. the employers receive relatively cheap labour on a temporary contract, but are on the other hand required to provide training.

There are also some small pieces of evidence indicating that young people with a foreign background have difficulties obtaining access to the most attractive labour market programmes as well as to the most attractive apprentice training schemes.

The conclusion is thus that labour market programmes in the form of wage subsidies/tax reduction could be an effective measure against statistical discrimination. A condition is that these programmes are of a high quality, that the employer provides training and that the programme is adapted to the special needs and aspirations of the individual. Such programmes would probably have a positive effect for the employment probabilities of young unemployed people with a foreign background. This statement requires a

Final warning: do not construct special programmes for young people with a foreign background!
These young people have the same kind of labour market problems as other labour market entrants, just to a higher degree. "Ethnic" programmes will only increase the stereotyping of individuals and thus aggravate the importance of statistical discrimination.

References

Alba, R., Handl, J., Müller, W., 1994. Ethnische Ungleichheit im Deutschen Bildungssystem. Kölner Zeitung für Soziologie und Sozialpsychologie 46, pp. 209-237.

Arai, M., Schröder, L., Vilhemsson, R., 2000. Mot en svartvit arbetsmarknad. Rapport från Expertgruppen för studier i offentlig ekonomi (ESO), Ds 2000:47.

Arai, M., Regnér, H., Schröder, L., 1999. Är arbetsmarknaden öppen för alla?.

Bilaga 6 till 1999 års långtidsutredning.

Blanchflower, D., Freeman R.B., (eds.), 2000. Youth Employment and

Joblessness in Advanced Countries. The University of Chicago Press, Chicago and London.

Borjas, George J., 1994. The Economics of Immigration", Journal of Economic Literature XXXII, 1667-1717.

Chiswick, Barry R (1978), "The Effect of Americanization on the Earnings of Foreign-Born Men", Journal of Political Economy, 86(5), 897-221.

Gautié, J., 1999. Promoting Employment for Youth: A European Perspective. In: Preparing Youth for the 21st Century. OECD 1999.

OECD (1999), Employment Outlook. Paris

Schröder, L., 1996, Dead-end Jobs and Upgrading Plans – an Evaluation of Job Creation Programmes for Young Adults in Sweden. In: Wadensjö (ed.), 1996.

Shavit, Y., Müller W., (eds.), 1998. From School to Work: A Comparative Study of Qualifications and Occupational Destinations. Clarendon Press, Oxford.

Silberman, R., Fournier, I., 1999. Immigrants' Children and the Labour Market. The Mechanisms of Selective Discrimination. Mimeo, CNRS (Centre National de le Recherche Scientifique) and LASMAS, Paris.

Vallet, L.-A., 2000. School Assimilation of Children born of Immigration and its Interpretation: French Data Examined. LASMAS, Centre National de la Recherche Scientific, Paris.

Vilhemsson, R., 2000. Ethnic Differences in the Swedish Youth Labour Market. Swedish Institute for Social Research, Stockholm. Licentiatserien 15/2000.

Wadensjö, E., (ed.), 1996. From School to Work in the Nordic Countries. In Wadensjö, E., (ed.), The Nordic Labour Markets in the 1990s. North Holland, Amsterdam.

Summary

There is no systematic statistical information on the unemployment situation of young people with a foreign background. A few studies from individual countries, however, show that the labour market situation is more precarious for young people with a foreign background than for other young people. The information deficit leaves the door open for misconceptions and prejudices regarding the reasons behind the higher unemployment rates for young people with a foreign background.

Part of the explanation for the higher unemployment rates is related to lower educational achievements of young people with a foreign background, especially for those who are foreign-born. Behind the high unemployment rates as well as behind the difficulties in school lies the disadvantaged position on the labour market of the parents of young people with a foreign background. These factors can, however, only explain part of the unemployment gap between young people with a foreign background and other young people.

Other reasons behind high unemployment have to be sought on the demand side of the labour market. It is plausible that the employment possibilities of young people with a foreign background are hampered by "statistical discrimination", i.e. employers basing their hiring decisions on preconceptions about the average productivity of certain groups rather than on the individual's own ability. The most efficient remedy against statistical discrimination is easily accessible and reliable information regarding the abilities of the individual job seekers. The best way of providing this information is work experience, which, alas, is exactly what unemployed youth do not have. Labour market programmes in the form of wage subsidies and/or tax reductions to employers can provide this information and thus be effective measures against unemployment among young people with an foreign background. It is important that such programmes are not designed as "special programmes for young foreigners". "Ethnic" programmes will only increase the stereotyping of individuals and thus aggravate the importance of statistical discrimination.

Other measures that probably will be effective are
- systematic and reliable statistical information
- school reforms aiming at equal opportunities for all pupils
- Job search assistance and job acquisition

Zusammenfassung

Es existieren keine systematischen statistischen Erhebungen und Auswertungen über die Arbeitslosigkeit von Jugendlichen ausländischer Herkunft. Ein paar Studien aus einzelnen Staaten zeigen allerdings, dass die Arbeitsmarktsituation für Jugendliche ausländischer Herkunft viel prekärer ist als für andere Jugendliche. Das Informationsdefizit lässt die Tür offen für Fehlwahrnehmungen und Vorurteile bezüglich der Gründe für die höhere Arbeitslosigkeitsquote der Jugendlichen mit einer ausländischen Herkunft.

Ein Teil der Erklärung für die höheren Arbeitslosenquoten ist verknüpft mit der schulischen Ausbildung der Jugendlichen ausländischer Herkunft, besonders für die im Ausland geborenen Jugendlichen. Ihre hohe Arbeitslosenquote sowie ihre Schwierigkeiten in der Schule sind auf die benachteiligte Position ihrer Eltern auf dem Arbeitsmarkt zurückzuführen. Dieser Aspekt kann aber nur ein Teil der Lücke zwischen den Jugendlichen und den Jugendlichen ausländischer Herkunft erklären.

Andere Gründe für die hohe Arbeitslosenquote müssen auch auf der Nachfrageseite, dem Arbeitsmarkt, gesucht werden. Plausibel ist, dass die Anstellungsmöglichkeiten der Jugendlichen mit einer ausländischen Herkunft durch die „statistische Diskriminierung" behindert wird, d.h. Arbeitgeber legen ihrer Anstellungsentscheidung Annahmen über die durchschnittliche Produktivität einer Gruppe und nicht die des Bewerbers zu Grunde. Die wirkungsvollste Negation der statistischen Diskriminierung sind leicht zugängliche und verlässliche Informationen über die Fähigkeiten des Bewerbers. Der beste Weg diese Informationen bereitzustellen ist die Arbeitserfahrung, die – leider – genau das ist, worüber arbeitslose Jugendliche nicht verfügen. Arbeitsmarktprogramme in Form von Lohnsubventionen und/oder Steuersenkungen für die Arbeitgeber können diese Informationen bereitstellen und damit effektive Maßnahmen gegen die Arbeitslosenquote unter Jugendlichen ausländischer Herkunft sein. Es ist wichtig, dass solche Programme nicht als „Sonderprogramme (Sondermaßnahmen) für jugendliche Ausländer" entwickelt werden. „Ethnische" Programme werden nur die Stereotypisierung der Einzelpersonen verstärken und damit die Wichtigkeit der statistischen Diskriminierung untermauern.

Andere, wahrscheinlich effektive Maßnahmen sind:

- systematische und verläßliche statistische Erhebungen und Auswertungen
- Reform des Bildungssystems, die sich an der Chancengleichheit aller Teilnehmer orientiert
- Hilfestellung bei der Arbeitsplatzsuche und den Bewerbungsgesprächen

Janyl Kojomuratova

Aktive Arbeitsmarktpolitik in Kirgistan

Allgemeine Angaben über Kirgistan

Die Kirgisische Republik erhielt im August 1991 ihre Unabhängigkeit, sie ist Mitglied der Gemeinschaft Unabhängiger Staaten (GUS).

Kirgistan ist im nordöstlichen Teil Zentralasiens gelegen und grenzt an Kasachstan, Tadschikistan, Usbekistan und China.

Die Landesfläche beträgt 199,9 km². Fast 90 % des Territoriums liegen höher als 1500 m über dem Meeresspiegel.

Die Bevölkerungszahl beläuft sich auf 4,8 Mio., darunter 64,9% Kirgisen, 12,5% Russen und 13,8% Usbeken. 64,7% der Einwohner leben auf dem Land.

Das Land schlägt einen Kurs zum Aufbau einer demokratischen Gesellschaft mit sozialer Marktwirtschaft ein. Im Fokus der radikalen Umgestaltung stehen das politische und wirtschaftliche System. In Kirgistan wurden gewichtige demokratische Veränderungen vorgenommen und die Grundlagen für eine Marktwirtschaft geschaffen.

Die Übergangsphase ist nicht einfach, in erster Linie ist sie mit Erschütterungen der Wirtschaft verknüpft. Dies lässt sich anhand der makroökonomischen Grunddaten zurückverfolgen (Tabelle 1).

Wie aus den angeführten Daten ersichtlich wird, ist die Wirtschaftslage Kirgistans schwierig und äußerst instabil. 1999 betrug die Inflationsrate 39,9% und stellte somit die höchste Inflation der letzten Jahre dar. Das Haushaltsdefizit bleibt unverändert erhalten. Der Import überwiegt den Export. Das Außenhandelsdefizit steigt.

Die Wirtschaftsreformen in Kirgistan sind eng mit einer veränderten Wirtschaftsrolle des Staates verbunden. Zu dem Zeitpunkt, als Kirgistan den Weg der Unabhängigkeit beschritt, wurde annähernd die gesamte Wirtschaftstätigkeit im staatlichen Sektor umgesetzt. In den vergangenen Jahren veränderte sich der Umfang des Staatssektors stark sowohl aufgrund der Privatisierung von Staatsbetrieben als auch infolge der Gründung neuer Privatunternehmen. Die Rolle des Staates ist nach wie vor bedeutsam, ja sogar entscheidend. Die vom Staat eingesetzten Instrumente jedoch entsprechen größtenteils den neuen Anforderungen. Zugleich erfordern die Methoden der staatlichen Regulierung weitere Reformen.

Tabelle 1: Makroökonomische Grunddaten der Republik Kirgistan

	1992	1993	1994	1995	1996	1997	1998	1999
BIP in laufenden Preisen (Mio. Som[1])	741,3	5354.7	12109.2	16145.1	23399.3	30685.9	33890.9	39178.9 (10\99)
Wachstum BIP (% im Vgl. zum Vorjahr)	-13.9	-15.5	-20.1	-5.4	7.1	9.9	1.8	4.1 (10\99)
BIP pro Kopf der Bevölkerung (Som, Preise 1998)	9857	8248	6684	6265	6620	7179	7211	k. A.
Inflationsrate	k. A.	929.9	52.2	31.6	34.8	13.0	16.8	36.3 (10/99)
Haushaltsdefizit (% des BIP)	k. A.	-7.1	-7.7	-11.5	-5.4	-5.2	-3.0	-2.6 (10/99)
Export von Waren und Dienstleistungen (% des BIP)	k. A.	34.0	33.6	30.0	32.1	38.2	36.8	k. A.
Import von Waren und Dienstleistungen (% des BIP)	k. A.	48.6	44.8	48.6	58.8	46.2	57.6	k. A.
Wechselkurs Som/US-Dollar (am Jahresende)	k. A.	8.03	10.65	11.20	16.70	17.375	29.376	43.008 (10/99)
Inlandsschulden (in Mio. US-Dollar)	k. A.	309.6	437.3	763.9	1151.2	1356.1	1470.1	k. A.
Auslandsschulden (% des BIP)	k. A.	32.59	39.22	51.1	66.6	79.5	91.1	k. A.
Regierungsschulden Inland (in Mio. US-Dollar)	k. A.	248.9	360.1	504.7	641.4	785.5	919.1	1021 (10/99)
Regierungsschulden Inland (% des BIP	H.B.	26.2	32.3	33.8	37.1	44.4	56.6	95.6 (10/99)

Es wurde eine Reihe von Gesetzgebungsakten beschlossen und entsprechende Behörden zur Regulierung der Marktbeziehungen geschaffen. Das Aufkommen einer solchen Erscheinung wie Arbeitslosigkeit erforderte die Einrichtung einer besonderen Institution, das Staatliche Amt für Beschäftigung. Dieses Arbeitsamt setzt die Staatspolitik im Bereich der Beschäftigung um.

Im Jahr 1991 wurde ein erstes Gesetz über die „Beschäftigung der Bevölkerung" verabschiedet. 1998 trat das neue Gesetz der Kirgisischen Republik „Arbeitsmarkt und Beschäftigung der Bevölkerung in der Kirgisischen Republik für die Zeit von 1998 bis 2000 und den Zeitraum bis 2005 (EMGEK[2])" in Kraft, das die Regierung der Republik Kirgistan durch eine Verordnung bestätigte.

---

1 Anm. d. Ü.: Laut Angaben der LZB Frankfurt/Main beträgt 1 Euro = 41,3895 Kirgistan Som (Stand: Ende November 2000)

2 Anm. d. Ü.: EMGEK ist die kirgisische Bezeichnung für eine Zeitschrift.

2. Charakteristik des Arbeitsmarktes in Kirgistan

Der Arbeitsmarkt gilt als eines der notwendigen Elemente für die Marktwirtschaft. Die im Land durchgeführten Reformen tragen dazu bei, die Voraussetzungen für die freie Herausbildung einer Nachfrage an Arbeitskräften und ihres Angebots zu schaffen. Zum einen wird die Lage auf dem Arbeitsmarkt durch die Veränderungen bestimmt, die sich im wirtschaftlichen, sozialen und politischen Bereich vollziehen, zum anderen durch die Probleme, die wir aus unserem früheren Wirtschafts- und Sozialsystem geerbt haben.

Tabelle 2: Entwicklung der Gesamtzahl der Bevölkerung und der Zahl der Erwerbspersonen (in Tausend)

	1991	1992	1993	1994	1995	1996	1997	1998	1999
Gesamtzahl der Bevölkerung	4484,5	4502	4462,6	4883,4	4545,1	4606,8	4667,6	4729,6	4829,5
% im Vergleich zum Vorjahr	-	100,4	99,1	100,5	101,4	101,4	101,3	101,3	102,1
Anteil der Erwerbspersonen	2215,0	2264,3	2255,7	2261,1	2292,2	2361,1	2396,3	2466,9	2556
% im Vergleich zur Gesamtzahl der Bevölkerung	49,4	50,3	50,5	46,3	50,4	51,2	51,3	52,2	52,9

Im Ergebnis der positiven Veränderungen der demographischen Struktur erhöhte sich die Gesamtzahl der Bevölkerung (Tab. 2) in den letzten zehn Jahren um 352 Tausend Einwohner (7,7%), was einen Anstieg der erwerbsfähigen Bevölkerung um 341 Personen (15,4%) sicherte. Dabei stieg der Anteil der erwerbsfähigen Bevölkerung im Vergleich zur Gesamtzahl der Bevölkerung von 49,4% im Jahr 1991 auf 52,9% im Jahr 1999.

Die Zahl der erwerbstätigen Bevölkerung veränderte sich ebenfalls.

Tabelle 3: Zahl der erwerbstätigen Bevölkerung (in Tausend)

	Zeile	1997	1998	1999
Erwerbspersonen	01	2396,3	2466,9	2556,0
Erwerbstätige	02	1792,3	1811,3	1854,8
Anteil der Erwerbstätigkeit im Vergleich zur arbeitsfähigen Bevölkerung in % (Zeile 02/Zeile 01)	03	74,8	73,4	72,6
Beschäftigte in der Wirtschaft	04	1689,3	1704,9	1718,0
% im Vergleich zur erwerbstätigen Bevölkerung (Zeile 04/Zeile 02)	05	94,3	94,1	92,6

Im Zeitraum von 1991 bis 1999 sank die Beschäftigung landesweit um 2,1%. Eine einschneidende Senkung des Beschäftigungsniveaus war hierbei im staatlichen Wirtschaftssektor zu verzeichnen (um 758,9 Tausend Menschen, dies entspricht einer 2,9fachen Senkung).

In den letzten drei Jahren (1997-1999) stieg die Zahl der in den verschiedenen Wirtschaftsbereichen Beschäftigten um 28,7 Tausend an. Zu verzeichnen ist eine Umverteilung der Zahl der Beschäftigten in Bezug auf die verschiedenen Eigentumsformen. So erhöhte sich die Zahl der im Privatsektor Beschäftigten um 13,4%, während die Zahl der im Staatssektor Beschäftigten um 11,8% sank.

Der staatliche Wirtschaftsbereich hat endgültig seine einstige Bedeutung verloren, der Anteil der in diesem Sektor Beschäftigten sank von 65,5% im Jahr 1991 auf 22,7% im Jahr 1999.

Tabelle 4: Zahl der in der Wirtschaft Beschäftigten im Jahresdurchschnitt (Verteilung der Beschäftigten nach Wirtschaftsbereichen)(in Tausend)

	1991	1992	1993	1994	1995	1996	1997	1998	1999
Gesamtzahl der Beschäftigten, davon:	1754,1	1835,9	1680,6	1645,4	1641,7	1651,5	1689,3	1704,9	1718,0
staatlicher Sektor	1149,4	1104,5	885,3	686,0	516,8	454,7	436,6	404,9	390,5
% im Vgl. zur Gesamtzahl der Beschäftigten	65,5	60,2	52,7	41,7	31,5	27,5	25,8	23,7	22,7
Selbständige (Bauern- oder individuelle Hauswirtschaft)	267,1	332,7	335,5	503,9	739,0	862,4	902,4	960,5	1023,4
% im Vgl. zur Gesamtzahl der Beschäftigten	15,2	18,1	20,0	30,6	45,0	52,2	53,4	56,3	59,7

Der Beschäftigungszuwachs im nichtstaatlichen Wirtschaftsbereich um das 3,8fache (von 1991 bis 1999) gehört zu den neuen Erscheinungen auf dem Arbeitsmarkt.

Den größten Anteil des nichtstaatlichen Sektors, gemessen an der Gesamtzahl der Beschäftigten, stellen Landwirtschaft (mehr als 53%), Handel und Gastgewerbe (10,8%) sowie die verarbeitende Industrie (7,4%).

Besonders schwierig gestaltet sich die Beschäftigungssituation im ländlichen Bereich, wo das kollektivwirtschaftliche Eigentum faktisch abgeschafft wurde und durch neu gegründete landwirtschaftliche Betriebe ersetzt wurde.

Bei den in Staatsbetrieben Beschäftigten stellen die Frauen den größten Anteil (56,6%), vergleichsweise hoch ist das Durchschnittsalter der Erwerbstätigen in diesem Bereich: 324,2 Tausend Beschäftigte (71,3%) sind älter als 30 Jahre. In den Unternehmen neuer Eigentumsformen arbeiten vornehmlich Männer. Die

76

Frauen stellen in den Unternehmen des „neuen Typs" einen recht großen Anteil dar, von 49% in landwirtschaftlichen Betrieben bis 43% in Privatunternehmen. Der Anteil Jugendlicher unter 30 Jahren, die in landwirtschaftlichen Betrieben beschäftigt sind, beträgt 32,8%, in privaten Unternehmen 35,5%. *Insgesamt betrug der Anteil beschäftigter Jugendlicher 1998 etwa 25%.*
Eine Besonderheit in der derzeitigen Entwicklungsetappe stellt das Anwachsen des informellen Sektors dar.

Tabelle 5: Angaben über den informellen Sektor für den Zeitraum 1993 – 1999 (in Prozent)

	1993	1994	1995	1996	1997	1998	1999 *
Anteil der Beschäftigten im informellen Sektor im Vergleich zur Gesamtzahl der Beschäftigten	18,6	29,3	43,9	51,4	53,4	56,3	58,0
Anteil des informellen Sektors am BIP	33,5	37,8	44,4	51,7	48,6	47,1	48,0

* geschätzte Werte

Einer der Parameter, die den heutigen Arbeitsmarkt kennzeichnen, ist die Zahl der nicht beschäftigten Erwerbspersonen im arbeitsfähigen Alter. Die Zahl der nicht Beschäftigten im arbeitsfähigen Alter stieg im Zeitraum von 1997 – 1999 um mehr als 97,0 Tausend Menschen an.

Tabelle 6: Zahl der nicht beschäftigten Erwerbspersonen im arbeitsfähigen Alter für den Zeitraum 1997 – 1999 (in Tausend)

Republik Kirgistan	Gebiet Dschalal-Abad	Gebiet Issyk-Kul	Gebiet Naryn	Gebiet Osch	Gebiet Talas	Gebiet Tschuj	Bischkek
	1997						
604,0	115,1	61,6	24,7	184,8	28,3	90,5	99,0
	1999						
701,2	97,5	61,6	26,3	159,3	19,5	138,1	198,9
+ 97,2	- 17,6	0	+ 1,6	- 25,5	- 8,8	+ 47,6	+ 99,9

Anmerkung: + Zunahme, – Abnahme

Zu den Erwerbslosen zählen Hausfrauen, nicht arbeitende Studenten, Erwerbspersonen, die entlassen wurden und sich nicht auf Arbeitsuche begeben, Erwerbsfähige, die unterhalten werden, sowie Schwerbehinderte im arbeitsfähigen Alter.

Die Arbeitslosigkeit in Kirgistan entwickelt sich wie folgt:

Tabelle 7: Arbeitslosenquote in Kirgistan

Jahr	1994	1995	1996	1997	1998	1999
Zahl der Arbeitslosen (in Tausend)	12,6	50,4	77,2	54,6	55,9	54,7
Arbeitslosenquote in % (registrierte Arbeitslose)	0,2	0,7	4,3	3,1	3,1	3,0
Arbeitslosenquote in % (IAO-Methode)	1,7	4,1	7,8	5,7	5,9	6,9

(Quelle: Staatliches Amt für Beschäftigung)

Die faktische Quote registrierter Arbeitslosigkeit beträgt 3,0%. Nach der Methode der Internationalen Arbeitsorganisation ILO beläuft sie sich auf 6,9%. Im Vergleich zu den letzten Jahren ist eine stabile Entwicklung zu verzeichnen. Ersichtlich wird, dass die Quote der offiziell registrierten Arbeitslosigkeit in Kirgistan gering ist. Dies ist Ergebnis dessen, dass es einen sehr hohen Anteil verdeckter Arbeitslosigkeit gibt, und die Höhe des Arbeitslosengeldes zudem nicht hinlänglich attraktiv ist (Grundbetrag Arbeitslosengeld 1999 – 150 Som, durchschnittliche Höhe Arbeitslosengeld – ca. 220 Som).

Offiziell sind mehr Frauen als Männer arbeitslos registriert. 6 von 10 registrierten Erwerbslosen sind Frauen. Andererseits sind Frauen aktiver auf Arbeitsuche: In allen Gebieten der Republik Kirgistan ist die Zahl der Frauen, die sich an das Arbeitsamt wenden, höher als die der Männer.

Tabelle 8: Bestand der Arbeitslosen nach Bildungsniveau

Jahr	1997		1998		1999	
	in Tausend	%	in Tausend	%	in Tausend	%
Gesamtzahl Arbeitslose	54,6	100	55,9	100	54,7	100
Arbeitslose mit Hochschulabschluß	6,1	11,2	5,4	9,7	5,9	10,8
Arbeitslose mit Fachausbildung	11,8	21,6	12,8	22,9	12,6	23
Arbeitslose mit Abitur	29,7	54,4	31,0	55,5	30,5	55,8
Arbeitslose ohne Schulabschluß	7,0	12,8	6,7	11,9	5,6	10,2

Die Jugend auf dem Arbeitsmarkt

Zur Feststellung der Erwerbstätigkeit Jugendlicher überprüft die Nationale Kommission für Statistik quartalsweise einzelne Unternehmen und Einrichtungen aller Wirtschaftssektoren.

1999 betrug der Anteil beschäftigter Jugendlicher gemessen an der Gesamtzahl der Beschäftigten in Kirgistan sowie in den Gebieten Schalal-Abad und Tschuj ca. 25%. Der höchste Anteil erwerbstätiger Jugendlicher wurde im Gebiet Osch mit 28% verzeichnet, der niedrigste in den Gebieten Naryn (19,6%) und Talas (18,6%).

Bei Betrachtung der einzelnen Wirtschaftsbereiche liegt der größte Anteil erwerbstätiger Jugendlicher in den Bereichen Verkehr und Kommunikation (43%), Industrie (28%), Gesundheitswesen, Sport (29,6%) und Bildung (26%), während die geringsten Anteile erwerbstätiger Jugendlicher auf die Bereiche Bau (17%), Geologie (13,5%) und kommunale Wohnungswirtschaft (18%) fallen.

1999 wurde jeder sechste Jugendliche unter 30 Jahren infolge einer Freisetzung von Arbeitskräften entlassen, jeder Dritte ging auf eigenen Wunsch; von diesen Jugendlichen wurden mehr als 20% aus Industriebetrieben entlassen. Das Ergebnis dieser negativen Wirtschaftsentwicklung schlug sich am stärksten in den Gebieten Issyk-Kul (27%), Osch und Talas (31%) sowie Tschuj (30%) nieder.

Gemäß Artikel 4 des Gesetzes „Beschäftigungsförderung der Bevölkerung" registrieren die Organe des Arbeitsamtes Jugendliche ab 16 Jahre als arbeitslos. Der Anteil Jugendlicher (im Alter von 16 bis 29 Jahren) an der Gesamtzahl der auf dem Arbeitsamt registrierten Arbeitslosen verharrte in den letzten Jahren (1997 – 1999) konstant bei 37%.

Angaben der offiziellen Statistik zufolge wandten sich in den letzten Jahren (1997 – 1999) jährlich im Durchschnitt mehr als 24 Tausend junge Menschen an das Arbeitsamt, darunter waren 14% oder 3,7 Tausend Jugendliche unter 16 Jahren[3]. Den größten Prozentsatz stellen hierbei die Frauen mit 52%. Unter den Jugendlichen auf dem Arbeitsmarkt ist die Gruppe der 16- bis 18jährigen Arbeitslosen am empfindlichsten. Ein großer Anteil der Jugendlichen über 22 Jahre, die sich zum ersten Mal auf dem Arbeitsmarkt anbieten, haben eine Hoch- oder Fachschulausbildung absolviert. Zu vermerken ist, dass die Aufnahme in Hoch- und Fachschulen Jahr für Jahr ohne Berücksichtigung des Arbeitsmarktbedarfes erfolgt. Neben den staatlichen Lehreinrichtungen entsteht in Kirgistan ein Netz privater Lehreinrichtungen. Dies hat zur Folge, dass der Anteil nicht gefragter Fachabsolventen steigt.

Einen Höchstwert erreichten die sich an das Arbeitsamt gewandten arbeitslosen Jugendlichen 1996 mit einer Zahl von 33,1 Tausend. 1992 fielen in die Kate-

---

3 Anm. d. Ü.: Die russische Bezeichnung ohne konkrete Altersangabe umfaßt laut einschlägigen Wörterbüchern „Jugendliche zwischen 12 und 16/17 Jahren". Im vorliegenden Text wird deshalb konsequent die Benennung „Jugendliche unter 16 Jahren" verwendet.

gorie Arbeitsloser zum ersten Mal auch Absolventen allgemeinbildender Schulen sowie Absolventen aus Berufsschulen.

Der Anteil der arbeitslosen Jugendlichen, die einen Hochschul- oder Abiturabschluss haben, blieb innerhalb von 3 Jahren (1997 – 1999) durchschnittlich konstant bei 10,6% bzw. 55%. Der Anteil arbeitsloser Jugendlicher, die eine Fachausbildung absolvierten, erhöhte sich um 1,5%.

Alarmierend ist der Anstieg der durchschnittlichen Dauer von Jugendarbeitslosigkeit. Während Jugendliche 1993 im Durchschnitt 4,2 Monate arbeitslos waren, belief sich die Dauer 1999 bereits auf 9,5 Monate.

Tabelle 9: Dauer der Arbeitslosigkeit Jugendlicher (16-29 Jahre)

	Dauer der Arbeitslosigkeit (in Monaten)						
Jahr	1993	1994	1995	1996	1997	1998	1999
Republik Kirgistan	4,2	4,7	5,0	7,3	7,8	7,5	9,5

Arbeitsmarktpolitik

Die Arbeitsmarktpolitik Kirgistans gliedert sich in zwei Bereiche – die aktive und passive Arbeitsmarktpolitik (Schema[4]). Warum verfolgt Kirgistan eine aktive Arbeitsmarktpolitik? Findet sie doch beispielsweise in Ostasien keine Anwendung. Die aktiven Programme sind eine Reaktion auf den Rückgang der Industrieproduktion und finden in den westlichen Staaten breite Anwendung.

Kirgistan ist zudem bemüht, die Flexibilität des Arbeitsmarktes zu erhöhen, indem es Regeln und normative Akte, die eine Anpassung und Mobilität erschweren, ändert und die aktive Politik im Bereich Arbeitsmarkt erweitert; dies umfasst die Einholung von Informationen über vorhandene Arbeitsplätze, die Unterstützung von Weiterbildung und Umschulung usw. Das heißt, Kirgistan ergreift Maßnahmen, mittels derer die Umsetzung von Arbeitskräften aus einem Sektor in einen anderen erleichtert werden soll. Kirgistan orientiert sich diesbezüglich an den Erfahrungen der westlichen Staaten, die belegen, dass durch eine aktive Politik, die korrekt erarbeitet wurde, konkret zielgerichtet ist und effizient geleitet wird, die Zahl der Arbeitslosen gesenkt werden kann.

Bei Berücksichtigung der wirtschaftlichen Probleme dieser Übergangsphase und der nicht unbedeutenden Tatsache, dass unsere Nachbarstaaten (Kasachstan, Usbekistan, Tadschikistan) ihre Programme zur Arbeitsmarktregulierung reduzieren und eine soziale Unterstützung erwerbsloser Bürger sowie deren Registrierung ablehnen, ist es sinnvoll, die Frage aufzuwerfen, wie sich die aktive Arbeitsmarkt-

---

4 Anm. d. Ü.: Das Schema lag für die Übersetzung nicht vor.

politik in Kirgistan formiert. Wie bereits aufgeführt, wurde 1991 das Arbeitsamt gegründet. Natürlich erforderte die Herausbildung eines entsprechenden Systems, das in der Lage ist, die Gegebenheiten auf dem sich ändernden Arbeitsmarkt zu regulieren, auch entsprechende Konsultationen. Die Regierung der Bundesrepublik Deutschland schloss mit der Regierung Kirgistans ein Abkommen über technische Unterstützung, die auch den hier betrachteten Bereich einschließt. So entstand das deutsch-kirgisische Projekt „Arbeitsmarktpolitik und Beschäftigung", das seit 1994 von der Deutschen Gesellschaft für Technische Zusammenarbeit (GTZ) realisiert wird. In der Anfangsphase wurden nicht hinlänglich Ergebnisse erreicht, seit 1996 jedoch wird das Projekt von Herrn Schwegler-Rohmeis geleitet. Durch seine praktischen Erfahrungen und Kenntnisse konnte eine Reihe von Instrumenten aktiver Arbeitsmarktpolitik geschaffen werden, mit denen das kirgisische Arbeitsamt heute ausgestattet ist.

Wenn wir über die Arbeitsmarktpolitik Kirgistans sprechen, sind einige kurze Bemerkungen zu ihrem passiven Bereich angebracht. Die Bedeutung der passiven Arbeitsmarktpolitik in Kirgistan wächst im Zusammenhang mit der Notwendigkeit, erwerbslose Bürger materiell zu unterstützen, sie vor Armut zu bewahren. Diesem Ziel dient das Arbeitslosengeld. Im Prinzip soll das Arbeitslosengeld ein ausreichendes Niveau des Einkommenserhalts für einen gebührenden Sozialschutz der Erwerbslosen absichern.

Der Übergang zur Sozialversicherung sieht Zahlungen aus dem Fonds für Beschäftigungsförderung für die Krankenversicherung erwerbsloser Bürger vor.

Derzeit wird eine neue Form der Beihilfe für Kurzzeitarbeitslosigkeit genehmigt. Sie besteht in der materiellen Unterstützung zeitweilig nicht arbeitender Erwerbspersonen, die in unbezahlten Zwangsurlaub geschickt wurden. Die Unterstützung wird über drei Monate in Höhe des Grundbetrages des Arbeitslosengeldes gezahlt.

In der Politik des Arbeitsamtes wird der Durchführung von aktiven Maßnahmen zur Arbeitsmarktregulierung verstärkt Bedeutung beigemessen. Dieser neue Akzent trägt dazu bei, die Zahl der offiziell registrierten Arbeitslosen zu senken.

Traditionelle Maßnahmen der aktiven Arbeitsmarktpolitik:

a) **Die berufliche Ausbildung** hat auch in Zukunft Priorität für eine weitere Arbeitsvermittlung Jugendlicher.

Im Ergebnis der umgesetzten Maßnahmen zur Berufsausbildung, Umschulung und Weiterbildung erlernten ca. 25 Tausend Jugendliche im Zeitraum von 1993 – 1999 Berufe, die sich einer Nachfrage auf dem Arbeitsmarkt erfreuen (Schneider, Reiseleiter, Buchhalter mit Computerkenntnissen, Meister in der Holz- und Metallverarbeitung usw.). Mehr als 8 Tausend (33,5%) der arbeitslosen Jugendlichen wurde nach Abschluss ihrer Berufsausbildung ein Arbeitsplatz vermittelt.

Tabelle 10: Entwicklung der Arbeitslosigkeit Jugendlicher, die 1993 – 1999 in eine berufliche Ausbildung geschickt wurden (in Tausend)

	1993	1994	1995	1996	1997	1998	1999
Zahl der Jugendlichen, die in eine berufliche Ausbildung geschickt wurden	1,9	2,8	6,2	4,7	4,1	4,1	4,7
Berufsausbildung absolviert	1,6	2,0	4,4	5,1	3,4	4,0	4,3
% der Arbeitsvermittlungen im Vgl. zu der Gesamtzahl der Absolventen	47,5	39,0	17,0	15,5	32,3	47,5	53,5

Das Grundkriterium für die Effizienz der Berufsausbildung für arbeitslose Jugendliche ist ihre darauffolgende Arbeitsvermittlung. Gemessen an der Gesamtzahl derer, die eine Berufsausbildung absolvierten, wurden die wenigsten Jugendlichen (17% und 15,5%) im Zeitraum 1995 – 1996 vermittelt, als Kirgistan seine schwerste Wirtschaftskrise durchlebte. In den letzten Jahren stieg die Effektivität der Berufsausbildung arbeitsloser Jugendlicher.

b) Die **Realisierung bezahlter Arbeiten des öffentlichen Interesses** (zeitweilige Arbeitseingliederung), die eine wirtschaftliche und soziale Struktur schaffen und entwickeln, gilt als einer der Wege, die Lage auf dem Arbeitsmarkt zu entspannen.

Im Zeitraum 1997 – 1999 führten 27 Tausend Jugendliche bezahlte Tätigkeiten aus, die im öffentlichen Interesse lagen; das entspricht 38% all jener, die Arbeiten im öffentlichen Interesse ausführten. Unter ihnen waren mehr als 22% Jugendliche im Alter von 16-18 Jahren.

c) **Tätigkeiten zur Arbeitsvermittlung**

Wie überall ist die Vermittlung offener Stellen in Kirgistan die wichtigste Dienstleistung, die von den Organen des Arbeitsamtes angeboten wird (Artikel 1 Gesetz „Beschäftigungsförderung der Bevölkerung"). Ungeachtet dessen, dass die Jugendlichen auf dem Arbeitsmarkt kaum konkurrenzfähig sind, sind bei der Arbeitsvermittlung dieser Kategorie Erwerbsloser positive Verschiebungen zu verzeichnen. Während der Anteil arbeitsloser, von Arbeitsämtern vermittelter Jugendlicher 1997 nur 28,8% (29,4% Frauen) betrug, waren es 1999 bereits 37% (35,7% Frauen). Die meisten Jugendlichen wurden in den Gebieten Osch (47,5%), Talas (46,8%) und Tschuj (44,7%) vermittelt.

d) Das **Programm zur Förderung der Selbständigkeit** ist eine Kombination aus einer Schulung zum Thema „Geschäftsführung" und einer gleichzeitigen finanziellen Unterstützung jener Erwerbslosen, die eine eigene Existenz gründen möchten. Die Höhe der finanziellen Unterstützung entspricht einer Zahlung von 12 Monaten Arbeitslosengeld. Nach den Ergebnissen der Programmauswertung wird es mit dem zweiten Quartal 2000 eingestellt.

e) Das **Programm für regionale Förderkredite** beinhaltet die Ausgabe eines Kredites zur Unterstützung lokaler Gemeinden; eingesetzt werden die Gelder für die Realisierung sozialer Projekte sowie die Verbesserung der lokalen Infrastruktur und Umwelt. Die Kreditsumme entspricht der Höhe von 10 bis 30 Grundbeträgen Arbeitslosengeld für jeden Erwerbslosen der Gemeinde. Nach den Ergebnissen der Programmauswertung wird es mit dem zweiten Quartal 2000 eingestellt.

Neben den traditionellen Maßnahmen werden in Kirgistan einzelne **Sondermaßnahmen aktiver Arbeitsmarktpolitik** für jede Problemgruppe Erwerbsloser (Jugendliche, Frauen, Schwerbehinderte, minderjährige Gesetzesbrecher) ergriffen. Wir werden hier nur die Maßnahmen aufführen, die für erwerbslose Jugendliche vorgesehen sind:

Vereinigungen für Beschäftigungsförderung (Pilotprojekt der GTZ 1995 – 1996) sind Nichtregierungsorganisationen, die bezahlte Arbeiten des öffentlichen Interesses sowie andere Maßnahmen aktiver Arbeitsmarktpolitik (Selbstständigkeit, Berufsausbildung) auf regionaler und lokaler Ebene realisieren.

Die **Job-Clubs** (Pilotprojekt der GTZ 1997) organisieren spezielle Lehrgänge für Langzeitarbeitslose (über 1 Jahr erwerbslos). Es werden zweiwöchige Fachkurse angeboten (Wie erlangt man Selbstbewusstsein, wie ist eine Bewerbung zu schreiben, Einführung in die Gesprächstechnik bei Einstellungsgesprächen usw.). Darüber hinaus werden Betriebspraktika zur Arbeitsanpassung und Möglichkeiten der Arbeitsplatzwahl organisiert, dem Arbeitgeber wird die Möglichkeit gegeben, endgültig eine Entscheidung über die Wahl eines Bewerbers für den entsprechenden Arbeitsplatz zu treffen. In den letzten drei Jahren nahmen ca. 1,5 Tausend Erwerbslose an diesem Programm teil (1999 wurde 208 der 498 Teilnehmer dieser Initiative ein Arbeitsplatz vermittelt). In letzter Zeit wurden spezielle Jugendgruppen gegründet.

Ausgabe von „**Arbeitsplatzscheck**" für arbeitslose Jugendliche (Pilotprojekt der GTZ 1997 – 1998). Einen solchen „Scheck" erhalten arbeitslose Jugendliche, die aktiv auf Arbeitsuche sind. Um dem Arbeitgeber einen Anreiz zu verleihen, den Inhaber des „Schecks" einzustellen, wird ihm eine einmalige Unterstützung gezahlt, deren Wert dem Anspruch des Jugendlichen auf Arbeitslosenunterstützung für ein halbes Jahr entspricht; zudem wird ihm ein Beitragserlaß von 50 % in den Fonds für Beschäftigungsförderung gewährt. Es wurden 600 „Schecks" ausgegeben, 514 arbeitslose Jugendliche wurden vermittelt. Dies ist ein kleines Programm aktiver Arbeitsmarktpolitik und ein einfaches Modell zur Schaffung offizieller Arbeitsplätze, welches in Kirgistan äußerst aktuell ist.

An allen aufgeführten Programmen nehmen alle Gruppen Erwerbsloser einschließlich Jugendlicher teil. *Es gibt zudem Sonderprogramme, die auf diese Problemgruppe Erwerbsloser ausgerichtet sind:*

Jugendarbeitsamt *(Pilotprojekt der GTZ 1996 – 1997).*

Mit dem Ziel einer zusätzlichen Arbeitsvermittlung arbeitsloser Jugendlicher an Arbeitsplätze, durch die sie berufliche Kenntnisse, Fähigkeiten und Fertigkeiten erwerben können, um einen ständigen Arbeitsplatz zu erhalten, wurde 1996 mit Unterstützung der Deutschen Gesellschaft für Technische Zusammenarbeit eine Fachabteilung für die Arbeitsvermittlung Jugendlicher im Alter von unter und über 16 Jahren in der Abteilung für Arbeit und Beschäftigung Bischkek gegründet; 1997 wurde diese zum Kirgisischen Jugendarbeitsamt umgestaltet.

Tabelle 11: Entwicklung der Zahl Jugendlicher, die sich an das Kirgisische Jugendarbeitsamt wandten und vermittelt wurden (Personen)

Jahr	1998		1999	
	Gesamt (16-29 Jahre)	darunter unter 16 Jahren	Gesamt (16-29 Jahre)	darunter unter 16 Jahren
Registrierungen insgesamt,	**3057**	**943**	**2517**	**416**
Bildung:				
Hochschulabschluß	737	0	294	0
Fachausbildung Technisches Profil	897	123	248	16
Fachausbildung	857	449	616	155
Abitur	566	371	1359	245
Arbeitsvermittlungen insgesamt	**1032**	**172**	**1637**	**269**
% im Vgl. zur Gesamtzahl der Registrierungen	33,8	18,2	65,0	64,7
Aufteilung nach Wirtschaftsbereichen				
staatlich	301	38	212	30
nicht staatlich	731	134	1425	239
Aufteilung nach Bildung:				
Hochschulabschluß	115	0	115	0
% im Vgl. zur Gesamtzahl der Arbeitsvermittlungen	11,1	0	7,0	0
Fachausbildung Technisches Profil	161	3	56	0
% im Vgl. zur Gesamtzahl der Arbeitsvermittlungen	15,6	1,7	3,4	0
Fachausbildung	306	27	287	43
% im Vgl. zur Gesamtzahl der Arbeitsvermittlungen	29,7	15,7	17,5	16,0
Abitur	450	142	1179	226
% im Vergleich zur Gesamtzahl der Arbeitsvermittlungen	43,6	82,6	72,0	84,0

Hauptziel des Kirgisischen Jugendarbeitsamtes ist die Arbeitsvermittlung Jugendlicher unter 16 Jahren, Studenten sowie Jugendlicher über 16 Jahren. Das Jugendarbeitsamt gilt derzeit nicht nur als Zentrum für die Arbeitsvermittlung Jugendlicher und Studenten, sondern als Zentrum, in dem jungen Menschen die Möglichkeit für Praktika und berufliche Ausbildung ohne verbindliche Registrierung geboten wird.

Bei dem Anteil der Arbeitsvermittlungen in den Wirtschaftsbereichen für den Zeitraum 1998 – 1999 ist eine Umverteilung der Arbeitskräfte zu verzeichnen. Während 1998 der Anteil der Arbeitsvermittlungen in die Industrie mehr als 6%, in den Handel und das Gastgewerbe 36% betrug, sank er 1999 um 4% bzw. 19%. Gleichzeitig stieg 1999 die Zahl der Arbeitsvermittlungen in die Landwirtschaft um 22% (bei Jugendlichen unter 16 Jahren um 3,5%), in die Wissenschaft und wissenschaftliche Betreuung um 8% (bei Jugendlichen unter 16 Jahren um 1,5%).

Seit Gründung des Jugendarbeitsamtes nahmen 11,4 Tausend Jugendliche die von diesem Amt angebotenen Dienstleistungen in Anspruch, darunter mehr als 5,0 Tausend Studenten; vermittelt wurden 5,3 Tausend junge Menschen, eine Ausbildung erfuhren 835 und 162 Jugendliche wurden zu einem Praktikum geschickt.

Um für eine erfolgreiche Arbeitsvermittlung Jugendlicher praktische Hilfe zu leisten und ihre Konkurrenzfähigkeit auf dem Arbeitsmarkt zu erhöhen, werden in Zusammenarbeit mit dem Kirgisischen Jugendarbeitsamt Praktika und praktische Lehrgänge in Unternehmen von Bischkek organisiert. Im Zeitraum 1996 – 1999 wurden ca. 170 junge Menschen zur Absolvierung eines Praktikums in verschiedene Unternehmen der Stadt geschickt.

Die effiziente Umsetzung dieses Projektes weitete sich auf andere Regionen Kirgistans aus: In den Städten Karakol, Balyktschi, Osch, am 1. April 2000 in Tschuj-Tokmok wurden Jugendarbeitsämter eingerichtet.

Somit gilt das Jugendarbeitsamt als eine Sondereinrichtung, die junge, arbeitsuchende Menschen berät. Dies ist ein guter Weg, um Kontakte mit Arbeitgebern (hauptsächlich privaten) zu knüpfen.

Job-Börsen

Das Jugendarbeitsamt organisiert regelmäßige Treffen, bei denen Arbeitsuchende und Arbeitgeber, die offene Stellen anbieten, in direkten Kontakt zueinander treten können. Die Job-Börse umfasst:
- operative Arbeitsvermittlung Jugendlicher über und unter 16 Jahren
- Einrichtung von Datenbanken mit offenen Stellen für Jugendliche
- Organisation direkter Treffen zwischen Arbeitgebern und Jugendlichen von Angesicht zu Angesicht ohne zusätzlichen Zeitaufwand

– Erteilung von Möglichkeiten der Aus- oder Weiterbildung für arbeitslose Jugendliche.

In Kirgistan werden auch weiterhin monatlich Job-Börsen mit dem Ziel durchgeführt, der Jugend zusätzliche Dienste in der Förderung ihrer Arbeitsvermittlung zu erweisen und die Wechselwirkung mit Arbeitgebern zur Erhöhung der von ihnen offerierten offenen Stellen zu stärken.

Im Zeitraum 1998-1999 kamen mehr als 5 Tausend junge Menschen zu den Job-Börsen, darunter 64% Frauen. Mehr als 4 Tausend von ihnen (61% Frauen) erhielten einen Arbeitsplatz.

Das Jugendarbeitsamt Bischkek realisiert das **Projekt „Jugendbeschäftigung in der Sommersaison".**

1999 wurde das Projekt *„Saisonarbeit für Jugendliche"* eingeführt und wird erfolgreich umgesetzt. Hauptziel dieses Projektes ist die Organisation und Versorgung arbeitsloser Jugendlicher, Schüler und Studenten (ca. 700 im Alter von 14-21 Jahren) mit Tätigkeiten wie der Züchtung von landwirtschaftlichen Produkten während der Sommerferien. Das Projekt sieht gleichzeitig eine Ausbildung am Arbeitsplatz vor, um nicht nur einen Beruf zu erlernen, sondern auch Berufserfahrung zu erwerben.

Das Projekt ist auf die Kategorie problematischer Jugendlicher sowie Problemkinder aus sozial schwachen Familien ausgelegt, die aufgrund der schwierigen materiellen Situation nicht die Schule besuchen. In dieses Projekt waren 10 Jugendliche unter 16 Jahren integriert, 7 von ihnen wurden vermittelt.

Hauptziel des Projektes „Saisonarbeit" ist die Organisation und Versorgung junger Arbeitsloser, Studenten und Jugendlicher unter 16 Jahren mit Tätigkeiten im ländlichen Bereich. Derzeit besuchen aufgrund der schwierigen materiellen Situation problematische Jugendliche und Problemkinder sowie Kinder aus sozial schwachen Familien nicht die Schule. Geplant ist, mittels dieses Projektes ca. 100 Jugendliche zu vermitteln.

Die aus diesem Projekt erhaltenen Einnahmen werden für die Schaffung neuer Arbeitsplätze für Jugendliche unter und über 16 Jahren, die in ländlichen Gebieten wohnen, genutzt.

Ziel des Projektes „Naturalien für Arbeit" ist es, eine zeitweilige Beschäftigung für Jugendliche zu organisieren. Das Projekt wurde von der Internationalen Organisation für Barmherzigkeit gebilligt. Im Rahmen des Projektes ist eine Kanalsäuberung für eine normale Wasserzufuhr auf die zu bewässernden Felder unter Vermeidung großer Überschwemmungen vorgesehen.

Die ausgeführten Arbeiten werden den Jugendlichen in Naturalien vergütet.

Projekt **„Volontärbewegung".** Die Mitglieder der Volontärgruppe sammeln Informationen über die Arbeitsbedingungen der über das Jugendarbeitsamt vermittelten Jugendlichen, über die Sicherheit des Arbeitsschutzes und die Erfüllung des Arbeitsvertrages durch die Arbeitgeber.

Die Beschäftigungslage wird derzeit durch die Massenabwanderung Jugendlicher vom Land in die Städte erschwert. Von dieser Problematik besonders betroffen sind die Hauptstadt sowie das an sie grenzende Gebiet Tschuj. Die Arbeitsvermittlung dieser Kategorie Jugendlicher wird dadurch erschwert, dass sie kein Recht auf einen Wohnsitz in Bischkek oder dem Gebiet Tschuj haben, das für eine Einstellung unabdingbar ist. Unter Berücksichtigung dieser Tatsache wurde in Bischkek ein **Mobiles Arbeitsamt** geschaffen, dessen Dienstleistungen die Jugend nutzt.

Das Mobile Arbeitsamt (Pilotprojekt der GTZ 1997 – 1998) dient dazu, den Binnenmigranten Zugang zu den Dienstleistungen des Arbeitsamtes zu verschaffen. Binnenmigranten sind Landbewohner, in der Regel junge Menschen, die sich auf ihrer Arbeitsuche um die Hauptstadt herum ansiedeln. 1999 nutzten 3079 Menschen die Dienstleistungen des Mobilen Arbeitsamtes. Darunter erhielten 1670 Menschen eine Beratung, 382 wurden arbeitsvermittelt, 28 Menschen wurden in eine Ausbildung geschickt und 91 nahmen Arbeiten auf, die im öffentlichen Interesse lagen.

Die Programme aktiver Arbeitsmarktpolitik haben eine unterschiedliche Wirkung. Nach den Ergebnissen der Auswertungen ist ihre landesweite Verbreitung vorgesehen. Es muss jedoch berücksichtigt werden, dass wir im ländlichen Bereich (in dem 64,7% der Bevölkerung leben) nicht dasselbe Ergebnis erreichen werden, da selbst die effektivsten Programme zur Förderung und Arbeitsvermittlung nicht einen Ersatz für das Wirtschaftswachstum bilden. Die aktive Arbeitsmarktpolitik stellt jedoch eine Herangehensweise dar, bei der die Erwerbslosen gezwungen sind, selbst aktiv zu werden und sich dafür einzusetzen, ihre Situation zu verändern; deshalb hoffen wir auf eine zukünftige Erweiterung und Entwicklung der Programme aktiver Arbeitsmarktpolitik.

Zusammenfassung

1. *Allgemeine Informationen über die Republik Kirgisien*
2. *Thematische Beschreibung des Arbeitsmarktes der Republik Kirgisien*
3. *Jugendliche auf dem Arbeitsmarkt.* Nach offiziellen statistischen Angaben (1997-99) meldeten sich im Jahresdurchschnitt mehr als 24.000 junge Menschen beim Arbeitsamt als arbeitssuchend – davon 14% (oder 3.700) Kindern.

4. *Richtung der Maßnahmen zur Steuerung der Beschäftigung von arbeitslosen Jugendlichen*

Neben den traditionellen Maßnahmen wie:

- Beschäftigung über staatliche Einrichtungen
- Berufsausbildung, Umschulung, Weiterbildung

werden auch besondere Maßnahmen angewandt:

- **„Arbeitsvermittlungsprogramm"**. Ziel des Programms ist es, den Arbeitslosen unter 25 Jahren, die sich aktiv um Arbeit bemühen, zu helfen, in dem den Arbeitgebern Anreize geboten werden.
- **Jugendarbeitsamt.** Im Rahmen dieses Programms wurde einen Sonderdienst am Arbeitsamt Bishkek eingerichtet, der für die arbeitslosen Jugendlichen Arbeitsplätze sucht.
- Projekt **„Jobbörse"**. Projektziel ist die effiziente Unterbringung Jugendlicher auf dem Arbeitsmarkt und das Zusammenbringen von Jugendlichen und Arbeitgebern. Die monatlich stattfindende **„Jobbörse"** ist in der Republik Kirgisien sehr populär geworden.

Die oben angesprochenen Unterstützungsmaßnahmen sind für die Zielgruppe der arbeitslosen Jugendlichen geplant worden. Damit sind sie auch eine Komponente der aktiven Arbeitsmarktpolitik Kirgisiens.

Summary

1. *General information on Kyrgyzstan.*
2. *Topical description of the labour market in the Kyrgyz Republic.*
3. *Young people on the labour market.* Based on official statistical data, an annual average of more than 24 thousand young people applied to the employment services in recent years (1997-1999). Of these applicants, 14 percent, or 3,700, were juveniles.
4. *Directions of active measures to promote employment for the young unemployed.*

In addition to traditional measures such as:

- Organizing public works;
- Occupational training, re-training and raising the level of skills,

special measures are also used such as:

- **"Job search " program.** The objective of this program is to help young unemployed people under 25 to actively look for work by offering incentives to employers.

- **Youth labour exchange (labour registry office).** Under this program a special service attached to the Bishkek employment agency was established which aims to find jobs for young unemployed people.
- **"Job Vacancy Fair" project.** The objective of the project is the efficient placement of juveniles and young people in work along with the arrangement of meetings between young people and employers. Monthly "job vacancy fairs" are very popular in the Republic.

The above mentioned measures are designed to support young people as a specifically targeted category of the unemployed, and form a component part of the active labour market policy in Kyrgyzstan.

David Raffe

The role of vocational training and education in the combat against youth unemployment*

Introduction

The papers in this session examine education and training policies which aim to help young people to gain access to jobs and careers. In this paper I provide a context for these discussions by introducing themes which arise from recent cross-national research on the transition from education to work, with particular reference to vocational education and training. Most of this research focuses on European countries and other OECD countries such as the United States and Japan; Thomas Bediako's paper provides a complementary perspective from Africa.

I will structure my comments around three themes from the research. The first theme is the strong association, found in most countries, between a young person's level of educational achievement and his or her chances of avoiding unemployment. This association is the starting point of many discussions of youth unemployment, especially among policy-makers with responsibility for education and training, and it suggests that individuals may be helped to avoid unemployment by giving them more or better education. However, simply to expand education indefinitely is not a solution to the problem: a more focused approach is required. My second theme concerns cross-national differences. The relation between education and unemployment varies across countries. It is possible to draw policy lessons from other countries' experience, but when we do so we should be aware that institutions or policies which are effective in one country may be less effective in other countries. My third theme is the need to understand the range of processes by which vocational education may help individuals to avoid unemployment. Pro-

* David Raffe, Centre for Educational Sociology, University of Edinburgh, St John's Land, Holyrood Road, Edinburgh EH8 8AQ, Scotland, d.raffe@ed.ac.uk, Tel. x-44-131-651-6237, Fax x-44-131-651-6238. This paper draws on the work of the CATEWE research project on Comparative Analyses of Transitions from Education to Work in Europe. The project was conducted by eight national teams, coordinated by the Economic and Social Research Institute of Dublin, between December 1987 and January 2001. It was funded by the Targeted Socio-Economic Research Programme of the European Commission. The paper also draws on the author's participation in the OECD's Thematic Review of the Transition from Initial Education to Working Life, 1997-2000.

91

viding vocational skills is only one of these processes, and effective policies may involve combinations of them.

Before I introduce these themes, I should set my own comments in context. In many countries there has been a tendency to see education as the universal panacea, or conversely to blame it as the main cause of unemployment or of other ills which affect young people. Policy-makers control education more easily than they control the economy or the labour market, and they are therefore tempted to use education as their main policy instrument. However we should not exaggerate the importance of education in the fight against youth unemployment. Education policies can only help on the margins; the main causes of youth unemployment lie elsewhere, for example in the structure of the labour market and the general level of economic activity. Moreover, educational policies on their own are often less effective than policies which combine and co-ordinate different policy fields, such as education, labour market, economic development, housing and social policy.

Not only are there limits to the impact which educational policies can have on youth unemployment, but these policies pursue a range of objectives which may conflict with one other. Education and training policy-makers therefore need to determine their priorities between reducing youth unemployment and other legitimate goals of policy. For example, in several countries, including the United Kingdom, there is a tension between designing vocational training programmes to reduce youth unemployment and designing such programmes in order to promote skills for economic competitiveness. A vocational programme designed to reduce youth unemployment may need to be inclusive and to offer guaranteed access to young people without jobs; but if it is designed to enhance competitiveness, or to promote the status of vocational education, a more exclusive or targeted approach may be required.

The Association between Education and Unemployment

My first theme is the association between education and (un)employment. In most countries, young people's risk of unemployment is higher, the lower their level of initial education. The OECD (2000) compared 1996 youth unemployment across different educational levels in 25 countries. In 20 of these countries 'low qualified' young people with less than an upper-secondary education were at higher risk of unemployment than their more highly qualified peers. On average, their share of unemployment among 20-24 year olds was 1.6 times their share of employment, and this ratio varied across countries up to a maximum of 3.4. Among the low qualified group, those who lack even modest qualifications are the most disadvantaged of all. When colleagues and I examined the transition from school to work among low qualified young people in several European countries, we found that those who had no qualifications at all were much more likely to become unemployed than those who had lower secondary qualifications (Hannan (Ed), 1998).

The expansion of education, and the decline in the number of unqualified school-leavers entering the labour market, has not eliminated the disadvantage of low qualified youngsters. The OECD study described above concluded that in many countries the relative position of the low qualified had become worse. The same conclusion was reached by another recent study of trends in the youth labour market in five European countries: France, Germany, Portugal, Sweden and the United Kingdom. In all countries except Portugal the unemployment and inactivity rates of low qualified school leavers increased relative to other young people during the period from 1985 to the late 1990s (McIntosh and Steedman, 1999). The study attributed this trend to technological change which has led to rising skill demands. Other commentators have attributed the growing disadvantage of the least qualified to the process of economic globalisation which has led to widening divisions between those who do and do not possess crucial qualifications.

The trend in skill demands varies across countries; in some countries they may be polarising, with an increase both in jobs requiring high levels of skill and in jobs requiring relatively low skill levels. However, the general trend is for skill demands to increase. In most countries it is becoming increasingly difficult for young people who have not reached a minimum level of education to make a satisfactory transition to employment. Those who lack the basic skills of numeracy, literacy, information and communication technology, as well as personal and social 'soft skills', are considerably disadvantaged. Recent commentators have argued that countries should set themselves a target of enabling all young people to achieve a 'minimum learning platform' – defined as 'the set of skills and knowledge required for full participation in society and in work and further learning' (Steedman, 2000, p.8) In countries such as Sweden and The Netherlands, the notion of a threshold level of attainment which all young people should be helped to reach has been part of policy debates for several years.

So it is hardly surprising that governments turn to education and training in their fight against youth unemployment. One possible response, of course, is to expand the system: to provide more education. Levels of participation and attainment in education have increased in nearly all countries over the past two or three decades, and this expansion appears to have reduced youth unemployment, or at least to have prevented youth unemployment from rising more rapidly. Between the mid 1970s and the early 1990s the ratio of youth to adult unemployment rates fell, often substantially, in nearly all OECD countries (OECD, 2000). However the relative improvement in the youth labour market has been slower during the 1990s; and as the number of unqualified or low-qualified young people shrinks, their relative position tends to get worse – except in countries such as Sweden and Norway with well-constructed 'safety-nets' for young people. As we have seen, the relative position of the low qualified has got worse over a period when education has expanded. This partly reflects a process of credentialism. As more young people reach a given level of education, that level becomes devalued in the labour market, and young people need a higher level of education in order to achieve the same occupational outcome. The devaluation of education affects young people more than adults, so young people do not compete on equal terms with adults who have the same levels of qualification (Beduwé and Giret, 1998).

Simply to continue to expand education, even if we could afford it, is not a sufficient solution. Policies need to be more focused, and to take account of the different processes by which education may protect against unemployment. They must also – and this is my second theme – take account of how these processes may vary across countries.

Variation across Countries

The relation between education and unemployment is not a constant, but it varies across countries. Let me give three examples from the research.

1. Although low qualified young people have the highest unemployment rates in most countries, in many southern European countries unemployment tends to be higher for relatively well-qualified youngsters, at least among recent school leavers. This is often attributed to labour-market rigidities and to a family structure which enables young people leaving education to spend longer periods looking for a job that matches their education or their personal interests.
2. The relative importance of general and vocational qualifications also varies across countries. In countries such as Germany and the Netherlands vocational qualifications provide better protection against unemployment than general qualifications at the same level. In other countries such as the United States school leavers with academic qualifications have the better prospects (Müller and Shavit, 1998). (The evidence on this point is hard to summarise, as it tends to depend on how the comparison is made and on the types of vocational qualifications that are included.) This contrast is at least partly explained by differences in labour markets: vocational qualifications have greater value in countries with strong occupational labour markets.

3. In most countries youth unemployment is sensitive to the general level of economic activity: an increase in the adult unemployment rate is associated with a considerably larger increase in the youth unemployment rate. However this is more true of some countries than of others. For example Germany and Japan have – at least in the past – been more successful than other countries at providing relatively sheltered ports of entry to the labour market for young people (Stern and Wagner, 1999). Yet these two countries – which are often singled out as examples of successful arrangements for the transition from education to work – have very different education and training systems and very different labour markets. The common feature may be that both countries, if in different ways, have institutional links between education and enterprises which support the smooth transitions of young people.

We use the concept of 'transition system' to explain these national differences. A transition system describes those features of a country's labour market, its education and training system, and the social and institutional context, which shape the processes and outcomes of the transition from education to work. In a current research project colleagues and I have brought together data from national surveys of school leavers, and from the European Labour Force Survey, to compare the transition from education to work in European countries. Our main aim has been to understand how transition systems vary and to relate the features of national systems to the process of transition as it affects individual young people. We have identified a number of key dimensions on which transition systems vary (Hannan, Raffe and Smyth, 1998; CATEWE project, 2001). These include:

- standardisation: the extent to which curricula, assessment and certification, and related quality assurance procedures, are standardised on a national or regional basis;
- differentiation: the timing and nature of differentiation within an education system. There are many different aspects of differentiation, but the main distinction is between systems with strong tracking, where young people enter discrete and separate tracks at a relatively early age, and systems with weak tracking where allocation to tracks occurs later and the distinctions between tracks are less clearly drawn;
- the nature of labour markets, in particular the relative strength of occupational labour markets on the one hand and of internal (enterprise) labour markets on the other. Closely related to this dimension is the extent to which vocational education is occupationally specific;
- school-to-work linkages: the role of employers in the education/training system. In some systems employers are direct providers of education/training, for example through apprenticeship. In other systems employers have

little or no direct involvement with schools. Between these two types of systems are intermediate positions: systems where employers make an important institutionalised input into school-based vocational education, systems where employers have links with schools for recruitment, and systems where employers' recruitment practices send out strong 'market signals' to education;

- youth training: arrangements for youth training, and work-based provision more generally, vary with respect to the level of provision, the degree to which it is differentiated (including between apprenticeship and other programmes) and the formal inclusiveness of provision; and
- family structure, in particular the support young people receive from their families during the period of initial job search.

Of course, there is variation within as well as between countries. For example, the extent to which qualifications are nationally or regionally standardised, and the nature of linkages with the labour market, may vary between different sectors or branches within the same education system, or between different stages or levels of the system. And at national level, the different dimensions listed above are related. We concluded from our research that much of the variation among transition systems could be expressed in terms of a single continuum. At one end of this continuum are transition systems with highly structured, standardised and differentiated education systems, with strong occupational labour markets, and where employers are substantial direct providers of training. At the other end are unstandardised and weakly differentiated systems with few formal links between education and the labour market and only small-scale and unregulated work-based training. Germany is an example of the former type of system, and the United States of the latter.

The relation between education and youth unemployment varies across transition systems; the education policies which are most likely to reduce youth unemployment also vary across transition systems. Internationally, much of the research and evaluation evidence on the transition from school to work, and on the effectiveness of policy interventions, is from the United States (see, for example, the evidence on national and ethnic inequalities, discussed in Lena Schröder's paper). Yet the United States is not typical: as we have seen, it is at one end of the continuum of transition systems. Other countries should therefore be cautious in trying to policy lessons from the American experience – especially countries such as Germany which are at the other end of this continuum. There is considerable potential for countries to learn from each others' experience, but this is not the same as borrowing other countries' institutions or policies. The trend in policy thinking has moved away from comparing the effectiveness of institutions or policy interventions in different countries, towards identifying necessary conditions for an effective transition system; these conditions may be satisfied in different ways in different countries.

This trend is reflected in the recent OECD Review of the Transition from Initial Education to Working Life (OECD, 2000). The Review addressed two broad questions: How had young people's transitions to working life changed during the 1990s? and what sorts of policies and programmes were effective in delivering successful transition outcomes for young people? It adopted a broad definition of the transition from education to working life, which covered the full cohort of young people and transitions from the point at which educational pathways began to diverge to the point when young people had reached relatively stable positions in the labour market. Teams of expert reviewers investigated fourteen countries, chosen to represent the diversity of transition systems among OECD member countries.

The synthesis report draws together the main themes from the review teams' reports, and identifies general lessons for policy-makers in OECD countries. It does not pick out particular policies or measures which might be successful in all countries, but rather identifies six 'key ingredients of successful transition systems'. These are:

- A healthy economy;
- Well organised pathways that connect initial education with work and further study;
- Widespread opportunities for workplace experience to be combined with education;
- Tightly knit safety nets for those at risk;
- Good information and guidance; and
- Effective institutions and processes.

In addition – and underlying these other ingredients – it concluded that countries with effective transition systems were 'societies that assume responsibility for young people's transition from education to work', and 'that believe young people important enough to be given a high priority among all of the many priorities that compete for attention on the public policy agenda' (OECD, 2000, p.150).

How can Education and Training help?

I now turn to my third and final theme: how may education, and especially vocational education, help young people to avoid unemployment? It will be clear from the foregoing discussion that the best starting point for an analysis of this question is not in terms of particular institutions or policies, but in terms of the more generic processes which these institutions or policies try to harness. An analysis must also take account of the different objectives which policies may try to pursue. It is likely that policies will aim to reduce youth unemployment. But countries may also pursue policies to redistribute youth unemployment, for example to reduce its concentration among particular social groups or among ethnic or national minorities. Countries may also pursue policies to alleviate the consequences of youth unemployment, to reduce its duration, or to lessen its impact on future labour-market integration. These objectives may have different implications for policy and for the role of education within it.

Below I identify four ways in which education, and especially vocational education, may help young people to avoid unemployment. This is not intended to be an exhaustive list.

The first is by *enabling young people to acquire vocational skills*. If vocational education helps young people to acquire skills which employers demand, then they should find it easy to find jobs and to escape unemployment. But do employers demand vocational skills? If the source of employment is a deficiency in demand, rather than a structural mismatch between the supply and demand of skills, then merely increasing the supply of skills may make little difference to the problem. Moreover the demand for vocational qualifications, and especially for occupationally specific qualifications, varies across transition systems. They are most likely to increase young people's chances of employment in countries with occupationalised labour markets. In other countries a strong vocational content in education may even hinder young people's chances of finding a job, if it stigmatises them as less able or poorly motivated. There are exceptions. For example, in Ireland, a country where occupational labour markets tend to be weak, vocational Post Leaving Certificate (PLC) courses have been successful in helping upper-secondary graduates who do not continue to third-level education to find employment (CATEWE project, 2001). However, the circumstances of their success are not the same as in countries with stronger occupational labour markets. PLC courses probably succeed because they not only provide skills which are in demand in the labour market, but they are provided in a way which avoids stigmatising their graduates (for example they target relatively successful students). A vocational course transplanted from a system with strong occupational labour markets would probably not work in the Irish context.

In many countries there is a trend for vocational education, and especially programmes for young people at risk of unemployment, to emphasise a much wider range of skills and attributes, including 'key qualifications', personal and social skills, familiarity with the world of work, attitudes and motivation. Yet there is considerable uncertainty about how to define these skills. A recent review of European experience of developing 'key qualifications' in vocational programmes draws attention to the wide variety of interpretations of this concept across, as well as within, different European countries, and the need to re-examine the concept as a basis for developing the curriculum (Kamäräinen, 2000). There is relatively little evidence on how key qualifications are acquired or on whether and how they help unemployed young people to find jobs. The development of broader skills and competences is a critical issue for the development of vocational education, but it is one where educationists, researchers and policy-makers are still finding their way.

Even when vocational skills are sought-after in the labour market, employers must have confidence that young people have achieved these skills. The way in which this confidence is achieved – if it is achieved at all – varies across countries. One way is through certification arrangements, such as a nationally standardised qualifications system, which enjoy the trust of employers. Another way is through networks and institutional links between schools and enterprises, which provide a basis for mutual trust and for the exchange of information (Rosenbaum et al., 1990).

In some circumstances youth unemployment may be a result, not of inadequate vocational skills, but of inadequate levels of general education, and especially of basic skills such as literacy and numeracy. The second role for vocational education is as a *pedagogical and motivational tool*: a means to encourage general learning rather than as a means for developing occupational skills. In many countries the main role of vocational education at the secondary level is to motivate lower-attaining young people who have been 'turned off' by conventional schooling, and to enable them to reach the level of the 'minimum learning platform' which may be necessary for employment. For example, the explicit function of vocational upper-secondary schooling in Japan may be to impart skills needed in employment. But when we visited Japan for the OECD Review we concluded that its main role was to provide an alternative means of motivating young people who would have found a more academic curriculum less attractive. (This analysis was shared by several Japanese commentators, and it applies in varying degrees to many other countries). However, vocational education in Japan undoubtedly contributes to the country's relatively successful transition from education to work, by keeping young people in the education system, keeping dropout levels low, and sustaining the high levels of educational attainment with which most young Japanese enter the labour market.

A third way in which vocational education may reduce unemployment is by *'warehousing'* young people who would otherwise be unemployed, and keeping them off the labour market until they reach an age where jobs are more plentiful. The warehousing function is more commonly associated with employment and training schemes for the unemployed, rather than with the formal education system. Nevertheless it is an important aspect of educational provision in practice. Variations in the level of educational participation, and consequently in the scale of the warehousing function, are among the principal explanations of national variations in the level of youth unemployment (especially when youth unemployment is expressed, as is generally considered more appropriate, as a percentage of the population rather than as a percentage of those in the labour market). The principle of warehousing can be expressed more positively, for example in the construction of comprehensive 'safety nets' for young people who might otherwise be unemployed. Such safety nets, constructed in countries such as Sweden and Norway, link education along with other forms of intervention, and rely upon effective policy coordination.

Finally, vocational education can help young people to avoid unemployment through *institutional links which provide relatively structured pathways into employment*. I have referred to one example of this: the institutional links between Japanese schools and enterprises (Kariya, 1998). These linkages support flows of information and relations of trust, and they provide a mutually reinforcing pattern of incentives for students, teachers and employers that sustain a smooth transition from school to employment. A more common example of institutional links within Europe consists of work experience, alternance and apprenticeship arrangements which bring young people into direct contact with employers and allow them to demonstrate their potential in the workplace. The strongest form of this is apprenticeship. Although the employment effects of apprenticeship vary, comparisons within countries as well as between countries suggest that on balance apprenticeship has a positive effect on employment chances, especially in the short term (eg Ryan, 1998). This effect is at least partly due to the contact it provides with an employer, especially in countries where occupational skills are less important. Our comparison of school-to-work transitions in Europe found that the relative advantage of apprenticeship compared with school-based training is greater in countries with weaker occupational labour markets. We concluded: 'In markets exhibiting strong occupational boundaries [such as Germany or the Netherlands] it is the appropriate vocational specialisation which serves to integrate young people into the labour market, while in less tightly structured systems [such as France or the UK] it is more the training contact with a particular employer (as an apprentice or otherwise) which lowers subsequent unemployment risks' (CATEWE project, 2001).

Apprenticeships and alternance arrangements are relatively formalised examples of a range of possible 'dual statuses' which combining education and work. Less institutionalised combinations of education and work – such as part-time jobs held by students – may nevertheless provide opportunities on which policies to support the transition to work may build.

Enabling young people to acquire vocational skills is the main explicit function of vocational education and training. Consequently, many discussions of vocational education as a means of combating youth unemployment tend to focus on this function to the exclusion of all others. However there are several possible processes by which vocational education and training may help in the fight against youth unemployment. An effective policy is likely to involve several or all of these different processes, although the mixture will vary across countries.

References

Beduwé, C., Giret, J., 1998. Analyse comparative des modes d'intégration des jeunes aux marchés du travail européens. In: Raffe, D., Van der Velden, R., Werquin, P. (Eds.) Education, the Labour Market and Transitions in Youth: Cross-National Perspectives. Centre for Educational Sociology, University of Edinburgh.

CATEWE Project, 2001. Comparative Analyses of Transitions from Education to Work in Europe. Final Report. Economic and Social Research Institute, Dublin.

Hannan, D., Raffe, D., Smyth, E., 1997. Cross-national research on school-to-work transitions: an analytic framework. In: Werquin, P., Breen, R., Planas, J. (Eds.) Youth Transitions in Europe: Theories and Evidence. Document No 120. CEREQ, Marseille.

Hannan, D. (Ed.), 1998. Education, Vocational Training and Labour Market Transitions among Lower Level Leavers in Four European Countries. Final Report. Economic and Social Research Institute, Dublin.

Kamäräinen, P., 2000. 'Key qualifications' – a new framework for analysing the modernisation of vocational qualifications and curricula. Paper prepared for European Conference on Educational Research, Edinburgh.

Kariya, T., 1998. From high school and college to work in Japan. In: Shavit, Y., Müller, W. (Eds.), From School to Work: A Comparative Study of Educational Qualifications and Occupational Destinations. Clarendon Press, Oxford.

McIntosh, S., Steedman, H., 1999. Low Skills: A Problem for Europe. Final Report to DG12 of the European Commission of the NEWSKILLS Research Programme. Centre for Economic Performance, London School of Economics.

Müller, W., Shavit, Y., 1998. The institutional embeddedness of the stratification process. In: Shavit, Y., Müller, W. (Eds.), From School to Work: A Comparative Study of Educational Qualifications and Occupational Destinations. Clarendon Press, Oxford.

Organisation for Economic Cooperation and Development, 2000. From Initial Education to Working Life: Making Transitions Work. OECD, Paris.

Rosenbaum, J., Kariya, T., Settersten, R., Maier, T., 1990. Market and network theories of the transition from high school to work: their application to industrialized societies, Annual Review of Sociology, 16, 263-299.

Ryan, P., 1998. Is apprenticeship better? A review of the econometric evidence, Journal of Vocational Education and Training, 50, 289-320.

Steedman, H., 2000. New skill needs and competence building to promote social cohesion. Paper prepared for Seminar on Towards a Learning Society, Lisbon, May.

Stern, D. and Wagner, D., 1999. Introduction: school-to-work policies in industrialised countries as responses to push and pull. In: Stern, D. and Wagner, D. (Eds.) International Perspectives on the School-to-Work Transition. Hampton Press, Cresskill, NJ.

Summary

This paper summarises three themes from recent research. 1. In most countries young people with low qualifications are at greater risk of unemployment, and their relative disadvantage has increased. Average skill demands are rising, and commentators have argued that policies should help all young people to achieve a 'minimum learning platform' as a basis for labour-market entry. The expansion of education has helped to reduce youth unemployment, but more focused policies are needed if youth unemployment is to fall substantially. 2. The policies that work best in one country may not work best in another country. A country such as Germany, with strong occupational labour markets, nationally standardised qualifications, a differentiated education system and strong links between education and employment should be wary of importing policies or institutions from a country such as the United States with a very different 'transition system'. The trend in cross-national policy thinking has moved away from comparing the effectiveness of different countries' institutions or policies towards identifying more general conditions for an effective transition system. 3. There are different ways by which education, especially vocational education, may help young people to avoid unemployment. These include: by developing vocational skills; by motivating young people to reach a minimum level of general education; by 'warehousing' young people who would otherwise be unemployed; and by providing institutional links which provide relatively structured pathways into employment. An effective policy may involve several or all of these processes, although the mixture will vary from country to country.

Zusammenfassung

Das vorliegende Papier fasst drei Themen aus der neueren Forschung zusammen. 1. In den meisten Ländern sind junge, gering qualifizierte Menschen am ehesten von Arbeitslosigkeit bedroht, und ihre relative Benachteiligung hat zugenommen. Die durchschnittlichen Qualifizierungsanforderungen steigen, und einige Kommentatoren sind der Meinung, dass eine Arbeitsmarktpolitik allen jungen Menschen helfen sollte, eine „Mindestlernplattform" zu erreichen, als Grundlage für den Zugang zum Arbeitsmarkt. Die Erweiterung der Ausbildung hat dazu beigetragen, die Jugendarbeitslosigkeit zu senken, aber eine gezieltere Politik ist notwendig, um weitere wesentliche Fortschritte bei der Senkung der Jugendarbeitslosigkeit zu erreichen. 2. Eine Arbeitsmarktpolitik, die in einem Land gut funktioniert, muss nicht zwangsläufig genauso wirkungsvoll in einem anderen Land sein. Ein Land wie Deutschland, mit seinen starken beschäftigungspolitisch orientierten Arbeitsmärkten, bundesweit standardisierten Qualifikationen, differenziertem Bildungssystem und starken Verbindungen zwischen Bildung und Arbeit, sollte sich davor hüten, Politikvorstellungen oder Einrichtungen aus einem Land wie den Vereinigten Staaten zu importieren, das ein sehr unterschiedliches „Übergangssystem" besitzt. Der Trend innerhalb des transnationalen politischen Diskurses hat sich von einem Vergleich der Wirksamkeit der Einrichtungen und Arbeitsmarktpolitik der verschiedenen Ländern tendenziell abgewandt, um sich eher mit der Identifizierung von allgemeineren Bedingungen für ein effektives Übergangssystem zu beschäftigen. 3. Es existieren eine Reihe unterschiedlicher Methoden wobei Bildungsmaßnahmen, vor allem im Berufsbildungsbereich, dazu beitragen können, junge Menschen vor der Arbeitslosigkeit zu bewahren. Dies beinhaltet: Die Entwicklung beruflicher Fähigkeiten; die Motivierung junger Menschen, damit sie ein Mindestniveau an Allgemeinbildung erreichen; Auffangbeschäftigung

(„warehousing") für junge Menschen, die sonst arbeitslos wären, sowie die Bereitstellung institutioneller Zusammenhänge, die einigermaßen strukturierte Zugänge zur Beschäftigung ermöglichen. Eine effektive Politik könnte einige oder alle dieser Prozesse beinhalten, wobei die Zusammensetzung sich von Land zu Land unterscheiden wird.

Heike Kahl[1]

Vom Prototyp zur Serie
Oder was die Deutsche Kinder- und Jugendstiftung im Bereich Jugend und Arbeit tut

Längst ist klar, dass „Arbeit" zukünftig anders definiert werden muss, als dies herkömmlich getan wird. Allenthalben besteht Konsens in der wissenschaftlichen und praktischen Diskussion darüber, dass es lineare Lebensläufe, in denen nach erfolgreicher Ausbildung ein Platz zum Arbeiten für lange Zeit gefunden wird, nicht mehr geben wird. Gleichzeitig ist „Arbeit", traditionell definiert, eines der wichtigsten Elemente sozialer Integration und bestimmendes Element bei der Wertdefinition des einzelnen. Und Geld ist das dazugehörende Maß für die gesellschaftliche Anerkennung. Dagegen erhalten Gegenentwürfe und –strategien längst nicht die Aufmerksamkeit, die ihnen gebührt. Das ist in allen Bereichen des gesellschaftlichen Lebens der Fall, von denen ein paar exemplarisch genannt werden sollen:

- Die Schule scheint sich weitgehend resistent gegenüber notwendigen Veränderungen zu halten und stattet die jungen Menschen nur zum Teil mit dem notwendigen Rüstzeug aus, sich in einer komplexen, rasant ändernden Welt zurechtzufinden und zu behaupten. Mir ist es neulich widerfahren, dass eine Lehrerin nach wie vor von der „Industriegesellschaft" sprach...
- Beim Übergang von der Schule in den Beruf gibt es weitere Hürden, nicht zuletzt weil das duale Ausbildungssystem unangreifbar scheint. Im Osten Deutschlands kann aber nur ein Bruchteil der Jugendlichen im dualen System ausgebildet werden, weil es nicht annähernd eine ausreichende Zahl von Unternehmen gibt, die ausbilden können oder wollen. Gleichzeitig aber erproben erfolgreich viele Projekte und Initiativen ergänzende Modelle und reagieren damit auf die veränderten gesellschaftlichen Bedingungen. Aber sie haben es schwer, in den nach Zuständigkeiten geordneten Behörden und Ämtern dafür Gehör und Unterstützung zu finden. Für ein genaueres Hinschauen lohnenswert sind die „Zukunftsbau GmbH" in Berlin, das Programm zur Berufsfrühorientierung in Mecklenburg-Vorpommern, das Modell der Schülerunternehmen, das Projekt enterprise in Brandenburg u.v.a.
- Das Wort „Zivilgesellschaft" hat Konjunktur, und es gibt viele andere Namen, die das verbale Ringen um Definition, Inhalt und gesellschaftliche Be-

---

1 Deutsche Kinder- und Jugendstiftung, Chausseestraße 29, 10115 Berlin
Tel.: 030/280 70 00, Fax.: 030/283 22 02 – E-Mail: info@dkjs.de

deutung dieses Phänomens spiegeln. Und doch sind ernsthafte Zweifel angebracht, ob ziviles oder bürgerschaftliches Engagement politisch wirklich gewollt und als größtes Potential unserer Demokratie angesehen oder lediglich als schmückendes Beiwerk betrachtet wird. Entmutigende Erfahrungen vieler Initiativen ließen sich als Beleg anfügen. Aber gerade auch im Kontext des Nachdenkens über das Thema „Arbeit" wird der dritte Sektor und seine Kraft bei der Lösung wichtiger gesellschaftlicher Fragen an Bedeutung gewinnen. Denn es gibt ein sinnvolles Leben nach und neben der Erwerbsarbeit. „Bürgerschaftliches Engagement sollte als eine sinnvolle, gesellschaftspolitische Investition für die Gemeinschaft und für die persönliche, soziale und berufliche Entwicklung junger Menschen verstanden werden. Sie sollte nicht nur verbale Anerkennung finden, sondern auch nachweisliche Qualifikationen vermitteln: ...Es enthält nämlich qualifikatorische Elemente, auch wenn diese den Modulen einer beruflichen Ausbildung nicht immer entsprechen."[2] Damit dies gelingt, ist es dringend erforderlich, eine Anerkennungskultur und ein Klima für Anerkennung bürgerschaftlichen Engagements zu entwickeln, politisch und gesellschaftlich.

Stiftungen werden oft gefragt, ob das, was sie angesichts der dramatischen Situation tun und ausrichten können, nicht weniger sei als der berühmte Tropfen auf den heissen Stein. Ja und deutlich Nein, könnte eine lapidare Antwort sein. Denn natürlich können Stiftungen, die sich selbst als aktiver Teil bürgerschaftlichen Engagements verstehen, nicht allein die großen gesellschaftlichen Probleme lösen.

Doch sie können mit den von ihnen geförderten Projekten unter anderem in Innovationslücken staatlichen Handelns stoßen und Themen auf den Tisch der gesellschaftlichen Diskussion befördern, die ohne ihr Zutun nicht oder nur schwer auf diesen Tisch gelangen würden. So gesehen können Stiftungen wie die Deutsche Kinder- und Jugendstiftung (DKJS) sowohl eine Sensibilisierung für drängende Jugendfragen erreichen als auch in ausgewählten Modellen Impulse für deren Lösung anbieten. Die DKJS übernimmt für zentrale Themen im Kinder- und Jugendbereich eine wichtige Aufgabe bei der Entwicklung und Multiplikation von Projekt-Prototypen. Die Stiftung initiiert Kooperationen mit anderen Stiftungen und der öffentlichen Hand, um für die Projekte, die ihre Wirksamkeit in der Praxis bereits unter Beweis gestellt haben, Einflugschneisen für eine breite Implementierung zu schlagen.

Das ist in den vergangenen Jahren mit vielen Programmen gelungen, z.B. mit dem Schülerclubprogramm, das mittlerweile in allen neuen Bundesländern seinen Platz gefunden hat – mehr als 1500 Schülerclubs sind entstanden – und als Kon-

---

2 Startchancen für alle Jugendlichen – Memorandum zur Ausbildungskrise

zept auch in den ersten Bundesländern im Westteil des Landes Fuß faßt. Oder mit dem Programm zur Förderung von Eigeninitiative und Unternehmensgeist, in dem mit Mitteln der Heinz-Nixdorf-Stiftung Schülerfirmen in der ganzen Bundesrepublik gefördert werden.

Drei Beispiele aus der konkreten Arbeit der Deutschen Kinder- und Jugendstiftung sollen diesen Ansatz illustrieren. Einen Königsweg zur Lösung anstehender Probleme wird wohl realistischer Weise niemand erwarten, aber spannende Projekte, die wegweisend sein können, gibt es eine Menge...

1. Jugend und Gemeinwesen

Seit Juli 2000 fördert die Deutsche Kinder- und Jugendstiftung gemeinsam mit dem Bundesministerium für Familie, Senioren, Frauen und Jugend ein dreijähriges Modellprogramm zur Stärkung des freiwilligen Engagements von Schülern und Jugendlichen und greift dabei auf das Netzt der Schülerclubs der Deutschen Kinder- und Jugendstiftung zurück, in denen sich bereits vielfältige Formen bürgerschaftlichen Engagements entwickelt haben. Es geht bei diesem Programm darum, die Möglichkeiten des „Lebensraums Schule" für die Entwicklung freiwilligen Engagements junger Menschen zu nutzen, dadurch die Schule nach innen und außen zu öffnen, aber besonders die Kommunen in diese Arbeit einzubinden, also die „Geberseite" mit der „Nehmerseite" zu verbinden. Ziel ist es, Jugendlichen, die sich engagieren wollen, hierfür Möglichkeiten zu bieten, aber besonders in der Schule, mit freien Trägern und der Kommune ein Klima für bürgerschaftlichen Engagement und der Anerkennung dieses Einsatzes von Jugendlichen zu entwikkeln und dabei dort zu beginnen, wo die Schüler einen großen Teil ihrer Zeit verbringen.

Das Programm beginnt nicht mit moralischen Appellen an die Jugendlichen, wie wichtig es ist, sich für das Gemeinwesen einzusetzen, sondern bietet geeignete und zugeschneiderte Räume und **Angebote** für Tätigkeiten, die einerseits dem Nutzendenken der Jugendlichen Rechnung tragen und andererseits konkrete Erfüllungsmöglichkeiten bieten.

Es werden gemeinsam mit der Schule, einem beteiligten freien Träger und der Kommune **Einfluss- und Partizipationsmöglichkeiten** geschaffen. Wichtig ist die Einbettung des freiwilligen Engagements in das weitere, lokale und kommunale Umfeld. Im internationalen Vergleich fällt in Deutschland das Fehlen einer angemessenen Kultur der Anerkennung für freiwilliges Engagement auf.[3] Hier gilt

---

3 Zum Beispiel riskieren Bezieher von Arbeitslosengeld und -hilfe, die sich freiwillig engagieren, unter bestimmten Bedingungen ihre Ansprüche.

es, mit verschiedenen Möglichkeiten zu experimentieren, wie beispielsweise die Anerkennung in Zeugnissen, Bonussysteme und Angebote zur Weiterbildung, oder ein „Freiwilligenpass", der zur Inanspruchnahme kommunaler Leistungen berechtigt.[4] Denkbar wäre auch die Möglichkeit einer Anrechnung freiwillig erbrachter Leistungen auf die spätere Wehr- oder Zivildienstzeit. Eine solche Kultur der Anerkennung ist indes nicht loszulösen von den Einstellungen der Menschen, Organisationen und Behörden zu bürgerschaftlichem Engagement und Partizipation sowie zur Rolle staatlicher Verwaltung.

Ziel des Programms ist es, Modelle und Instrumente zu entwickeln und zu erproben, die freiwilliges Engagement Jugendlicher erfolgreich fördern, und daraus Anleitungen und Materialien erstellen, um diese Modelle zu verbreiten. In Berlin, Mecklenburg-Vorpommern, Nordrhein-Westfalen und Sachsen sollen mit den Schülerclubs gleichsam Laboratorien für freiwilliges Engagement entstehen, die sowohl Jugendlichen als auch die Gemeinwesen (Kommune, gemeinnützige Organisationen, Einzelpersonen) einbeziehen.

Regionale Arbeitsstellen in den Ländern schaffen zum einen die Voraussetzungen für einen solchen Dialog, in dem das Gemeinwesen (Kommune, Träger, etc.) Bedürfnisse an die Jugendlichen heranträgt und das Engagement der Jugendlichen in angemessener Form anerkennt. Zum anderen stehen sie den Jugendlichen mit Rat und Tips zur Seite, wie sie die Felder ihres Engagements in eigener Initiative selbst entwickeln und die Aktivitäten durchführen.

Die Arbeitsstellen verstehen sich dabei als Schaltstellen bei der Entwicklung freiwilligen Engagements und arbeiten eng mit den verschiedenen Akteuren zusammen, also den Schulen, den freien Trägern und den Kommunen, mit denen bereits aus anderen Programmen heraus vielfältige Kooperationsbeziehungen bestehen. Die Arbeitsstellen beraten die Gemeinwesen bei der Kooperation mit Jugendlichen sowie bei der Entwicklung von Instrumenten der Anerkennung und anderen Methoden, wie das bürgerschaftliche Engagement besser in den Kommunen entwickelt und verankert werden kann. Ein regionaler und überregionaler fachlicher Austausch gewährleistet den Erfahrungstransfer und die inhaltliche Entwicklung über den Projektzeitraum hinaus. Durch die Auswahl von Schülerclubs aus den alten und den neuen Bundesländern wird zudem den unterschiedlichen Voraussetzungen und Sozialisationen in Ost- und Westdeutschland Rechnung getragen und ein Vergleich und Dialog darüber ermöglicht. Die Stiftung als verantwortlicher Träger des Modellprogramms übernimmt die Vernetzung, die Koordination, die Öffentlichkeitsarbeit und die Verwaltung des Programms.

---

4 Die Stadt Nürtingen, ausgezeichnet mit dem ersten Preis des Wettbewerbs „Bürgerorientierte Kommune" der Bertelsmann Stiftung und des Vereins Aktive Bürgergesellschaft, hat mit solchen Elementen in vielfacher Weise experimentiert.

Das skizzierte Programm erfordert Räume, in denen Jugendliche ihre Vorstellungen und Ideen entwickeln und diskutieren und gemeinsam ihre Aktivitäten organisieren können. An sich bieten sich dafür Einrichtungen der Jugendarbeit an, also Jugendzentren, -clubs, -häuser etc. Allerdings ist die Akzeptanz von Jugendeinrichtungen besonders in den neuen Bundesländern beschränkt, und in vielen Fällen befinden sich die Jugendzentren in der Hand bestimmter Subkulturen oder Cliquen.

Aus dieser Überlegung heraus hat die Deutsche Kinder- und Jugendstiftung die Verbindung von Schule und Jugendarbeit zum Schwerpunkt ihrer Arbeit gemacht. Seit ihrer Gründung 1994 hat sie durch die Einrichtung und Begleitung von Schülerclubs in verschiedenen Bundesländern Schnittstellen von Schule und Jugendarbeit geschaffen, die eine größtmögliche Anzahl Jugendlicher erreichen und ihnen Räume für die Entfaltung ihres Engagement bereiten. An diesen Schülerclubs wird das vorgeschlagene Programm verortet.[5]

Schülerclubs sind Räume an der Schule, die sich die Jugendlichen nach eigenen Vorstellungen einrichten können und die sie als Ausgangspunkt ihrer Freizeitaktivitäten benutzen. In vielen Fällen werden sie durch Sozialpädagogen oder Schulsozialarbeiter betreut. Für die Stiftung ist in der Regel eine Voraussetzung für die Förderung, dass die Schule lokal mit einem freien Träger der Jugendhilfe zusammenarbeitet, der sich ebenfalls mit Mitteln an der Einrichtung des Schülerclubs beteiligt. Durch diese Zusammenarbeit entsteht eine lokale Infrastruktur, die die traditionelle Kluft zwischen Schule und Jugendarbeit überbrückt und so neue Möglichkeiten für die Arbeit beider Einrichtungen aufzeigt. Die Schülerclubs werden durch einen Schülerclubrat vollständig selbst verwaltet und gestaltet. So verstehen sich die Schülerclubs nicht allein als zusätzliche Freizeiteinrichtung, sondern als Infrastruktur für die Öffnung von Schule. Es hat sich gezeigt, dass Schülerclubs eine wichtige Rolle bei der Entwicklung von Eigeninitiative, Eigenverantwortung sozialen Verhaltens (zum Beispiel bei der Konfliktmediation) spielen und sich als „Keimzellen der Demokratie" positiv auf das Schulklima auswirken.[6]

Freiwilliges Engagement, wenn es mehr als eine ad hoc Hilfe oder ambulante Sofortmaßnahme sein soll, muss organisiert und geplant werden. Die Schülerclubs werden gleichsam als Zentren der freiwilligen Arbeit genutzt.

---

5 Schülerclubs sind nicht die einzigen Einrichtungen an Schulen für die Partizipation der Schüler außerhalb des Unterrichts treffen können. Wichtig ist, dass es an den Schulen jugendliche Ansprechpartner gibt und Räume, in denen die Schüler ihre Freizeitaktivitäten planen und gestalten können. Im Folgenden sprechen wir daher verallgemeinernd von „Schülerclubs" und schließen damit auch andere entsprechende Einrichtungen ein.

6 Siehe z. B. die Evaluation von Prof. Dr. Raschert, J. und Masuch, S. 1997, „Bericht über Schülerclubs an Berliner Schulen"

Dies geschieht auf zweierlei Weise. Einerseits können Schülerclubs die Funktion einer Vermittlungsstelle übernehmen, die Wünsche und Bedürfnisse des Gemeinwesens aufnimmt. Entweder individuell oder gemeinsam entscheiden sich Jugendliche, ob und unter welchen Bedingungen sie sich engagieren. Die Präsenz und Arbeit der Schülerclubs an den Schulen ist einerseits verbindlich genug, dass Zusagen eingehalten und auch eingefordert werden können, andererseits aber offen und unverbindlich genug, um nicht als hierarchische, verkappte Sozialisationsinstanz der Erwachsenenwelt zu gelten.

Auf der anderen Seite werden die Schülerclubs zu einem Forum, in dem die Jugendlichen selbstbestimmt gemeinsam Aktionen und Tätigkeiten entwickeln, diskutieren, planen und ausführen. Die Stiftung greift hier auf Erfahrungswissen aus der Arbeit mit Schülerclubs zurück, die bereits in der Vergangenheit Keimzellen freiwilligen Engagements waren. Zum Beispiel haben Jugendliche die Initiative ergriffen:

- im Projekt "SONET" am Ernst-Barlach-Gymnasiums in Rostock-Toitenwinkel/Dierkow, wo sie sich für ein "Schülerinformationssystem PIN" engagieren, das sich sowohl an andere Schüler als auch an die Nachbarschaft wendet. Auf freiwilliger Basis bieten sie allen Bürgern des Stadtteils die Möglichkeit, sonntags kostenlos im Internet zu surfen und die Grundlagen der Netznutzung zu erlernen. Unterstützt werden sie dabei von den Mitarbeitern der Schülerfirma SINN – Computerdienstleistungen. Das Projekt entstand aus der Schülerclubarbeit des Instituts Lernen und Leben e. V. in der Schule,
- bei der Pflege einer Streuobstwiese auf der Insel Rügen, angeregt durch ein Kooperationsprojekt zwischen ihrer Schule (dem Hansa-Gymnasium Stralsund) und dem Umweltbüro Nord e. V. Die Wiese mußte renaturiert werden, Pflanzungen wurden gemacht und etliche Pflegearbeiten fallen laufend an,
- an der Puschkin-Oberschule (Berlin-Lichtenberg), um Geld zu sammeln für ihre Patenschule in Mosambique,
- an der Jüdischen Oberschule (Berlin-Mitte) und haben Freiwillige Übersetzungsarbeiten angeboten, falls Beratungsangebote für Aussiedler (GUS) aus Kostengründen wegfallen müssen.

Dieses Erfahrungswissen soll insbesondere durch die Regionalen Arbeitsstellen bei der Entwicklung neuer Instrumente zur Förderung freiwilligen Engagements produktiv nutzbar gemacht werden. Schülerclubs gewährleisten das Element wirklicher Partizipation der Jugendlichen und schaffen ein Forum für gemeinsame freiwillige Unternehmungen. Sie können selbstbestimmt über geeignete Möglichkeiten der internen und externen Anerkennung beraten und befinden. Zu diesem Zweck sollen Schülerclubs im Rahmen des Modellprogrammes technisch für diese

110

Aufgabe fit gemacht werden (durch Mittel für Computer, Büromaterialien und Öffentlichkeitsarbeit – Telefon, Faltblätter) und damit auch ihre Stellung in der Schule und im nachbarschaftlichen Umfeld stärken. Letztlich birgt die Verknüpfung des Modellprogramms mit der Schule das Potential, dass die Beziehung zwischen Schule und Gemeinwesen eine neue Qualität erfährt.

2. Schülerunternehmen

In Mecklenburg-Vorpommern zum Beispiel brechen fast 10% derjenigen jungen Menschen, die einen Ausbildungsplatz bekommen haben, die Ausbildung vorzeitig ab. Diese Tatsache kann unmöglich ihren Grund allein im persönlichen Unvermögen der Jugendlichen haben. Aber die Schule behauptet in der Regel ungerührt, die Jugendlichen ausreichend auf die Überwindung der ersten Schwelle vorzubereiten.

Befragt man die Jugendlichen selbst, wie sie die Schule einschätzen, beklagen sie häufig die Realitätsferne des Unterrichts, vermitteln das diffuse Gefühl, zwar mit Wissen ausgestattet zu werden, gleichzeitig aber zu wissen, dass dieses allein nicht für die Bewältigung der schwierigen Lebenswegplanung ausreicht und sie auch deshalb die Lust am Lernen verlieren. Auch in der Schule werden die verschiedenen Lebensbereiche der jungen Menschen voneinander getrennt betrachtet, fächerübergreifender Unterricht ist die Ausnahme, genauso wie konkrete Lebensweltbezüge zwar in Projektarbeit zum Tragen kommen, aber zu geringe Rückbindungen an den Unterricht zu finden seien.

Man wird die Schule zunehmend daran messen, ob es ihr gelingt, Abstraktionsfähigkeit und Systemdenken zu vermitteln, Offenheit für Experimente zu entwickeln, intellektuelle Flexibilität herauszubilden, die es den jungen Menschen ermöglicht, erlangtes Wissen schnell auf unterschiedliche Anforderungen und sich immer wieder ändernde Situationen anzuwenden, eine Kooperationsfähigkeit zu entwickeln, die sowohl Überzeugungskraft für unkonventionelle Wege einschließt als auch die Fähigkeit, weltweit verfügbares Wissen zu nutzen und sich auf verschiedenen „Spielwiesen" zurechtzufinden. Und ihr Erfolg wird auch davon abhängen, inwieweit die für die Bewältigung dieses komplexen Systems so notwendigen Schlüsselqualifikationen wie Teamfähigkeit, Solidarität, Toleranz, soziale Verantwortung usw. ausgebildet werden können.

Selbstverständlich lassen sich diese komplexen Anforderungen nicht durch einzelne, voneinander isoliert realisierte Projekte verwirklichen, hier ist die Schule als System gefragt. Aber trotz des allgemein unbefriedigenden Befundes lassen sich eine Reihe von Beispielen finden, in denen Jugendliche die Schule für sich selbst neu entdecken, als Ort zum Leben, als Ort, die Freizeit zu gestalten, Verantwortung für sich und andere zu übernehmen. Von solchen Beispielen, so ist zu hoffen, geht die „Gewalt des Faktischen" aus. An ihnen kann man sinnfällig erleben, dass man durchaus nicht auf eine Systemänderung von außen oder oben warten muss. Eines dieser erfolgreichen Modelle, das mit Unterstützung der Freudenberg Stiftung entwickelt und von der Deutschen Kinder- und Jugendstiftung mit Mitteln der Heinz-Nixdorf-Stiftung gefördert wird, sind **Schülerunternehmen**.

Das Konzept basiert auf dem im angelsächsischen Raum entwickelten Programm zur Förderung von „Education for enterprise", das seine besondere Ausprägung in einem von der Bund-Länder-Kommission für Bildungsplanung geförderten und von der DKJS getragenen Modellversuch in Sachsen gewonnen hat. Bei diesem Konzept geht es nicht darum, recht frühzeitig „den Kapitalismus in die Schule zu holen", sondern um die pädagogischen Dimensionen, die sich bei der Umsetzung des Konzeptes herausgebildet haben. Es geht um die Entwicklung eben *der* Qualifikationen, die oben für die Bewältigung der schwierigen Zukunftsaufgaben für Jugendliche genannt wurden – um die Entwicklung von Eigeninitiative, Selbstverantwortung und Teamfähigkeit in Formen mit großer Lebensnähe und Ernstcharakter. Die DKJS stellt jungen Menschen finanzielle und fachliche Ressourcen zur Verfügung, um im Schutzraum der Schule Schülerunternehmen zu gründen.

Die Schüler sind für Planung und Umsetzung einer eigenen „Geschäftsidee" verantwortlich, dafür, Partner unter den Lehrern, der Kommune und „Partnerunternehmen" zu finden, Unternehmensstrukturen aufzubauen, Produkte oder Dienstleistungen herzustellen bzw. zur Verfügung zu stellen usw. Die entstehenden Unternehmen sind auf Dauer angelegt, nicht als Arbeitsgemeinschaft oder als Projekt für ein Jahr. Auch dafür, dass Erfahrungen weitergegeben und Motivationen auch bei jüngeren Schülern aufgebaut werden, sind die Schüler selbst verantwortlich. Mittlerweile ist die Palette der Geschäftsideen sehr vielfältig. Längst stehen Modellagenturen, die Beratung kleinerer Unternehmen in Sachen Software und Internet, Schülerreisebüros und Entwicklungsbüros von Solartechnologien gleichberechtigt neben traditionellen Formen von Schülercafés und Schülerzeitungen.

Man stelle sich vor: In einer Schule wollen die Schüler ein Schülerunternehmen gründen, doch mehr als eine wage Idee existiert noch nicht. Die Schüler überzeugen ihre Lehrer und motivieren ihre Eltern. Da gibt es Skeptiker, die begeistert werden müssen, oder es gibt sehr aktive Lehrer, denen klar gemacht werden muss, dass zwar Rat und Hilfe willkommen sind, aber nicht die „Leitung" in den Händen der Lehrer liegt.

Es kommt unter Umständen zum Streit, denn jeder hat eine eigene Geschäftsidee, und mehrere Schüler wollen die gleiche Aufgabe übernehmen, anderes finden viele gleichermaßen langweilig, muss aber gemacht werden. Man muss sich einigen und ein tragfähiges Konzept entwickeln. Da sind jüngere und ältere Schüler, „gute" und weniger „gute" Schüler. Man muss sich zusammenraufen, sich eigene Regeln geben und sie durchsetzen, oder den Plan aufgeben. Fachlichkeit und Flexibilität ist gefragt. Auf dem Weg zu einem „funktionierenden" Unternehmen wird viel passieren. Mit Sicherheit macht manch einer Fehler. Wie gehen die anderen damit um? Jemand kommt nur sehr unregelmäßig zur „Arbeit". Wer sagt es ihm und wie? Ein Vorhaben, in das viel Energie gesteckt wurde, ist gescheitert. Wie verkraftet man das?

Die Jugendlichen lernen in einem Schülerunternehmen nicht nur wirtschaftliche Abläufe kennen, sondern müssen sich auch über interne Gruppenregeln verständigen, an die sich jeder „Mitarbeiter", auch die Projektlehrer halten müssen und üben ganz praktisch „Demokratie". Die Arbeit in der Schülerfirma vermittelt daneben ganz homogene Einblicke in bestimmte Berufsfelder und trägt damit zur Berufsfindung bei. Sie fördert Kreativität und Exzellenzen, die im Unterricht möglicherweise nicht zum Tragen kommen. Die Jugendlichen erfahren, dass auch sie wichtig sind, und erlangen auf diese Weise ein größeres Zutrauen zu sich selbst, das sie auch in anderen Lebenssituationen sicherer im Auftreten und Handeln werden lässt. Die Lehrerrolle verändert sich in Richtung Moderator und Berater, wodurch sich das Klima an der Schule verändert. Die Jugendlichen arbeiten in altersgemischten Teams und müssen Rücksicht auf Jüngere und Unerfahrene nehmen. Sie können für diese selbst Berater sein, müssen aber gleichzeitig gemeinsam nach Lösungen für Probleme suchen und geschlossen als „Firma" nach außen hin auftreten. Toleranz gegenüber Jüngeren, denen gegenüber, die einen Sachverhalt nicht gleich verstehen, noch nicht so gut deutsch sprechen oder anderer Meinung sind, ist gefordert und kann im Umgang miteinander geübt werden. Es entstehen Rückbindungen in den Unterricht. Denn über Werbestrategien und Werbetexte lässt sich sehr gut im Deutschunterricht nachdenken. Und über Bilanzen lässt sich auch im Matheunterricht sprechen. Darüber hinaus öffnet sich die Schule in den Kiez und in die Kommune, wenn die Schüler mit realen Unternehmen Kontakt aufnehmen, sich beraten lassen, oder versuchen, Partner für das Schülerunternehmen zu finden. Und was liegt näher, als um das Schülerunternehmen herum einen Schülerclub zu eröffnen?

Mittlerweile sind mit Unterstützung der DKJS mehr als 50 Schülerunternehmen entstanden. Jedes einzelne Projekt hat seinen spezifischen Charakter und eigene Entwicklungsprobleme. Und nicht alle Probleme sind generell zu lösen. Hier kommt es auf konkrete Absprachen und die Entwicklung schulspezifischer

Lösungen an. Dies betrifft in erster Linie die rechtlichen Rahmenbedingungen. Die Erfahrungen beim Aufbau solcher Schülerunternehmen, eben auch der rechtlichen Voraussetzungen, sind in zwei Publikationen der DKJS beschrieben – in einem Reportagenband und einem, der als Ratgeber[7] für Schüler gedacht ist, die selbst ein Unternehmen gründen wollen.

Die Deutsche Kinder- und Jugendstiftung hat in jedem neuen Bundesland Regionale Arbeitsstellen aufgebaut, deren Mitarbeiter als Ansprechpartner für alle Interessierten zur Verfügung stehen. Als ein Erfolg des Konzeptes lässt sich zudem die Tatsache nennen, dass das Konzept in Landesprogrammen seinen Eingang findet. So z.B. im Programm zur Berufsfrühorientierung, das das Kultusministerium des Landes Mecklenburg-Vorpommern gemeinsam mit der DKJS und den Europäischen Sozialfond fördert, oder im Programm zur Entwicklung von Schuljugendarbeit, das die DKJS gemeinsam mit dem Sächsischen Staatsministerium für Kultus realisiert.

3. MicroPolis

MICROPOLIS ist eines von 31 Projekten der EU, die der Europäische Sozialfonds (ESF) im Rahmen der Pilotaktion "Local Social Capital" (lokales Sozialkapital) seit September 1999 auf regionaler und lokaler Ebene durchführt. Mit dem Programm soll versucht werden, die klassischen Formen der aktiven Arbeitsmarktpolitik aufzubrechen, die die arbeitsmarktpolitische Strategie auf Hilfen zur individuellen Entwicklung des einzelnen Arbeitslosen verkürzen.

Der vielfach beklagte „Drehtüreffekt" arbeitsmarktpolitischer Maßnahmen (das Weiterreichen der Betroffenen von Maßnahme zu Maßnahme) ist eines der Ergebnisse dieser Verkürzung. Mit seinem innovativen Ansatz zielt MICROPOLIS deshalb darauf ab, das gesellschaftliche Umfeld der Arbeitslosen selbst in die arbeitsplatzschaffende Strategie miteinzubeziehen. Dies soll durch die Nutzung der Entwicklungspotentiale einer Sozialstruktur geschehen, die in der Lage ist, Dienstleistungen und Produkte zu entwickeln und zu konsumieren.

Mit einem Globalzuschuss von bis zu 10.000 Euro können ca. 100 Microprojekte gefördert werden. MICROPOLIS ist eines von vier Projekten in Deutschland, die im Rahmen der Pilotaktion ausgewählt wurden und wird in den Berliner Bezirken Kreuzberg, Prenzlauer Berg und Weißensee durchgeführt.

In allen drei Bezirken sind großstädtische Phänomene wie Jugendarbeitslosigkeit, Ausgrenzung ausländischer Jugendlicher, fehlende Perspektiven für Schulab-

---

7 „Wir gründen eine Schülerfirma oder wie man den Unternehmensgeist in die Schule lockt"

gänger und die mangelnde berufliche Integration von jungen Frauen und Männern zentrale Probleme. Die Förderung von Maßnahmen und Initiativen, die an der Lösung dieser Probleme arbeiten, ist ein Schwerpunkt der Arbeit von MICRO-POLIS.

Umgesetzt wird MICROPOLIS von der Deutschen Kinder- und Jugendstiftung, EuroCom – Gesellschaft für europäische Kommunikation e.V. und der Allgemeinen Jugendberatung e.V.

Das Programm konzentriert sich auf Personen, die in der Teilhabe am sozialen Leben behindert werden und gleichzeitig einen geringen Zugang zu bereits existierenden Förderprogrammen haben. Als Projekttypen sieht die Kommission drei Schwerpunktbereiche vor:

*   Projekte, die auf die Stärkung oder Wiederherstellung des sozialen Zusammenhalts zielen (Verbesserungen im lokalen Umfeld, Selbsthilfegruppen usw.);
*   die Stärkung von bereits existierenden oder der Aufbau neuer Netzwerke, die der sozialen Integration ausgeschlossener Personengruppen dienen,
*   der Aufbau und die Begleitung von Kleinstunternehmen und Kooperativen.

Die bisherigen Diskussionen haben für das Pilotprojekt folgende Projekttypen hervorgebracht:

Aktivierung der Deaktivierten – Insbesondere die vorzeitige Verrentung birgt das Problem des sozialen Ausschlusses älterer Menschen. Mikroprojekte könnten geeignet sein, solchermaßen Deaktivierte zu aktivieren. Projektthemen sind hier die Wohnumfeldgestaltung, sozial- und alltagsbezogene Dienstleistungen, Kursprogramme im Erfahrungsbereich der z.T. hoch qualifizierten Deaktivierten usw.

Netzwerkentwicklung, -ausbau und -stabilisierung – Nachbarschaftszentren, Informationsnetzwerke, Kulturvereinigungen, Tauschringe usw. entwickeln eine Vielfalt integrativer Aktivitäten. Eine Effektivierung ihrer Arbeit sowie eine Ausweitung ihrer Aktivitäten werden im Rahmen von Mikroprojekten gefördert.

Projektwettbewerbe im Wohngebiet – Insbesondere die Kreativität junger Menschen wird in ihrer sozial stabilisierenden Potenz häufig unterschätzt. Gerade in sozialen Brennpunkten fehlt es an Handlungsmöglichkeiten für arbeitslose Jugendliche. Mikroprojekte können Video-, Theater- und Sportprojekte sein, aber auch die Organisation von Partys und anderen gemeinschaftsstiftenden Aktivitäten.

Zielgruppenorientierte und zielgruppenbestimmte Projekte – Zielgruppen können sozial (Obdachlose, Schul-drop-outs) oder ethnisch bestimmt sein. Es kann sich auch um Personen(gruppen) handeln, die aufgrund von Alter oder Krankheit an sozialer und kultureller Teilhabe gehindert sind.

Qualifizierung – Mikroprojekte können vielfach vernachlässigte Detailqualifizierung Jugendlicher in Nischenbereichen (Tontechnik, Kunsthandwerk, Computertechnologie) sowie praktische Detail- und Querschnittsqualifizierung (Führerschein, Sprachkurs) sein.

Jugendfirmen – Im Umfeld schulischer Bildung hat sich eine Vielzahl pilothafter Projekte herausgebildet, die jungen Menschen die Möglichkeit bieten, innerhalb einer selbst geschaffenen Unternehmenswelt wirtschaftliches Handeln zu entwickeln. Mit dem Mikroprojektansatz sollen solche Initiativen gefördert werden.

Existenzgründungen – Hier geht es vor allem um die Förderung von Unternehmensgründungen im stadtteilbezogenen Dienstleistungsbereich. Im Rahmen der Mikroprojekte sollen vor allem die Begleitung von Unternehmungsgründungen und die Weiterbildung der Gründer/innen finanziert werden.

Social Sponsoring – Die Schaffung neuer Koalitionen von Sozialprojekten und lokal agierenden Unternehmen soll konzeptionell und materiell unterstützt werden.

Theoretischer Ansatzpunkt der Kommission im LSC-Programm ist die Annahme, dass sozial intakte Gemeinwesen wirtschaftlich aktiver sind, als sozial defekte Gemeinwesen. Dies mag ein Gemeinplatz sein, dessen Stimmigkeit auf konkreter Ebene sich erst noch erweisen muss.

Dennoch kann der Ausgangspunkt bereits Ausdruck eines Perspektivwechsels sein: Von der Orientierung auf die Arbeitslosen als einzelne, die es zu „modellieren" gilt (Weiterbildung, Bewerbungstraining etc.), auf gesellschaftliche und lokal gemeinschaftliche Strukturen, die Arbeitslosigkeit und ihre sozialen Folgen produzieren oder abbauen helfen. Der programmatische Ansatz richtet den Blick weniger auf den einzelnen Arbeitslosen als vielmehr auf die Entwicklungsprobleme sozialer Gemeinwesen, denen es nicht gelingt, das jeweils entwickelte und verfügbare Arbeitspotential zu absorbieren, gleichzeitig aber bezahlte Arbeit zum zentralen sozialen Integrationsmechanismus entwickelt hat. Die im Rahmen der EU-Beschäftigungsstrategie zentrale Kategorie der Beschäftigungsfähigkeit (employability) gewinnt hier zumindest ansatzweise eine überindividuelle gesellschaftliche Komponente: Die Fähigkeit des sozialen Gefüges, den Bedarf an gesellschaftlicher Arbeit (Wohlfahrtsgewinn) in reale Beschäftigung umzusetzen.[8]

Die erste Phase des Projektes wurde zu umfassenden Diskussionen mit Trägern, Bezirksbehörden und anderen Interessierten geführt, um ein breites Verständnis für die Chancen des Projektes zu entwickeln. Der sehr positiven Resonanz in den einzelnen Diskussionsrunden der Trägerszene stand zunächst auch

---

8 Ernst-Pörksen, M. 1999, Internes Projektpapier

Ablehnung gegenüber einem Globalzuschuss-Verfahren, der einerseits hinsichtlich der Projektgestaltung Offenheit bietet, andererseits aber in stärkerem Maße als dies in den letzten Jahren der Fall war, auf Sinnhaftigkeit, Transparenz, Partizipation unter Hintanstellung von Trägerinteressen setzt.

Die bisher interessanteste Erfahrung der Diskussionsrunden war, dass es für behördliche Strukturen und die größeren Projektträger schwieriger ist, sich mit der Frage, **was** zu tun ist, auseinanderzusetzen, wenn inhaltliche Spielräume gegeben sind und nicht die Finanzierungsfrage im Vordergrund steht bzw. bereits vorab geklärt ist. Anders die eher kleinen und nachbarschaftlich organisierten Vereinigungen, die es gewohnt sind, im lokalen Umfeld und im unmittelbaren Kontakt mit den dort lebenden Personen zu agieren (Freiwilligenagenturen, Jugendberatungsstellen, Kulturgruppen, Jobbörsen, lokale Agenda Gruppen etc.). Hier scheint sich als erste Erfahrung herauszustellen, dass die Kenntnis der Behörde und der großen Träger sich eher auf die amtsinternen Strukturen beschränkt, während die kleineren Projektträger zwar „ihren Kiez" kennen, nicht aber ihren Platz in der Gesamtstruktur. Der Mikroprojektansatz (insbesondere außerhalb von Pilotprojekten und als verstetigte Förderkomponente) könnte geeignet sein, im Kleinen und Konkreten die unterschiedlichen Ebenen von Entscheidungs-, Umsetzungs- und Evaluierungsstruktur zu verknüpfen und für alle Beteiligten transparenter zu machen.

Zwei konkrete Beispiele:

20 SchülerInnen der 7.OH I OR in Kreuzberg entwickeln ein Programm für Stadtführungen im Bezirk für junge Touristen auf Inline Skates. In der ersten Phase (Juni und Juli 2000) optimierten und professionalisierten die Schülerinnen ihre Skatingfähigkeiten. Zwischen September und Dezember 2000 werden sie einen Guides für Touristen, die Kreuzberg auf Inlineskates erforschen wollen, entwikkeln und drucken. In dieser Phase werden auch Kontakte zu Hotels, Bagpacker-Hotels usw. aufgenommen, um für das Projekt zu werben. In der dritten Phase liegt der Schwerpunkt auf den Führungen selbst.

Ziel des zweiten Projektes ist es, obdachlosen Menschen wieder in die Selbständigkeit zu verhelfen. Schwerpunkt der MicroPolis-Förderung liegt auf dem Leasing eines LKWs, mit dem Trödel (gebrauchte Einrichtungsgegenstände aller Art) transportiert werden sollen. Dieses wird gleich zu Beginn des Projektes realisiert. Dazu gehört auch der Abschluss der notwendigen Versicherungen für die Inbetriebnahme des LKWs.

Für die Abgabe von Trödel wird mob e.V. in seiner Straßenzeitung werben. Die Spenden werden von den Mitwirkenden des Projektes abgeholt. Die Sammlung, Sichtung und Sortierung der abgeholten Gegenstände findet in einem Trödellager statt, dessen Mietkosten über den Projektzeitraum von MicroPolis übernommen werden.

Der gesammelte Trödel wird wieder an Obdachlose abgegeben. Dabei übrig bleibende Gegenstände sollen auf Trödelmärkten oder anderweitig verkauft werden. Das Projekt läuft so erfolgreich, dass es nach Abschluss eigenständig weiter existieren kann.

Effektive Projekte zu finden, daraus wirksame Programme zu gestalten und Unterstützung bei all denjenigen zu erwirken, die dem Thema „Arbeit" verpflichtet sind – von Projektträgern über die Verwaltung bis hin zur Wissenschaft -, ist nicht leicht. Vielleicht, weil nicht endgültig geklärt ist, was „gute Praxis" meint, vielleicht auch, weil unkonventionelles Vorgehen nicht immer gefragt ist.

Entsprechende Konzepte durchzusetzen bedarf es eines langen Atems, und der Weg vom Prototyp zur Serie ist weit, aber eben auch lohnend.

Zusammenfassung

Das Thema „Arbeit" wird kontrovers diskutiert. Jugendarbeitslosigkeit, als Teil der allgemeinen Arbeitslosigkeit, bedarf der besonderen Aufmerksamkeit, weil Jugendprobleme Schlüsselprobleme der Gesellschaft sind. Jugendarbeitslosigkeit ist für die einen ein temporäres Problem, das sich in wenigen Jahren von selbst erledigt haben wird, für die anderen ein Strukturproblem, für dessen Lösung bestehende Mittel, Formen, Appelle nicht mehr ausreichen. Gefordert sind neue Wege in Bildung und Ausbildung.

Die Deutsche Kinder- und Jugendstiftung sieht ihre Aufgabe darin, solche Projekte in diesem Themenfeld zu identifizieren, die wichtige Impulse zur Lösung dieser zentralen Jugendfrage geben können. Sie sieht ihre Verantwortung darin, innovative Modelle und Projekte öffentlich zur Diskussion zu stellen und auf den Tisch gesellschaftlicher Diskussion zu legen. Dabei geht es der Stiftung um tatsächliche Partizipationsmöglichkeiten für junge Menschen, nicht um Maßnahmen an ihnen, denen die Beschreibung eines wie auch immer gearteten Defizits vorausgeht. Jugend wird als Potential gesehen, auf das die Gesellschaft nicht verzichten kann.

Es werden drei Modelle vorgestellt, in denen dieser Anspruch besonders erfolgreich verwirklicht wird: Schülerunternehmen, in denen Schüler „ihr" Unternehmen gründen, Idee, Struktur und Entwicklung des Unternehmens selbst verantworten und ihre Idee in Eigenregie und Eigeninitiative umsetzen. Über 50 Unternehmen wurden bereits gefördert, vom Schülerreisebüro bis zur Unternehmens-beratung. Im Programm Micropolis wird über Kleinstprojekte das „lokale, soziale Kapital" gefördert, weil die Projektträger der Ansicht sind, dass funktionierende Gemeinwesen auch in wirtschaftlicher Hinsicht erfolgreicher sind als nicht funktionierende. Vorgestellt wird zudem ein Programm, in dessen Mittelpunkt die Förderung freiwilligen Engagements junger Menschen steht.

Summary

The topic of „work" is the subject of controversial discussion. As part of unemployment in general, youth unemployment requires particular attention, since the problems of youth are the key problems of society. For some, youth unemployment is a temporary problem that solves itself within a few years, for others it is a structural problem which existing means, forms and appeals are no longer able to solve. What is required are new paths in education and training.

The German Children's and Youth Foundation sees its task as identifying projects of this kind in this area that can provide important impulses towards the solution of these central questions for young people. It regards its responsibility as providing a public forum for the discussion of innovative models and projects and making these part of social discourse. The Foundation is concerned with genuine possibilities for participation for young people, rather than measures directed at them, predicated on the description of a deficit of one sort or another. Young people are regarded as a potential which society cannot do without.

Three models are presented which realise these aims in a particularly successful way: school student businesses, in which the students start „their own" businesses, are themselves responsible for the idea, structure and development of their firm and implement their ideas themselves and under their own initiative. Over 50 businesses have already received funding, from a school travel agency to a business consultancy. The programme Micropolis promotes "local, social capital" via very small projects, because the project sponsors believe that functioning communities are also more successful from an economic point of view than non-functioning ones. Furthermore the contribution also presents a programme focussed on the promotion of voluntary work among young people.

Robert B. Schwartz[1]

Improving the Transition from School to Work: An American Perspective

In 2000 The Organization for Economic Cooperation and Development (OECD) published the results of an ambitious comparative study of how its member nations prepare their young people to make the transition from school to work.[2] The report drew heavily on 14 separate "Country Notes", each prepared by a team of visiting experts following extensive site visits and on the ground interviews that occurred in 1997-99. The report, written by OECD staff, also drew on separate background reports prepared for each participating country by local experts, as well as on statistical reports and other documents from non-participating OECD countries.

As the title of the report suggests, this study flows from a deliberately broad-gauged, expansive definition of the transition problem. It assumes that, in the new economy, the boundaries between education and work are no longer as sharp and clear-cut as they once were, and that the goals of a country's transition policies need to reflect the fact that young people now need to be prepared not just for a first job but for a lifetime of further learning and work.

The OECD report offers many valuable insights into the ways in which a broad cross-section of European, Asian, and North American countries approach the challenge of preparing their young people to succeed in a rapidly changing world economy. The report is especially useful in illuminating the strengths and weaknesses of the broad policy choices nations make in organizing their transition systems. These choices are reflective of many factors: the structure of the national economy; the political and governmental system; geography; demographics; the organization of the education system; civic and social culture. For purposes of organizing their analysis, the report's authors group the OECD countries into four categories, based upon the country's dominant pathway for preparing its young people for working life. Two countries, Germany and Switzerland, rely on *apprenticeship* as the majority pathway. In four other countries – Austria, Denmark, the Netherlands, Norway – apprenticeship programs serve between 20% and 50%

[1] Robert B. Schwartz, President Achieve, Inc, 8 Story Street, Suite One, 8 Story Street, Suite One, Cambridge, MA 02138, USA, Phone: 617-496-6300, Fax: 617-496-6361, E-mail: bschwartz@achieve.org
[2] Organization for Economic Cooperation and Development, 2000, *From Initial Education to Working Life: Making Transitions Work*, OECD, Paris.

of young people, but no single pathway is predominant. These countries are characterized as having *mixed pathways*. In nine countries, including France, Italy, Sweden, and the U.K., a majority of young people are enrolled in *school-based vocational education*. And ten countries, including Australia, Japan, Korea, and the U.S. rely principally on *general education* to prepare their young people for the work world.

In the table appended to this paper the OECD authors present a summary snapshot of their transition outcome findings for each OECD country, organized by dominant pathway. The transition outcomes include such traditional labor market indicators as employment-to-population ratios, youth-to-adult unemployment ratios, and long-term unemployment, as well as such education-related indicators as literacy levels and upper secondary graduation rates. The table then notes which countries are in the top quartile on each outcome indicator, and which are in the bottom quartile.

Perhaps the most noteworthy finding from this table, and from the OECD study as a whole, is that the countries with the best scores (i.e. the most top quartile outcomes, offset by the fewest bottom quartile outcomes) include one apprenticeship country (Switzerland), one mixed pathway country (Norway), one vocational education country (Sweden), and two general education countries (Japan and Korea). The next tier of countries, those with several top quartile outcomes but more offsetting bottom quartile outcomes, are similarly distributed across the four pathway categories. These include Austria, Belgium, Denmark, Germany, and the United States. These findings suggest that there is no single best way to organize an effective youth transition system; rather, it seems that each of these pathways, under the right circumstances, can produce successful outcomes for young people.

One should not conclude that all pathways are equal, for this study suggests that on balance, the nations with a strong apprenticeship tradition do better than those countries that rely principally on school-based vocational or general education pathways to help young people make a successful transition to work. Nor should one conclude, however, that positive youth transition outcomes are principally a function of a nation's general economic conditions, for there is considerable variation in transition outcomes among nations with comparable gross domestic products or comparable levels of overall unemployment. As the OECD study suggests, a healthy economy is certainly one common feature of countries with effective transition systems, but it is hardly a guarantee of success.

For an American reader of the OECD report, there is much to admire and learn from those countries with strong apprenticeship traditions, but our nation's deep-seated free enterprise business culture and aversion to centralized social and economic planning militate against the development of the kind of industry-wide collaboration and labor-management-government-social partnerships that undergird the apprenticeship system. One of the contributions of this report is to enable U.S. policymakers to view our system in an international context, to see its comparative strengths as well as its shortcomings, and to help us understand the nature of the trade-offs that are inherent in the design of each nation's school-to-work policies.

If one compares the transition outcomes of the U.S. with those of the two apprenticeship pathway nations, it is striking how little overlap there is in either the strengths or weaknesses of these differing national systems. The apprenticeship nations achieve top quartile results on most youth employment outcome indicators, especially those involving teenagers. Additionally, the Swiss education system produces high literacy and employment levels among young adults. The American strengths, by contrast, show up principally in the proportion of young adults with at least some tertiary education, and in the relatively low rates of long-term unemployment experienced by teens or young adults. Our youth-to-adult unemployment ratios, however, are unacceptably high, and our literacy levels are surprisingly low, especially given our high tertiary education participation rates.

It is this last seeming paradox – low literacy levels despite high post-secondary education rates – that has made education reform an increasingly dominant issue in American politics over the past decade. Although the school-to-work transition problem has not been a central feature in the U.S. education debate, concerns about workforce preparation and the challenge of keeping American industry competitive in an increasingly global economy have fueled the movement to raise academic standards and improve performance in America's schools. Ever since the release in 1983 of a report by a prestigious national commission entitled *A Nation At Risk*, the case for education reform has been painted largely in terms of international economic survival. In the dramatic language of the 1983 report:

> If an unfriendly foreign power had attempted to impose on America the mediocre educational performance that exists today, we might well have viewed it as an act of war. As it stands, we have allowed this to happen to ourselves...We have, in effect, been committing an act of unthinking, unilateral educational disarmament.[3]

In the years immediately following the release of *A Nation At Risk*, virtually every state enacted laws designed to strengthen the academic program all students would be required to take prior to graduating from secondary school. Typically these reforms required students to take additional mathematics and science courses, although the content of such courses was seldom specified, and some

---

3 National Commission on Excellence in Education, 1983, *A Nation At Risk*, Government Printing Office, Washington, D.C., 4.

states imposed for the first time a "minimum competency" test in reading and mathematics as a condition of receiving a secondary school diploma. These state reforms need to be understood in the context of the then-dominant organizational structure of the comprehensive American high school, which typically sorted students into three tracks or pathways: a *college-bound track*, in which most students would take a relatively challenging academic curriculum with three or four year sequences of courses in English and American literature, history and social studies, mathematics (up through pre-calculus or calculus), science (biology, chemistry, physics) and a second language; a *general track*, in which students took watered-down versions of academic subjects (with mathematics and science courses often labeled "general" or "applied"), plus a smattering of business or vocational courses; and a *vocational track*, typically with even weaker "applied" academic courses accompanying a more focused sequence of vocational courses tied to a specific occupational field (e.g. automotive, electronics). In America's highly decentralized education system, in which each of our 14,000 locally elected school boards could decide for itself the content and required rigor of courses labeled "Algebra II" or "Chemistry" and in which there was no tradition of statewide or national examinations to monitor the quality of curriculum and instruction, attempting to raise academic standards principally by requiring additional courses had a predictably modest effect on student achievement.

In an economy in which there were still good jobs, especially in the manufacturing sector, available to secondary school graduates with weak academic skills, there was little visible cost to either the student or society for having no external validation of the meaning and value of a secondary school diploma. But in an economy in which between 1981 and 1997 the proportion of payroll employees working in manufacturing dropped from 23 percent to 15 percent, and in which other high wage/low skill jobs declined at similar rates, it should be no surprise that the real average earnings of young male secondary school graduates declined 18 percent over roughly that same period, or that the earnings of young male dropouts declined 26 percent.[4] In the service and information sector jobs that have sprung up to replace the lost manufacturing jobs, it is common practice for U.S. employers to require at least some post-secondary education of its entry-level recruits even if the job content in fact requires only secondary-level academic skills, largely because employers cannot assume that possession of a high school diploma assures even basic literacy and numeracy.

It is against this backdrop that American business and political leaders came together in the late eighties and early nineties to launch the so-called standards

---

4 Committee for Economic Development, 1998, *The Employer's Role in Linking School and Work*, Committee for Economic Development, New York, N.Y., 9.

movement, a movement which has become so powerful and pervasive that it can reasonably be characterized as America's *de facto* national education policy. Because education is constitutionally a state and local responsibility, with only six percent of the funding for elementary and secondary schools coming from the Federal government, a national education policy cannot easily be imposed from Washington. The standards movement can best be understood as a state-based movement, led principally by governors and their corporate allies, and given broad national direction at three historic national education summits that brought together the 50 governors and President Bush in 1989, the governors and 50 corporate leaders in 1996, and governors, corporate leaders, and national and state education leaders in 1999.

The standards movement is founded on three simple but, in the American context, quite radical propositions about the state role in education: namely, that states should specify what all students should know and be able to do in each core academic subject at key grade levels; assess student progress regularly against those academic expectations; and hold schools accountable for results on those assessments. Forty-nine of the 50 states now have academic standards in at least four subjects (English, Math, Science, History/Social Studies), and virtually all of these are conducting annual state assessments in at least English and Math. A majority of states have put in place at least some elements of an accountability system, including such policies as public report cards on school performance, intervention (and ultimately sanctions) for low-performing schools, mandatory promotion and/or graduation tests for students, and incentives and rewards for high performing schools and students.

What makes this movement radical is that, given our strong tradition of local control of the content of education, most states have historically shied away from defining explicit learning goals for students and measuring progress against those goals; and no state has historically expected *all* of its students to demonstrate mastery of challenging academic content. The one state with the strongest tradition of rigorous European-style examinations for secondary school students has been New York, but its Regents Exams were until recently only required of university-bound students. One measure of the changed policy environment in the U.S. is that beginning in 2001, all New York students will be required to pass Regents Exams in order to receive a secondary school diploma.

As suggested above, the standards movement has been driven by the belief that, given the rapidly rising skills requirements of an information-based economy, the single most important step policymakers could take to assure a prepared workforce is to focus on providing all young people with the foundation of core academic knowledge and skills that historically we expected only of university-bound students. American policymakers have slowly come to realize that, despite our egalitarian rhetoric and our oft-stated commitment to equality of educational opportunity, we have somehow managed to design an educational system that groups students into different streams or tracks based on perceived academic ability much earlier than most other nations, and that as a consequence many American students arrive in secondary school without the necessary floor of literacy and numeracy skills required to do serious secondary-school academic work.

As governor of Arkansas through the 1980's, Bill Clinton had been a leading voice for standards-based reform, and it was no surprise when he became President that his very first education initiative was a program designed to provide support for states to raise academic standards, develop new assessments, and strengthen their accountability policies. But Clinton also understood the limitations of a workforce preparation strategy that depended solely upon our ability to strengthen the academic skills of young people, and he was well aware that the U.S. was one of the few developed countries with no formal system in place to help young people make the transition from school to working life. His wife, Hillary Rodham Clinton, had been a member of two major national commissions in the late eighties focused on education and workforce preparation, each of which called for increased attention to the school-to-work issue and pointed to the lessons we could learn from German and Scandinavian apprenticeship systems.[5] Consequently, his second major education proposal was designed to encourage states and communities to build new kinds of partnerships between schools and employers to provide more widespread opportunities for young people to integrate work and learning during their secondary school years.

The School to Work Opportunities Act (STWOA), signed into law in 1994, provides five-year "seed grants" to states to help them build policies and systems designed to ease the transition from school to career. The Act requires states, as a condition of funding, to bring together employers, organized labor, educators, and relevant state agency leaders to develop a comprehensive school-to-career plan with the following key components:

- *School-based learning*, which includes the integration of high quality academic and vocational instruction and stronger links between secondary and related post-secondary programs;
- *Work-based learning*, which includes work experience, on-the-job-training, and adult mentoring, all coordinated with school-based studies;

---

5 Commission on Work, Family and Citizenship, 1988, *The Forgotten Half: Non-College Youth in America,* William T. Grant Foundation, New York, N.Y.
Commission on the Skills of the American Workforce, 1990, *America's Choice: high skills or low wages!,* National Center on Education and the Economy, Washington, D.C.

- *Connecting activities*, including strategies for recruiting employers, matching students with workplace opportunities, and building ongoing collaboration between schools and employers;
- *Career development*, including job shadowing, career exploration, and information and counseling to help students formulate career goals and make informed educational program decisions.

Because of the standards movement's focus on providing all students with a strong foundation of academic skills based on common high academic expectations, STWOA was deliberately designed to provide career-related educational opportunities for all students who wanted them, not just for those students who were identified as work-bound rather than college-bound. The designers of STWOA believed that a program designed to serve the full range of students would enjoy broader political support than one intended only for an identified sub-population, and would also reinforce the message that all students, even those headed for the university, need to be prepared for work as well as further learning. Because secondary school vocational programs in the U.S. have historically suffered from the low status – "Fine for someone else's children, but not for my child," is the popular refrain from middle-class parents – STWOA focused much of its attention on the importance of engaging the teachers of academic subjects as well as vocational teachers in thinking about the career needs of students.

In American terms STWOA is a small-scale Federal program, intended to serve as a catalyst to stimulate collaboration, partnerships, and system building initiatives at the state and community levels, but not to be a major source of ongoing programmatic support. The legislation was deliberately drawn up to have a five-year life, and will expire later this year. One measure of its success will be the degree to which activities begun with its funds will be sustained by state and local funds after 2001.

Because the legislation was designed principally to stimulate the development of local cross-sectoral partnerships focused on building local infrastructure to support career development and the transition to further education and employment, one measure of the program's impact is that there are now 1250 local school-to-work partnerships in place, serving over 26 million students. This represents an increase of nearly 250 percent in the number of students in geographic regions served by local partnerships since the legislation was enacted. There has been a 150 percent increase in the number of students receiving classes with a career-related curriculum; a 168 percent increase in the number of students receiving a work-based learning experience tied to their academic coursework, and a 445 percent increase in the number of work-based learning opportunities provided by employers.[6]

Despite these impressive quantitative increases in the availability of work-based learning opportunities for students, however, early implementation evidence suggests that brief worksite visits and job shadowing were more prevalent than other more in-depth work-based activities. In one study, only 13 percent of students in partnership schools reported that they had had paid or unpaid work or training experience during high school or had drawn on recent worksite experience in completing a classroom assignment.[7] Findings like these suggest just how weak and tenuous the linkages are between workplaces and schools, and how far the U.S. would have to travel in order to build the kind of substantive programmatic and organizational linkages that characterize European apprenticeship programs.

While it is far to early to speculate about what proportion of the local partnerships and other system-building initiatives sponsored with STWOA funds will survive after the legislation expires, the experience with STWOA only confirms the notion that for the foreseeable future general education will remain the dominant U.S. pathway for preparing young people for the work of work. The standards movement has turned out to be much more powerful politically than the school-to-work movement, in part because major U.S. corporate leaders have been so vocal in their insistence that secondary schools focus their attention principally on assuring that all students acquire a solid floor of academic skills and knowledge. As states have put in place more stringent testing and accountability provisions tied to higher academic standards, support for programs that seem to divert student time and attention away from academics has diminished.

But even as the school-to-work movement, and the legislation that supports it, recede in importance, standards advocates are beginning to understand that, without significant changes in the pedagogy and organizational structure of American secondary schools, many students, especially those in predominately low income communities, are unlikely to be sufficiently motivated to acquire the academic skills states are now requiring of all students. For students who enter secondary school with very low levels of literacy and mathematics skills, schools need to implement intensive intervention and support programs and to engage students much more fully in their own learning. There is now a growing body of evidence that suggests that reorganizing large secondary schools into smaller, more

---

6 National School-to-Work Office, 2000. *Summary School to Work Implementation 1994-2000.* Unpublished.

7 Hershey, A., Silverberg, M., Haimson, J., 1999. *Expanding Options for Students: Report to Congress on the National Evaluation of School to Work Implementation.* Mathematics Policy Research, Inc. Princeton, New Jersey.

autonomous units, each organized around a particular career theme, and designing internships and other forms of work experience to reinforce and support the importance of developing academic skills, can hold marginal students in school and strengthen their motivation to meet academic standards.[8] The pedagogical and organizational strengths of the best school-to-work programs – applied learning, real-world projects and assignments, close mentoring and teaching, focus on teamwork and community-building, competency-based instruction and continuous assessment and feedback —these approaches are now making their way into secondary schools with large proportions of students at-risk of not meeting academic standards. The principles of good school-to-work programs are thereby infiltrating the mainstream general education pathway, and may have more long-term impact on improving the school-to-work transition than the programs, projects, and partnerships funded under STWOA, the legislation explicitly designed to address this issue. As desirable as it might be for the U.S. to make a more sustained effort to build the kinds of social partnerships that undergird the best European apprenticeship systems, that model seemingly will not adapt to American soil. For better or worse, we have placed our bets on making our general education system work for all students. Our challenge is to take what we can learn from other nations and somehow meld it into our education structure and political culture, and not to fall prey to wishful thinking about policies and systems that cannot realistically be transported into our setting.

References

Commission on the Skills of the American Workforce, 1990. *America's Choice: high skills or low wages!*, National Center on Education and the Economy, Washington, D.C.

Commission of Work, Family and Citizenship, 1988. *The Forgotten Half: Non-College Youth in America,* William T. Grant, New York, N.Y.

Committee for Economic Development, 1998. *The Employer's Role in Linking School and Work,* Committee for Economic Development, New York, N.Y.

Hershey, A., Silverberg, M., Haimson, J., 1999. *Expanding Options for Students: Report to Congress on the National Evaluation of School to Work Implementation.* Mathematics Policy Research, Inc., Princeton, New Jersey.

---

[8] McPartland, J., and Jordan, W., 2001. *Essential Components of High School Dropout Prevention Reforms.* Prepared for Harvard University Conference on Dropouts in America, January, 2001.

McPartland, J., and Jordan, W., 2001. *Essential Components of High School Dropout Prevention Reforms.* Prepared for Harvard University Conference on Dropouts in America, January, 2001.

National Commission on Excellence in Education, 1983. *A Nation At Risk,* Government Printing Office, Washington, D.C.

National School-to-Work Office, 2000. *Summary School to Work Implementation 1994-2000.* Unpublished.

Organization for Economic Cooperation and Development, 2000. *From Initial Education to Working Life: Making Transitions Work,* OECD, Paris.

Summary

A recent OECD report compared education and employment outcomes of OECD nation's based upon each nations dominant school-to-work transition strategy. On balance, those nations with a strong apprenticeship tradition do better than those that rely principally on school-based vocational or general education. In recent years the U.S., a general education country, has launched two national education reform initiatives: one, to raise academic standards; the other, to develop school-to-work partnerships. Early evidence suggests that the pedagogical and organizational reforms begun under the school-to-work initiative are being incorporated into the larger academic reform movement.

Zusammenfassung

In einem kürzlich veröffentlichten Bericht des OECD wurden die Bildungs- und Beschäftigungsergebnisse der OECD-Nationen auf der Basis der in der jeweiligen Nation vorherrschenden Schule-zur-Arbeit-Übergangsstrategie miteinander verglichen. Die Bilanz zeigt, dass diejenigen Nationen, die starke Lehrzeittraditionen vorweisen, erheblich besser abschneiden, als die, die sich vorwiegend auf schulbasierter Berufs- oder Allgemeinbildung stützen. In den letzten Jahren sind in den Vereinigten Staaten, einem Land, das sich eher an die Allgemeinbildung orientiert, zwei Bildungsreforminitiativen gestartet worden: Eine, um das Niveau der akademischen Standards zu erhöhen, das andere, um Schule-zur-Arbeit-Partnerschaften zu entwickeln. Erste Ergebnisse zeigen, dass die pädagogischen und organisatorischen Reformen, die unter der Initiative Schule-zur-Arbeit gestartet wurden, jetzt allmählich in die breiter angelegte Bewegung für akademische Reform aufgenommen werden.

Table 2.1a: Indicators of transition outcomes by dominant pathway types in OECD countries

131

Tom Bediako[1]

Education and Youth Employment in Africa

This paper attempts to give some general overview of Education and Youth Employment in Africa from my personal perspective and not that of Education International.

It is essentially to explore the utilisation of education as an instrument to combat or minimise unemployment in Africa. In other words, how can we use education as a dependable instrument or vehicle to create or facilitate employment for the youth? The magnitude of youth unemployment in Africa is quite frightening in almost all African countries and could be described as a time bomb.

To be able to do this, there is the need for working definitions of the keywords in the topic – **Education, Youth and Employment**. Using the definition of United Nations, **Youth** are all persons within the range of 15 – 24 years. They constitute a special and important group in Africa's socio-economic development. UN projections indicate that there are approximately 122 million youth on the African Continent and the projections are that the proportion of young persons will continue to grow over the next thirty years from 18% in 1990 to 21% by the year 2025.

Moreover by the year 2000 the African labour force was estimated to be 16 million and will increase to about 25 million by 2015. These labour entrants will be the youth contending with the spectre of unemployment, which affects them more than any other group in the population. Again, UN data indicates that one-third of the continent's fertility is accounted for by adolescents. Female adolescents numerically constitute an important component of Africa's population. There were 21 million female adolescents aged between 15 and 24 and the number is expected to increase to 84 million by the end of year 2000.

The term **"unemployment"** refers to people who are seeking work – in the form of self-employment or working for somebody else. Until the 20th century most people considered laziness as the main cause of unemployment. But today society and individuals make people unemployed. Types of unemployment include normal, seasonal and structural unemployment. This includes technological unemployment – development of new products, machinery or manufacturing methods. There is also deficient demand unemployment resulting from a general lack of

---

[1] Thomas Bediako, Chief Co-ordinator /Africa Region, Educational International, BP 14058, Lomé, Togo, Tel. 00228 – 22 28 41, Fax: 00228 – 21 28 48, e-mail: ei-raf@bibway.com.

demand for workers when the African Nations' total income and spending are too little. Recession can also cause unemployment as goods and services remain unsold, unfair international economic order and policies, unfavourable trade and unfair labour practices.

It is important to emphasise that employment goes beyond wage earners in the public and private sectors and that self-employment in the form of farming, fishing and making local crafts are also employment. The term unemployment in this paper refers to youth who are out of work and actively looking for a job or anxiously attempting to be self-employed. The term does not refer to the youth who are not seeking work because of mental or serious physical handicap as well as youth in educational institutions and in a form of apprenticeship. Presently, the youth constitutes 60 – 75% of the unemployed in African countries although they constitute one-third of the labour force.

Education – Sometimes people have a wrong notion or concept of education. They tend to equate education with schooling. The World Book Encyclopaedia simply describes education as the process by which people acquire knowledge, skills, habits, values or attitudes. The word education is also used to describe the results of the education process.

In it's *Harare Programme of Action of the Decade of Education in Africa, OAU states*

"Education offers an appropriate means of acquiring the knowledge, nurturing the values and attitudes, and creating the necessary endogenous skills for self-reliant development. – However, to succeed, education will need to go beyond the narrow confines of the conventional education system, combining formal and non-formal modalities to achieve a high level of lifelong education for children, youth and adults."

It is universally acknowledged that education produces knowledge, skills, values and attitudes. It is essential for civic order and citizenship and for a sustained economic growth and the reduction of poverty. Research and experience have also led to a deeper understanding of how education contributes to economic growth, the reduction of poverty and good governance essential for implementing sound economic and social policies which are conducive to dynamic labour market. (World Bank, 1995). The World Bank's strategy for reducing poverty focuses on promoting the productive use of labour, the main asset of the poor and providing basic social services to the poor. Investment in education should normally contribute to the accumulation of human capital, which is essential for higher incomes and sustained economic growth.

134

Education – especially basic education – helps reduce poverty by increasing the productivity of the poor, by reducing fertility and improving health, and by equipping people with the skills they need. The question is whether educational systems have been able to provide knowledge skills necessary for gainful employment or contributing to the increasing youth unemployment in Africa.

Despite the expansion and ad hoc educational reforms and innovations, formal education systems in Africa suffer from the following defects.

a) *Persistence and maintenance, whether deliberately or otherwise of the aims, objectives and outcomes of outdated education systems.*

b) *The fall in the general standard of achievement of pupils and students linked to the shortage of infrastructure, equipment and teaching materials on the one hand and the other hand to large class sizes as well as poor qualification and low morale of teachers and lecturers.*

c) *The lack of relevance of content of educational programmes, whether in terms of language and culture, or in terms of employability and technology, resulting not only in a significant number of dropouts, but also in a lack of linkage between training and unemployment of graduates.*

d) *Inability of formal education systems to satisfy developmental needs and strategies, and therefore its inability to participate in development.*

Apart from these defects, there is low rate of literacy throughout the continent (40% on average and a high number of illiterate adults in Africa – over 2000 million) – (OAU Harare Programme of Action of the Decade of Education in Africa, 1999).

Generally, technical education and vocational training are almost non-existent in most countries, and, where they exist, they are not well developed. At the recent ILO Joint Meeting on Lifelong learning in the 21st Century, there was a consensus that learning should become the conceptual basis, guiding all future education and training, and that it is at the heart of labour and social issues. Lifelong learning is taken to mean the comprehensive provision of purposeful learning opportunities throughout every individual's life span. Learning throughout life fulfils many social justice and sustainable development objectives including preparation of democratic citizenship, living together in peace, employment, personal and social fulfilment. For education to contribute to the combat of youth unemployment there is an urgent need to transform the education systems with emphasis on life long learning opportunities and specific measures to increase career education.

Career education is deliberate instruction to help the young people choose and prepare for a career. Such education occurs in the family, in the community and in schools. Career education in schools could be a separate course, though a school can provide a special unit or course, dealing with careers. Career education

135

in Africa should consist of attitudes, knowledge and skills, incorporated into many courses. For example a science class might investigate careers in environmental fields, health and marine sciences. Career education should help students develop self-understanding and use it to plan their education and working life.

A comprehensive career education should begin in kindergarten and continue at least through high/secondary school. In kindergarten and elementary schools young people should learn about different types of work and how school subjects relate to occupations. In middle schools or junior high schools children begin to explore the careers that interest them most. School counsellors and teachers should work to help each child determine which educational or occupational choices fit their abilities and interests. In high schools they should receive information and experiences with which they can make specific plans. They should also obtain the skills they need for further study or for a job after graduation.

Career education differs from vocational education though many people confuse them. Vocational education is designed to teach specific occupational skills. Career education tries to give students an understanding of many different types of work and how to choose among them.

There are potentially thousands of career possibilities to choose from. A person exploring career fields could become extremely confused in an attempt to gather information on possible careers. Different careers require different strategies for preparation. Some require on the job training, apprenticeships, vocational schools and special schools for security services, but most career preparation involves learning a variety of skills such as being able to accept supervision and knowing how to get along with others learning through everyday experiences in school and in the community. A few examples of new fields of career education need to be cited.

a) *Agricultural Business and Natural Resources.*

Many African countries are endowed with opportunities in agriculture and natural resources. Many employed workers supply new materials for much of the food, clothing, energy, shelter and industrial goods that people require. Some of the jobs in this cluster deal with the production or regulation of natural resources. Other jobs help ensure and improve the quality of raw materials.

Agricultural business includes workers who raise livestock, crops and ornamental flowers, shrubs and trees. It also includes people who process and market agricultural products. Other workers provide supplies and technical aid to farmers. Others are involved in development of new ways to preserve food and commercial raising of plants and animals that live in water. It requires short/long-term on the job training, special and university education. Other career areas include business, communication and media, construction and fine arts.

b) Hospitality and Recreation

They provide services which help people enjoy their leisure time. Hospitality occupations involve tourism and travel for pleasure and helping people to plan their vacations and leisure. Most hospitality and recreation occupation involves dealing with people and some jobs require special physical abilities.

Youth, Education and Training in Africa

Education and training in Africa whether formal or non formal should prepare the youth for their role as dependable agents of change and development. Schools and educators have special responsibilities to ensure that their products meet both the economic and socio-cultural needs of the countries and communities. However, despite the various reforms and innovations, education systems are not relevant in terms of the continent's development needs and priorities. Courses offered at various levels – both terminal and continuing – are still heavily oriented towards liberal arts and fields which are not critical to socio-economic development such as science, engineering, agriculture, medicine, information technology and management. They are not given priority or neglected. There are deep-seated prejudices against manual work, technical and vocational education. Students who pursue these courses are normally considered not to be good academically and some choose them as the last option.

Even though there are well known skill shortages in the critical areas of development, many young people enter the labour market with skills and qualifications which are not relevant or with no marketable skills at all because their education and training do not meet the demands of the job market nor the requirements of existing job opportunities.

Another disturbing feature is that even though Africa is endowed with vast natural resources, it has not been able to efficiently exploit, process and utilise the resources for her own socio-economic needs due to lack of indigenous scientific and technological capability. At present Africa has the lowest number of scientists, engineers and technologies engaged in research and development per million inhabitants. The acute shortage of books, journals, laboratory equipment and other resources required for conducting scientific research and the poor quality of the teaching and research staff have combined to aggravate the problem.

Questions relating to ensuring food security, rural industrialisation, agricultural productivity, improvement in extension services need to be incorporated at all levels of education.

There should also be inter-linkage of research, education and training.

Vocational and Appropriate Skills for Self Employment

The education systems in Africa have not adequately addressed the problem of lack of appropriate skills for self-employment among the youth. More specifically the content of education is not geared to developing knowledge and skills associated with existing and future economic activities that are useful for self-employment. Each level is sometimes structured and/or delivered as preparatory to the next level and is not an adequate level in its own right. In fact increasingly, examination requirements are replacing the curricula meant to give all round basic lifelong education and neither are intended to give them readily employable specialised skills. Consequently, a large number of youth leave schools without employable skills or without having been exposed to potential possible employment opportunities.

For education to make a relevant contribution to youth employment governments and communities as well as NGOs should provide education and training according to national and continental needs to ensure self-employment among the youth. It will also help to reduce the mismatch between supply and demand for skills and to create skills that are crucial for the restructuring of African economics, and to produce job creators rather than job seekers. Emphasis should be placed on developing economic and social opportunities in rural and disadvantaged areas as well as on the educational needs for rural development.

A number of African governments are now looking to self-employment as another means of dealing with unemployment and to the youth in particular. Until recently, many were unsupportive of and/or openly hostile to the informal sector (Peters et al., 1993). But increasingly programmes are being developed to support new businesses in small and micro-enterprises and self-employment. The new thinking and initiatives pose new challenges to vocational training, which are almost creating a crisis in the system. There are two inter-related aspects – the crisis of cost, and the crisis of relevance. Vocational and technical training is expensive and as indicated has not been given the necessary attention in the past in Africa. The training should be relevant and tailored to present and future needs of self-employment and other opportunities. Some institutions are therefore seeking renewed relevance through self-employment re-orientation.

138

The challenge for learning about youth and self-employment is a formidable one. However there are examples and case studies, which give some encouraging signs.

(a) Integrated Skills Upgrading for Self-Employment – The case of Ghana – (Charles K. Aban and James Quarshie)

The population of Ghana is about 18 million of which half are economically active and the youth are in the majority. The population is growing at an annual rate of 3.5%. Employment in the public services and state-owned enterprises has been substantially reduced because of structural adjustment policies including privatisation. The private sector has been described as engine of growth and therefore encouragement is being given to the sector. It is estimated that 300,000 – 350,000 graduates, mostly youth, enter the labour market each year. The yearly increase of unemployment is estimated as 10% and the modern sector does not employ more than 8% of the labour force. The government and NGOs are therefore giving small and micro-enterprises development prominence because this sector employs 80% of the labour force. Recognising the role of small and micro-enterprises as the main vehicle for employment generation, and the integration of women into industry, upgraded technologies for production measures have been put in place to give support for the development of the enterprise sector.

There are currently over 160 vocational and artisan training institutions (UTI's) run by government agencies and 250 private for-profit institutions. There are problems of staff and ill-equipped centres and outmoded curricula and methods that do not respond to the new information and technological developments. They do not appear to be successful in helping their graduates and the government and other stakeholders are working together to change the situation. One such initiative is the programme of the Ghana National Association of Garages (GNAG) funded by the World Bank. It has three phases: apprenticeship, technical skills upgrading, and management training for master mechanics. The GNAG programme is based in three institutions. The GNAG manages the apprenticeship programme, the Kumasi Technical Institute undertakes the skills upgrading for master mechanics and apprentices and the management training is done at the Management, Development and Productivity Institute (MDPI). The experiment has been quite successful.

In addition there have been changes in the vocational and technical education system as a result of the Education Reform programme. In 1990 the Government established the National Co-ordinating Committee on Technical and Vocational education and training that hopefully will meet the requirements of the Ghanaian economy and make the youth employable in both the formal and informal sectors.

The system of vocational training however faces many difficulties including inadequate equipment, tools and training materials, untrained instructors, poor buildings, inappropriate curricula, training materials and training aids.

Attempts to provide pre-vocational education and training have suffered the same fate – prejudices against technical and vocational education, lack of staff, woefully inadequate equipment and materials as well as limited opportunities for practical work.

The current method of certification of skilled workers is unsatisfactory with many bodies each conducting their own tests and examinations. Some of the difficulties are due to lack of co-ordination.

(b) *The Traditional Apprenticeship System in Kenya*

Another example is the Traditional Apprenticeship System in Kenya. Ahmed Ferej indicates that the key characteristics of traditional skill training in Kenya are its relative ease of entry and its high degree of self-financing. Taking on apprentices can be both a source of income from fees and a source of cheap labour (Ferej, 1993). Entry can be based on kinship, friendship, and business philanthropy. Traditional apprenticeships are more flexible; the duration of training depends on the apprentice's aptitude and the quantity, variety and type of work undertaken by the apprentice master. After training, apprentices can and do seek employment elsewhere, start their own businesses, or continue to work for their apprentice masters. The fee structure is quite flexible, ranging from nothing in the case of philanthropy to considerable amounts. Tomecko (Tomecko et al., 1991) found that an apprentice in the informal sector can expect to pay approximately sixty US dollars (US$) per annum. The total fees paid for a normal course of training range from US$ 120 US$ – US$ 360, and are usually paid in a single lump sum at the commencement of training. The apprentices in turn receive an allowance or incentive of approximately one US$ each working day, an amount which gradually increases as the apprentice's skills develop. A reasonably competent apprentice can earn several times the amount of the fee paid. The system is largely self-financing. In contrast to this, the cost of training in the formal system is about US$ 250 per annum in a Youth Polytechnic (skills training for primary school graduates) and about US$ 825 per annum in the Institute of Technology (VTIs providing skill training for secondary school graduates) (Tomecko et al., 1991). Both these systems are externally financed; neither offers opportunities for the trainees to earn while they learn.

In traditional apprenticeship all learning normally takes place on the job. At the beginning stages the master watches over the apprentice closely and intervenes as often as necessary. As the apprentice becomes progressively more skilled the master reduces direct intervention and allows the apprentice to assume increasing responsibility for the work.

The main focus of traditional apprenticeship learning is the practice of traditional processes, but trainees also have the opportunities to learn business skills simply by being immersed in the business transactions of the enterprise (McLaughin, 1990). In contrast, apprentices in large formal enterprises seldom conduct any negotiations or attend customer needs directly and are at a distinct disadvantage in comparison with their informal sector counterparts who have many opportunities to observe and participate in business. The level of skill acquired during traditional apprenticeship depends on the quality of the work environment. Most trainees have only basic hand tools to work with and seldom develop skills in the use of modern tools or in modern business methods. Their formal education background is weak and does not facilitate further technological and vocational training.

The Kenya Government with the assistance of UNDP and the ILO has made efforts to introduce entrepreneurship awareness to many Vocational Training Institute Students. However, there is the need for the articulation of policies for formal and informal sectors training as well as decentralisation and delegation to local Vocational Training Institutes.

Apart from the lack of appropriate training and skills and recognition, there are problems of lack of start-up capital and credit including national and intermediate inputs and technologies (materials, tools, land, implements and machines). Commercial banks and other lending institutions require guarantees and co-lateral and the interest on loans is extremely high ranging between 15% -and 60% and in the informal sector as high as 100%. The inability to break into business niches further complicates the plight of youth entering the labour market. The youth normally rely on friends, neighbours, relatives and professional money-lenders. Given their lack of capital and credit worthiness, most youth have found it difficult in settling down in productive activities. It is absolutely necessary for governments and NGOs and local financial institutions to create grant schemes and loans to provide seed money to encourage and support enterprise and employment programmes for young people.

The lack of a conducive policy environment has also contributed to aggravating the problem of youth unemployment in many African countries. There is the need for clear and well-articulated policies on youth in these countries. At the moment, the problem of youth employment is nobody's business and there is too much lip-service by politicians and other well placed people. Urgent action is needed to empower Africa's youth to assume their role in the socio-economic transformation and development of the continent.

In addition, African governments and the civil society need to give priority attention to youth in the continent and to provide them with an *"education for self reliance, a life-long purposeful education and training"*.

This involves:

a) *Making education and training relevant to national and individual needs through appropriate curricula;*

b) *Strengthening and improving science, technology and research institutions;*

c) *Improving access to education and training of youth particularly female youth, school dropouts, illiterates and unskilled youth through formal and non-formal programmes;*

d) *Attracting and retaining education personnel at all levels;*

e) *Combating child labour and HIV Aids;*

f) *Reducing the imbalances and disparities between the urban and rural in the provision of quality education, health and other socio economic services.*

Conclusion

Education and Training alone cannot eradicate or minimise youth unemployment in Africa. The overall political and social economic environment must be conducive to the overall development of the economy. The negative and exploitative aspects of international trade, structural adjustment policies, globalisation, investment and conditionalities need to be addressed.

There is an urgent need for South to South co-operation, integration and strengthening of regional social and economic co-operation as well as for debt relief and minimising the increasing brain drain. The conflict and competition of youth and workers in developed and developing countries also needs to be addressed.

References

Association for the Development of Education in Africa. Newsletters, 1998 – 2000.

Bediako, Tom. Speeches on Educational Reforms and Systems, 1980 – 1999.

Child Labour in Africa, 1997. ICFTU Afro, September 1997.

Constitution of the Republic of Ghana, 1992.

Dakar Declaration on Education For All , April 2000.

Development in Practice: Priorities and Strategies for Education, 1995. A World Bank Review.

Education International Magazines, June , September, December 2000. Ghana National Education Forum 2000.

Education System Reform in Ghana: A Systematic Approach to its Possibilities and Limitations, Ralf Streicher bis 1998.

Globalisation and The Third World Trade Unions. In: Henk Thomas ZED Books Ltd. (Ed.).

Joint Meeting on Life Long Learning in the 21st Century: The Changing Roles of Education Personnel, Geneva 10 – 14 April, 2000. ILO, Geneva.

Harare Programme of Action of The Decade of Education in Africa, December 1999. OAU, Addis Abeba.

Regional Profiles on the Situation of Youth in Africa: Reports on the Situation of Youth 1980's, 1990's, 2000 – 2005.

Structural Adjustment, Education Reforms and Trade Union Strategies: Ghana as a Case Study, December 1999.

A TIAC Discussion Paper, 1999. Submitted to the OECD Conference, Washington DC 23 – 24 February 1999.

Training for Self Employment through Vocational Training, 1997. ILO/SKAT, Geneva.

Training for Self Employment through Vocational Training Institutions: Lessons from the Field. Country Studies from India, Colombia, Kenya, Ghana and Chile, 1997. ILO/SKAT, Geneva.

What School For Africa in the Year 2000, 2 – 7 April 1984. WCOTP.

The World Book Encyclopaedia, 1989 Edition, Volume 3.

The World Book Encyclopaedia, 1989 Edition, Volume 20.

World Declaration on Education For All and Framework For Action to Meeting Basic Learning Needs, 5–9 March 1999. Inter Agency Commission, April 1990.

The World's Youth 2000 Data Sheet.

Summary

Africa faces a number of crises and challenges, one of them being growing unemployment. Young people constitute a special and important group in Africa's socio-economic development and yet many of them have no employment and they are affected more than any other group in the population.

The term unemployment in this paper refers to young people who are out of work and actively looking for a job or anxiously attempting to be self-employed. Presently, youth unemployment constitutes 60 − 75% of the unemployment in African countries although young people constitute one third of the labour force. Education and training in Africa could be a dependable variable for reducing unemployment.

It is universally acknowledged that education produces knowledge and skills, values and attitudes. Research and experience have also led to a deeper understanding of how education contributes to economic growth, which under normal circumstances increase employment opportunities. However, educational systems and training in formal and non-formal sectors have not been able to provide knowledge skills necessary for gainful employment including self-employment. They suffer many defects, which need to be urgently removed. What Africa needs is education and training systems, which incorporate lifelong learning which offers opportunities throughout every individual's life. Career education and training should be given priority.

For education to make a relevant contribution to youth employment, governments, NGOs and communities should provide education and training according to national and continental needs.

Education and training alone cannot eradicate or minimize youth unemployment in Africa. The overall political and social economic environment must be conducive to the overall development of the economy. The negative and the exploitative aspects of international trade, structural adjustment policies, globalisation, investment and corruption need to be addressed.

Above all, there should be increased solidarity among workers and nations, South-to-South cooperation and political and economic integration must be vigorously pursued.

Zusammenfassung

Afrika muss sich mit einer Anzahl von Krisen und Herausforderungen auseinandersetzen.. Eine davon ist die wachsende Arbeitslosigkeit. In der weiteren sozioökonomischen Entwicklung Afrikas nehmen die Jugendlichen eine wichtige Schlüsselposition ein. Trotzdem sind viele von ihnen arbeitslos und im Vergleich zu anderen Bevölkerungsgruppen überproportional von der Arbeitslosigkeit betroffen.

In dieser Arbeit bezieht sich der Begriff Arbeitslosigkeit auf die Jugendlichen, die keine Arbeit haben und aktiv einen Arbeitsplatz suchen, oder sich selbständig machen wollen. Gegenwärtig liegt die Jugendarbeitslosigkeit zwischen 60 und 75%, gemessen an der Gesamtsumme der afrikanischen Arbeitslosen, obwohl sie nur ein Drittel der verfügbaren Arbeitskräfte darstellen.

Von allen wird die Auffassung geteilt, dass durch Bildung Wissen, Fähigkeiten, Werte und Meinungen produziert werden. Forschungsprojekte und Erfahrungen haben zu einem tiefergehenden Verständnis geführt, wie Bildung zum Wirtschaftswachstum beiträgt, welches unter der normalen Bedingungen zur Verbesserung der Beschäftigungsmöglichkeiten führt. Bislang war aber das Bildungs- und Berufsausbildungssystems im offiziellen und informellen Bereich nicht in der Lage, die relevanten Fähigkeiten hervorzubringen, die notwendig für sinnvolle Erwerbstätigkeit, inklusive Selbständigkeit, sind. Die Systeme leiden an vielen Schwächen, die unbedingt beseitigt werden müssen. Afrika braucht ein Bildungs- und Berufsausbildungssystem, das ein lebenslanges Lernen in allen Bereichen ermöglicht. Hier sollte der beruflichen Bildung bzw. Ausbildung Priorität eingeräumt werden.

Damit Bildung einen nennenswerten Beitrag zur Beschäftigung von Jugendlichen leisten kann, sollten Regierungen, NRO's und Gemeinden Bildungsmöglichkeiten anbieten und diese nach nationalen und kontinentalen Gesichtspunkten ausrichten.

Schul- und Berufsausbildung können für sich die Jugendarbeitslosigkeit in Afrika nicht reduzieren oder sogar ausmerzen. Die allgemeinen politischen und sozio-ökonomischen Rahmenbedingungen müssen förderlich für die Gesamtentwicklung der Wirtschaft sein. Hier müssen die negativen und ausbeuterischen Aspekte des internationalen Handels, struktureller Anpassungsprogramme, Globalisierung, Investitionen und Korruption angesprochen werden.

Vor allem sollte die Solidarität sowohl unter den Arbeitern und Arbeiterinnen, wie auch unter den Nationen größer werden; darüber hinaus sollte die Süd-Süd Kooperation sowie die politische und ökonomische Integration intensiver vorangetrieben werden.

Katy Orr[1]

From Education to Employment:
The Experience of Young People in the European Union

From the perspective of young people, unemployment is an issue of key concern in the European Union. A Eurobarometer study (European Commission, 1997) showed that 75.7% of young people put unemployment as the priority area for action at the European Union level. In Member States with high unemployment levels, the percentage of young people identifying unemployment as the principal problem faced by them was even higher. More recently, in consultations of young people carried out by the European Commission in preparation for its White Paper on Youth Policy, employment has emerged as an area of great importance to young people. Unemployment is a very real problem for most young people during the transition from education to employment, but the likelihood of them becoming unemployed varies enormously both between and within member states.

For young people the transition from education to employment is a risky one: the success or failure of the transition not only has high short-term costs, but can have an impact throughout the life cycle. Young people may become disillusioned as a result of the difficulties they face in trying to obtain employment or because of poor employment conditions. If they are unemployed for a long period of time, this can adversely effect their future success in the labour market. Young people are particularly vulnerable at the time of the transition because they may not have a sufficient income to cover their living costs, especially if they cannot depend on familial or state support structures. Thus the period of the transition is one when young people risk poverty or social exclusion in the most extreme cases.

In the last two decades the transition from education to employment has become ever more complex in the European Union in the context of high levels of youth unemployment, increasing amounts of time spent in education and structural changes in the labour market. Although average unemployment levels are declining in the European Union in the context of current economic growth, youth un-

1 Dr Katy Orr
Policy Officer for Employment and Social Affairs
European Youth Forum
Rue Joseph II, 120
1000 Brussels
Tel: +32.2.286.94.22, Fax: +32.2.233.37.13, e-mail: katy.orr@youthforum.org

147

employment has been a serious problem throughout the Union in the last twenty years. All member states have faced either high structural levels of youth unemployment or temporarily high levels during periods of economic recession. Consequently, many member states are still battling with the problem of youth unemployment. Whole generations of young people have faced enormous difficulties in entering the labour market due to endemic or cyclical unemployment trends. Partly as a result of this, young people are spending longer periods of time in education and are therefore entering the labour market with higher levels of education than previous generations. With the decline of traditional manufacturing industries and the growth in new technologies and the service sector, there is an increasing demand for new types of skill and higher levels of education. Thus, unemployment has been a stark reality in the lives of generations of young people in Europe over the last twenty years, and one which has contributed to changes in transition patterns among young people.

This paper examines the changes in the transition from education to employment in the European Union, considers the experience of young people during the transition and analyses the measures being taken to address the difficulties encountered by young people in making the transition. It concludes by considering what young people need to make the transition from education to employment a smoother one.

The Transition from Education to Employment: Recent Changes

Policies and measures to relieve youth unemployment are increasingly focusing on the transition from education to employment. There has been a growing recognition that this transition is not a simple step from school, college or university to the labour market. Instead it is a process that can consist of a number of steps – both forwards and backwards – until the individual has a secure footing in the labour market on equal terms with other adults possessing similar qualifications. A broad range of policy and support measures is needed to ensure a smooth and successful transition, thus reducing the chances of unemployment.

Over the last two decades there have been three main changes in the education to employment transition pattern. Firstly, the timing of the transition now occurs at a later stage in the individual's life-course due to increasing participation in education. Secondly, the duration of the transition has become longer due to greater insecurity in the labour market and participation in part-time work while studying. Thirdly, there is evidence to indicate that young people have become more vulnerable during the transition due to changes in social protection allocation, labour market deregulation and the decrease in average youth income. These changes have also had an impact on other transitions, delaying the move to autonomy and independence.

The principal change in the transition from education to employment is the prolongation of the period spent in education. When young people have the resources, the opportunities and the motivation, they are choosing to spend longer in education. Levels of educational attainment have increased consistently in the member states of the European Union over the last three decades as young people spend longer in education. In 1967, 59% of people aged 25-34 had only completed lower secondary education. By 1997, this figure had dropped to 32% (European Commission, 2000d). Similarly, OECD (1998) figures show that in OECD countries, a person of 15 could expect to be in education for 5.3 years between the ages of 15 and 29 in 1985. By 1996 that figure had risen to 6.7 years. Evidence indicates that both the number of young people dropping out of compulsory education and the number not continuing to upper secondary education is falling.

Educational attainment varies considerably within the European Union. It is interesting to compare completion rates in less than secondary, secondary level and tertiary level education in the European Union. *Figure 1* shows the educational attainment of the 25-59 population in the European Union in 1997. The variations in educational attainment are clear from this graph. It shows, for example, that Portugal – followed by Spain and Italy – has the largest number of people who left school with only lower secondary level education. Denmark, Germany, Austria and the UK have high levels of completion of secondary education, and Finland, Sweden, Belgium, Denmark and the UK have the highest levels of people gaining tertiary qualifications. Recent improvements in educational attainment are not evident from this graph, but it does shows the extent of variations between member states.

Educational attainment also differs slightly according to sex, with young women improving the level of education achieved throughout the European Union. Young women are now consistently reaching higher levels of education than young men in the European Union as a whole, and if this trend continues their level of attainment will be higher than that of men in all of the member states. *Table 1* shows the change in the proportion of women to men in upper secondary education and tertiary education between 1981-2 and 1995-6.

Figure 1: Educational attainment of people aged 25-59 in the European Union in 1997

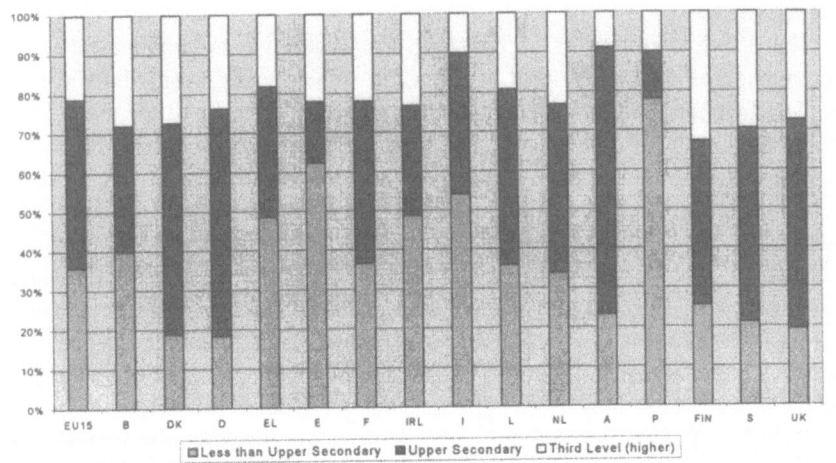

Source: Eurostat

Table 1: Change in the proportion of women to men in upper secondary education and tertiary education between 1981-2 and 1995-6

	EU	B	DK	D	EL	E	F	IRL	I	L	NL	A	P	FIN	S	UK
Females per 100 males in upper secondary education																
1981-2	93	102	91	81	85	88	102	100	96		85	80	114	119	109	99
1995-6	103	99	99	86	100	112	96	109	99	98	87	85	110	127	120	118
Females per 100 males in tertiary education																
1981-2	80	76	98	72	74	83	105	67	77		70	76	102	89	108	59
1995-6	104	100	122	80	94	112	121	102	112	92	90	94	130	111	124	102

Source: Eurostat

The table shows a quite remarkable increase in the participation rates of women in secondary and tertiary education in the fourteen year period examined. In 1996 there were more young women than young men in secondary education, and in ten out of fifteen member states there were more women than men in tertiary education. However, success in education has not yet translated into corresponding success in the labour market. As this paper will show, young women continue to have higher levels of unemployment and lower levels of participation in the labour market than young men in the large majority or member states. Although a smooth transition to employment and success in the labour market is

150

generally related to level of education, higher levels of female youth unemployment would seem to indicate that this is not the case with young women.

In the majority of countries, those that leave education later fare better in the labour market. *Figure 2* shows the percentage of youth unemployment among the 15-24 age-group according to their level of education. On the whole, young people with higher educational qualifications encounter fewer first-entry problems in the transition, they are less likely to be unemployed and their earning capacity is be higher.

Figure 2: Youth unemployment by educational attainment in the European Union 1999

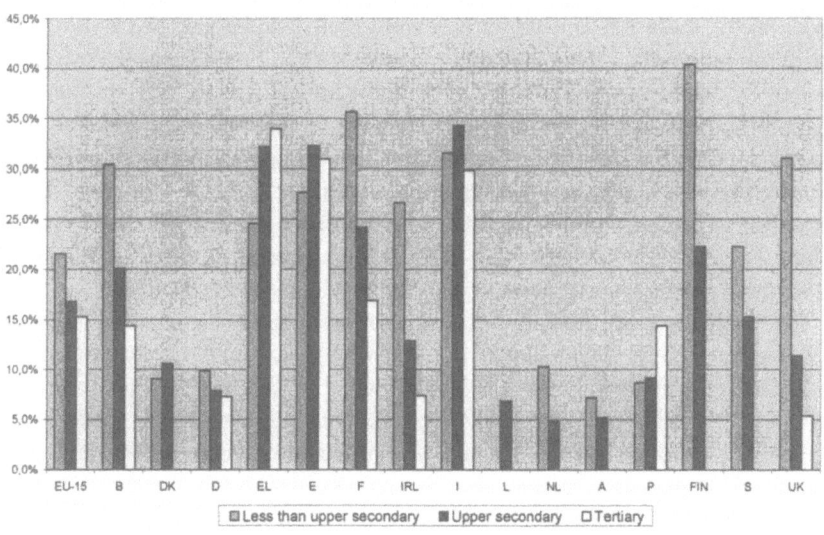

Source: Eurostat

Although a higher level of education improves an individual's employability, young people often feel that they are provided with insufficient guidance and information at school on the opportunities in increasing complex labour markets. With rapid technological development, school systems and the educational curricula are not sufficiently geared to the needs of today's labour market. Young people feel that they need to be provided with education and training which is relevant to the labour market and which will help them find employment. The growing complexity of the labour market requires not only new skills, but also the ability to continually adapt to new demands. The importance of a good basic education is vital for the development of skills through lifelong learning. Continuing education throughout the life cycle will become increasingly fundamental for individual security and success in the labour market. The development of opportunities to participate in lifelong learning and individual pathways is necessary to secure this. Guidance, support, information and advice is increasingly needed not just in formal educational structures, but throughout the life cycle to help people through labour market transformations.

The time spent in education is increasing and consequently educational levels are improving throughout the European Union, yet low educational levels still prove a problem for employers in some countries and young people are still not receiving the education that is needed for today's labour market. With the decline of traditional manufacturing industries and the growth in new technologies and the service sector, there is a demand for new types of skill and higher levels of education. Information and Communication Technology (ICT) skills are increasingly required by employers, and in many areas there are skills gaps, skill mismatches and unfilled posts due to the lack of adequately or appropriately educated and trained people in the workforce. For example, the European Commission (2000b) estimates that half a million jobs were vacant in this sector in 1998 and this figure is expected to reach 1.6 million by 2002. The problem of inadequate education and training is one of the key areas that needs to be addressed in order to maximise employment potential and provide young people with the skills they need.

The transition from education to employment is generally more straightforward for those with higher levels of qualification and skill. They pass more quickly and more smoothly into the labour market. Young people with poor education and few skills encounter many more problems in entering the labour market, let alone gaining a secure footing in it. For the latter group, the transition is a time of risk. In the most extreme cases, young people who fail to enter the labour market may have no direct source of income and even risk entering social exclusion. For others the impact of a period of unemployment may reduce their employability and lead to more enduring difficulties in the labour market. The position of the young unemployed and the transition from education to employment is made more problematic by the inadequacy of social protection in many member states.

The second major change relates to the length of the transition. The OECD (2000a) defines the transition as consisting of two components: the period spent in post- compulsory education and the period taken to settle into work after leaving school. To calculate the total length of the transition they use the difference between the compulsory school leaving age and the age at which 50% are in employment. The OECD identifies significant differences in the length of this transition in the eighteen OECD countries analysed, ranging from five years in the UK to 11.3 years in Italy. It is also calculated that the average duration of the transition increased by two years from 1990-96. This increase is due to delays in entering the labour market in some countries – for example Sweden and Denmark – and an extension in the period of initial education in others. This indicates that first-entry problems have also contributed to an extension of the time taken to settle into the labour market.

There is less direct evidence on the length of the transition for all of the European Union member states (although eleven are included in the OECD study). However, Eurostat (European Commission, 2000d) figures show that in 1999 young people made up a large proportion of temporary workers (38.5%) and part-time workers (15.6%), indicating that participation in temporary and part-time work is common between the ages of 15-24 before young people gain a firm footing in the labour market. Evidence from individual countries supports this. In the Netherlands there has been a clearly identifiable trend towards young people combining part-time work and study. On the basis of the OECD study and evidence from individual member states it is possible to conclude that there is a pronounced trend towards the prolongation of the transition from education to employment in the majority of European Union member states, caused in part by high levels of youth participation in part-time and temporary employment.

The third change in the transition from education to employment is difficult to quantify and the impact is hard to assess accurately. Changes in the provision of social protection over the last two decades has increased the level of risk faced by young people in some European Union countries (Green, 1998). The growing tendency to use social security benefit provision as an activation measure has meant that unemployment benefit may be linked to participation in an education or training course, or in a work experience scheme. Social security benefits have also been pared down, resulting in lower levels of unemployment benefit, particularly for young people. As many young people become unemployed on leaving education, they have not built up sufficient credit within the social security system to be entitled to full unemployment benefit. Therefore, social protection does not provide an adequate safety net for young people during the transition from education to employment and those that cannot rely on family support are very vulnerable to poverty or even social exclusion.

Labour market deregulation has also had an impact on young people in terms of job-security, working conditions and wages. In the 1980s and 1990s there was an identifiable trend towards labour market deregulation as an adjunct of free market economics, notably in the UK. This contributed to the lowering of wages for young people, and a reduction in employees' protection. These factors have increased the insecurity of young people when they first enter the labour market in some countries, making the transition from education to employment more complex and longer. It has exacerbated the 'yo-yo' effect of young people entering and then leaving the labour market, either due to short-term contracts or dissatisfaction with employment conditions.

The transition from education to employment is also closely linked to other important transitions in the life cycle, such as the transition to economic independence, to autonomy and independent living and to the establishment of a household and eventually of having children. Certainly, it is clear from those countries that have a late average transition into the labour market, that age at marriage or age at birth of first child is also later (European Commission, 2000d). Thus, the changes which have led to a longer transition from education to employment have also had an impact on other transitions, effectively causing them to be postponed to a later stage in the life-cycle. The changes have also all had a major impact on young people's experience of this period in their lives.

The Transition from Education to Employment: Young People's Experience

A young person's experience of the transition from education to employment is influenced by many factors. Young people in the European Union have a very different experience of the transition according to many factors, including where they grow up and are educated, their socio-economic circumstances, their race, their gender, the economic conditions in their country, the level of support given to young people during the transition and their level of education and skills. In addition, young people's experience of the transition is changing as they adjust to new demands placed by labour market. One cannot talk of a single 'youth perspective' in Europe, but instead must consider the multiple influences on the young person's experience of this import life-cycle transition.

There are strong national and regional variations in the incidence of youth unemployment. Recent economic growth in the European Union has been reflected in a reduction in average unemployment from 9.2% in the European Union in 1999, to 8.7% in mid-2000 (European Commission, 2000e). Average youth unemployment has also been reduced, continuing the trend that has been evident over the last few years. This reduction can also partly be explained by the increase in the amount of time spent in education. While youth unemployment levels have fallen in the European Union as a whole in the last five years, rates vary hugely between the member states and in some countries levels have actually risen. *Figure 3* shows the changes in youth unemployment levels in the member states over

154

the last five years. From this graph it is clear that youth unemployment has been consistently high in Finland, France, Italy and Spain at over 25%, and lower in Austria, Denmark, Germany, Luxembourg and the Netherlands at around 10% or less. Not only is the problem of youth unemployment less severe in some countries than others, but the fight against unemployment has clearly been more successful in certain countries. For example, youth unemployment has declined significantly in Ireland and Spain, although levels in Spain were the highest in Europe until 1999. Thus, although there is a general trend towards a reduction in youth unemployment in the context of economic growth, the problem remains chronic in many countries and enormous disparities exist in the rates between countries.

Figure 3: Youth Unemployment age 15-24 in the European Union 1995-1999

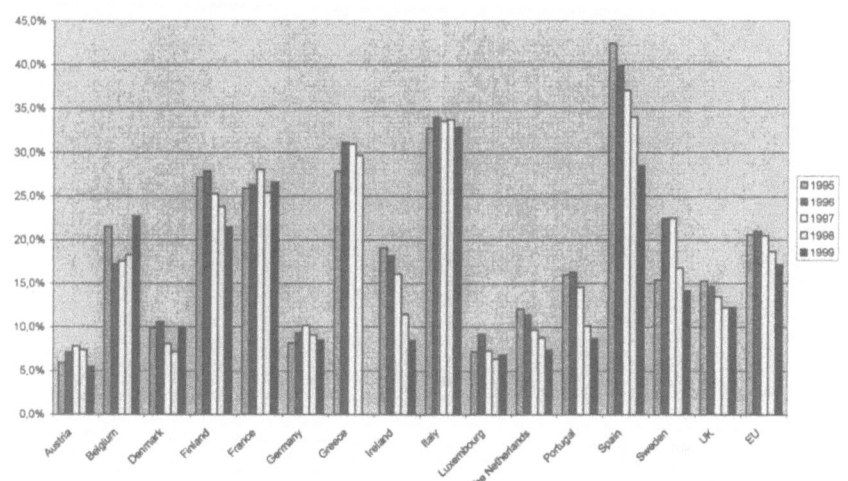

Source: OECD

Youth unemployment levels are very closely linked to the success of the transition from education to employment. The OECD (1998) calculates that first-entry problems account for 80% of youth unemployment in Finland, Greece and Italy, but only 20-25% in Austria, Germany and the UK, and 15% in Denmark. Smooth pathways into employment help to reduce the overall youth unemployment rate. In general, the transition to employment is more successful in countries where young people work part-time during their education, such as the Netherlands or Denmark, or where a dual-system of education, training and work experience is in place, such as Germany and Austria. A large proportion of youth unemployment is caused by difficulties experienced in entering the labour market for the first time. However, even when young people have found their first job, their employment is often not secure. The European Commission (1999) estimates that 45% of young people between the ages of 15-24 become unemployed at least once, and 20% are unemployed two or three times. Furthermore, in some member states – notably Greece and Italy – there are chronic long-term unemployment problems, with a large proportion of the unemployed remaining without work for over a year. *Figure 4* shows the duration of youth unemployment for each member state.

Figure 4: Duration of unemployment for young people aged 15-24 in 1999

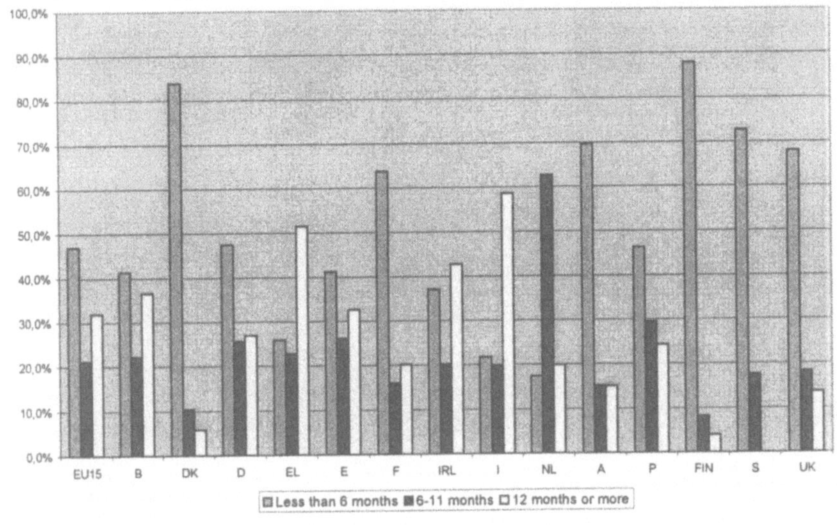

Source: Eurostat

An examination of youth employment rates also reveals huge disparities between member states. *Figure 5* shows the percentage of the 15-24 age-group according to sex in employment in the European Union in 1999. European Commission figures show that youth employment rates increased in absolute terms at double the rate that youth unemployment declined in 1999. Very large differences in employment levels among young people in Europe are visible from this graph, ranging from 20.8% for young Italian women to 69.5% for young Danish men. The disparities highlight both the economic problems in some member states, and the need for the development of measures to promote employment opportunities

156

for young people. Not only is youth unemployment high in many member states, but their youth employment levels are also exceptionally low. This means that young people in employment are an exception in these countries.

Figure 5: Male and Female (age 15-24) Employment Rates in the European Union 1999

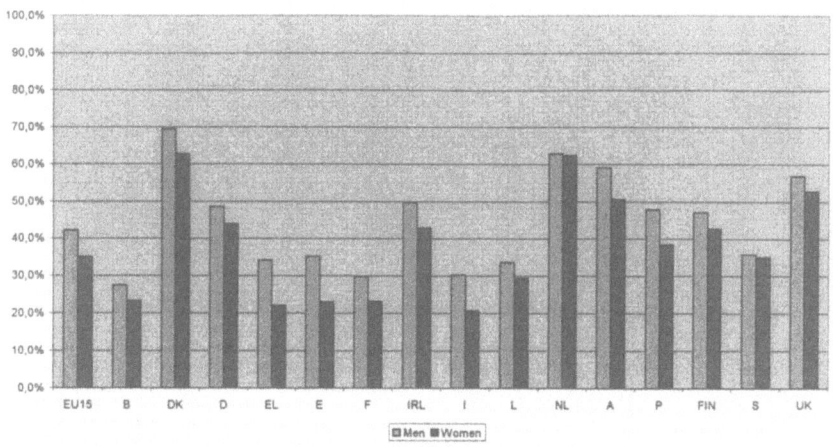

Source: Eurostat

The gap between male and female employment and unemployment levels remains despite the evidence shown in *Table 1* indicating that the educational level achieved by young women is higher than that for young men in the majority of member states. Female employment rates can be examined in *Figure 5* above, and male and female unemployment rates are shown in *Figure 6* below. Young female unemployment is higher than young male unemployment in all countries except for Belgium, Germany, Ireland, Sweden and the UK. Young female unemployment is particularly high in Greece, Italy and Spain. Moreover, the gap between young male and female unemployment rates has broadened over the last few years. The European Commission (2000a) has shown that this general improvement in employment levels has not been experienced equally between young men and women.

Equal opportunities between men and women in the labour market also need to be improved in order to eradicate the large discrepancies in employment levels and salaries that exist. Women's wages are lower than men's, with the pay difference increasing with age. Eurostat statistics (European Commission, 2000d) show that

157

the average monthly wage of women aged 25-29 in the European Union was 87% of the average for men in the same age group in 1995, and was 71% for those over 55. The young women's perspective on the transition from education to employment is therefore quite different from young men's, with young women suffering from discrimination in the labour market despite their higher levels of education.

Figure 6: Young male and female (15-24) unemployment in the European Union, 1999

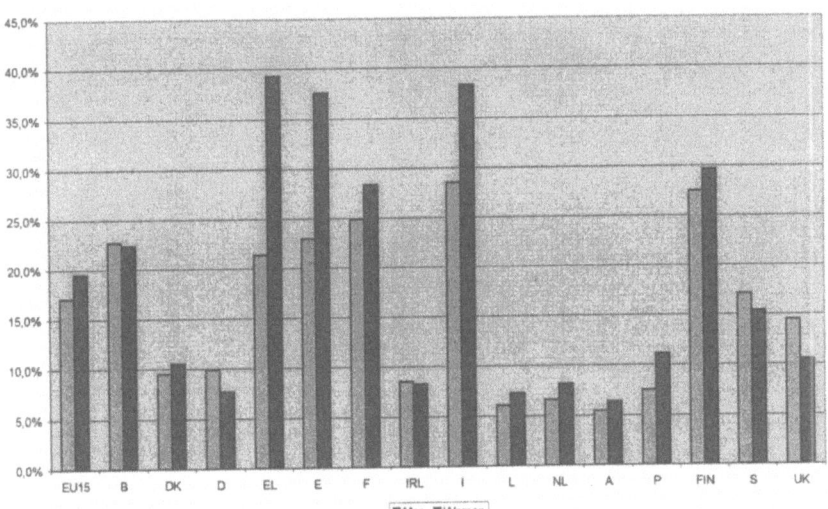

Source: Eurostat

Young women are not the only group to experience discrimination in the labour market. Young people from ethnic minorities, young migrants and the young disabled also face discrimination in the labour market. For these groups the transition from education to employment is more difficult and the risks of poverty or social exclusion are higher. Few countries collect statistics on these groups so it is difficult to provide an accurate assessment of degrees of discrimination, or to design programmes and introduce measures to combat discrimination against these groups in the labour market.

Not only are there significant variations in youth employment rates between member states, but also within member states. Regional variations can be just as marked. The European Labour Force Survey for 1999 (European Commission, 2000c) provides data on the highest and the lowest rates according to regions, which can differ by as much as 40%. Therefore, even young people who live in countries with low average levels of unemployment can have difficulties during the transition due to high local unemployment levels in depressed areas.

Table 2: Regional Variations in Youth Unemployment Levels

Country and National Employment Rate Age 15-24		Lowest Regional Youth Employment Rate		Highest Regional Youth Employment Rate	
Belgium	25.5%	Hainaut	18.1%	Oost Vlaanderen	34.0%
Germany	46.2%	West Berlin	33.1%	Niederbayern	60.9%
Greece	28.1%	Ipeiros	17.4%	Anatoliki Makedonia	42.2%
Spain	29.2%	Principado de Asurias	18.0%	Cataluna	39.5%
France	26.5%	Nord-Pas-de-Calais	18.5%	Centre	32.9%
Ireland	46.5%	Border, Midlands and Western	41.8%	Southern and Eastern	48.2%
Italy	25.5%	Calabria	10.2%	Trentino – Alto Adige	43.7%
NL	62.7%	Noor-Brabant	67.7%	Gronigen	56.1%
Austria	54.9%	Kärnten	49.3%	Vorarlberg	58.7%
Portugal	43.3%	Algarve	33.5%	Norte	49.9%
Finland	45.0%	Uusimaa	32.3%	Väli-Suomi	74.4%
Sweden	35.4%	Vätsverige	33.4%	Mallerta Norrland	44.4%
UK	55.0%	Merseyside	42.1%	North Yorkshire	68.0%

National and regional disparities in youth unemployment levels can be explained partly by economic factors. The level of demand for young people in the labour market is crucial. In countries or regions where there are already high levels of unemployment, young people encounter difficulties during the transition because they have to compete against more experienced workers for a limited number of posts. The impact of economic growth on youth unemployment can be seen by examining the case of Ireland. The Irish National Action Plan (2000) shows how youth unemployment in Ireland declined from 19.1% in 1995 to 8.5% in 1999 in the context of average annual GNP growth of approximately 8%. A young person's experience of the transition from education to employment is largely dependent on the economic conditions prevailing at the time of their transition. Certain generations of young people have suffered prolonged periods of unemployment because they have made the transition at a time of economic depression or recession. Furthermore, in countries with endemic unemployment problems, difficulties in the transition from education to employment are widespread and persistent with

For young people who experience unemployment during the transition, their situation has been made more difficult by the tightening of social protection legislation and provision. As mentioned above, young people in some countries do not receive unemployment benefit if they refuse to participate in a scheme or programme to improve their employability. This linkage runs the risk of inadvertently encouraging the growth of the number of young people not in employment, education or training (NEET) and pushing them in to social exclusion. Britton (2000) shows that evidence on young people not in education, employment or training is difficult to collect, but Bivand (2000) estimates that 9.5% of young people in the UK have either refused to take part in an activation programme or have dropped out of one. OECD (2000b) figures indicate that this is not unique and that approximately 10% of young people in Belgium, Greece, Italy and Spain are also in a similar situation.

Young people may also suffer severe financial problems during the transition due to the lack of provision or the low level of social security benefits. In many countries young people have not made sufficient social security contributions to qualify for unemployment benefit. The Eurobarometer (European Commission, 1997) shows that despite high levels of youth unemployment in Greece, Portugal and Italy, only 2% of young people were dependent on social security benefits. Furthermore, the financial position of young people in employment has worsened due to reductions in minimum wage levels or the general decline in average youth incomes.

During the transition from education to employment, young people often have low incomes even if they are employed. For those who experience unemployment, the situation can be much more serious as they may only qualify for low social security benefits, if at all. In the most extreme case, young people – particularly those from disadvantaged backgrounds – can enter social exclusion during this period of their lives. However, perhaps the main effect has been to extend young people's dependence on familial networks for financial support. The European Commission (2000d) has shown that income transfers, particularly from parents to young people, have increased as a result of the decline in public support and the lengthening period that young people spend in education. Thus, not only is the transition important for the long-term success of the individual's participation in the employment market, but also to prevent dependence on family for financial support, poverty or social exclusion either in the short or long term.

The youth perspective of the transition from education to employment varies significantly throughout the European Union. The transition is becoming longer and at the same time more complex. Young people have become more vulnerable during the transition due to changes in social protection provision and the difficulties of entering secure employment. While youth unemployment levels have declined there are still pockets of very high youth unemployment in the European Union, especially in the south. However, decision-makers both at the national and the European Union level are increasingly recognising the importance of the transition to employment and are introducing measures to ease the transition for young people. The OECD (2000a) concluded that 'effective transition systems appear to have one thing in common: underlying them are societies that assume responsibility for young people's transition from education to work'. The recognition that a co-ordinated and multi-faceted approach is needed to reduce transition problems has been central to measures related to young people in the European Employment Strategy.

The European Employment Strategy and Youth Unemployment

The establishment of the European Employment Strategy has been one of the key policy developments in the European Union in recent years. The broad aim of the European Employment Strategy is to increase employment levels in the European Union through both demand and supply side measures. Tackling youth unemployment has been central to the strategy since its inception due to the widespread and persistent nature of the problem. The annual employment guidelines, implemented for the first time under the Luxembourg process in 1998, have consistently included measures to improve the employability of young people and ease the transition from school to work.

The Lisbon European Council, held in March 2000, boosted the aims of the European Employment Strategy. The Heads of State and Government at the Lisbon European Council made a series of commitments on 'Employment, economic reform and social cohesion – for a Europe of innovation and knowledge' (European Commission, 2000f). The member states agreed to 'regain the conditions for full employment', and increase employment levels to 70% (60% for women) by 2010. This was part of the wider strategy to make Europe the 'the most competitive and dynamic knowledge-based economy in the world capable of sustainable economic growth with more and better jobs and greater social cohesion'. The move towards the knowledge economy will be supported by the adaptation of social protection systems and the co-ordination of national policies to combat social exclusion.

Education and training will be central to the development of the knowledge-based economy. To this end, it was agreed at Lisbon to increase the investment in human resources by developing multi-purpose learning centres to facilitate lifelong learning, especially in IT skills. Mobility in education and training will be given a new impetus through the removal of obstacles and through the improvement in the mutual recognition of qualifications. New basic skills – including IT, foreign language and social skills – will be developed in all sections of the population, and a specific commitment was made to halve the number of 18-24 year olds with only lower secondary level education by 2010.

The Lisbon conclusions are extremely relevant to young people in the European Union for a number of reasons. The commitment to full employment will entail the reinforcement of measures at the member state level to ease the transition from education to employment. As the number of young people declines in proportion to the total population, their participation in the labour market will become more crucial. Similarly, measures to promote the employment of women should help to reduce the discrimination that young women face in the labour market in some countries. The emphasis on improving educational levels and providing training in the skills required by the 'knowledge economy' should improve the opportunities for young people in education and training, thus alleviating many of the problems currently faced by young people during the transition.

The Luxembourg Process is the strand of the European Employment Strategy of most relevance to young people. Each year a set of employment guidelines are agreed and adopted at the December European Council for the following year. The Member States then submit a National Action Plan (NAP) in late spring explaining how their employment policy reflects the employment guidelines and providing information on the previous year's achievements. A comparative assessment of the NAPs is made in the Joint Employment Report issued by the European Commission and the Council. Of the four pillars – Improving Employability, Developing Entrepreneurship, Encouraging Adaptability of Businesses and their Employees and Strengthening Equal Opportunities Policies for Women and Men – the first is of greatest significance to young people.

The first pillar includes guidelines that aim to reduce youth unemployment and ease the transition from school to work. Under the guideline 1, each Member State must ensure that 'every young person is offered a new start before reaching six months of unemployment' by 2002. Following the Lisbon European Council, the education element under the first pillar was strengthened to include the commitment made by the Lisbon European Council to reduce by half the number of 18-24 year olds with only lower secondary level education who are not in further education or training by 2010. The fourth pillar is also important in that it mainstreams gender equality and refers to gender gaps in the employment market. This guideline is valuable for young women due to the higher levels of unemployment that they experience. The employment guidelines therefore include many measures that

162

should theoretically improve the position of young people in the labour market during the transition from education to employment.

The implementation of the guidelines and their impact on young people has varied considerably between the member states. In the Joint Employment Report 2000 (Commission 2000e), the progress made by the member states in implementing guideline 1 is analysed. The report concludes that five member states – Austria, Finland, Luxembourg, Sweden and the UK – have largely implemented guideline 1. Denmark, Ireland, the Netherlands, Portugal, Spain, France and Germany are likely to implement guideline 1 by 2002, and Belgium, Greece and Italy are unlikely to implement it by 2002. Thus, the guidelines have been successful in promoting the introduction of employability measures in the majority of member states, even if the quality of these measures is not uniform. Similarly, the implementation of the guidelines referring to the transition from school to work have been implemented in qualitatively different ways. This means that the experience of the transition from education to employment has been improved in some countries more than others. The geographical differences in the youth experience of unemployment remain, but these are highlighted through the comparison of member state performance, notably in the Joint Employment Report and the annual recommendations issued by the Commission. Overall, the employment guidelines have promoted the introduction of structural measures in the majority of member states to improve the employability of young people and to ease the transition into employment. These measures represent an investment in young people which is not dependent on the economic cycle, and which will help to ensure greater equality between successive generations of young people in all of the member states.

Conclusion: What do young people need to facilitate the transition from education to employment?

Despite recent economic growth and the introduction of programmes and measures to reduce youth unemployment, there remain areas and countries in the European Union where youth unemployment is endemic and has a high social cost. The importance of facilitating the entry of all young people who want to work into the labour market will become increasingly important in the future due to demographic trends and the objective of achieving full employment in the European Union by 2010. Moreover, the socio-economic problems that young people face in the transition must also be addressed to alleviate youth poverty and social exclusion. No single measure can ensure a smooth transition from education to employment and a broad range of co-ordinated actions is needed.

The demand for employment is crucial. Economic growth is fundamental to the reduction of both short and long-term unemployment during the transition from education to employment. If achieved, the commitment made at the Lisbon European Council to average annual economic growth of 3% will continue to contribute to the decline in average unemployment throughout Europe. However, average rates hide regional and local variations and investment in the economic development of depressed areas is necessary to relieve regional problems. As youth unemployment rates are consistently higher than unemployment rates in older sections of the workforce, additional measures focusing on easing the transition from education to employment are needed for young people.

Young people must have the education and skills required by the twenty-first century labour market in order to find a job. They need to have the support and resources to allow them to participate fully in education and training up to the level desired. Opportunities to combine education with work experience can make young people more employable. A good quality education provides a sound basis for lifelong learning and continuing adaptation to the needs of the labour market. Co-ordinated support for young people in the transition from education to employment, including guidance measures and information, helps to create pathways. Pathways define clear objectives and reduce the risks associated with the transition.

More tightly-knit safety nets are required to provide adequate social protection when young people are unemployed and to reduce the risk of having no official status and no personal means of support. The design of activation measures should be sensitive to the possibility of young people who do not want to participate in employability measures becoming socially excluded due to the withdrawal of social security benefits.

Policies to encourage and support the participation of women and combat discrimination in the labour market are needed to promote equal opportunities. Similarly, measures should to be introduced in some countries to address the problem of lower educational attainment among young men. Young women, young people from the ethnic minorities, the young disabled and other groups suffer discrimination in the labour market. This problem should be confronted both to relieve the social consequences but also to increase employment levels among young people.

Some young people need more support than others during the transition from education to employment. The development of a broad range of measures should promote the entry even of the socially disadvantaged and least qualified into the labour market. Young people can need considerable assistance during the transition, but the investment is vital for the lives of generations of young people as well as for achieving the goals of high employment and the development of a successful knowledge-based economy. The importance of the investment in the transition from education needs to be further recognised and acted upon to give all young people throughout the European Union the opportunities they need.

References

Britton, L., 2000. Researching young people outside work and education. Working Brief, Issue 119, pp.10-11.
Bivand, P., 2000. Outside education and work: do the numbers add up? Working Brief, Issue 119, pp.12-13.
European Commission, 1997. Eurobarometer 47.2.: Young Europeans. Brussels.
European Commission, 1999. Implementing the European Employment Strategy. Office for Official Publications of the European Communities, Luxembourg.
European Commission, 2000a. Employment in Europe 2000. Office for Official Publications of the European Communities, Luxembourg.
European Commission, 2000b. Strategy for Jobs in the Information Society. COM (2000) 48 final.
European Commission, 2000c. Labour Force Survey 1999. Office for Official Publications of the European Communities, Luxembourg.
European Commission, 2000d. The Social Situation in the European Union. Office for Official Publications of the European Communities, Luxembourg.
European Commission, 2000e. Joint Employment Report. Forthcoming.
European Commission, 2000f. Presidency Conclusions, Lisbon European Council, 23-24 March 2000, SI (2000) 30.
DEE 2000. Ireland's National Employment Action Plan 2000.
Green, D., 1998. Taking Steps – Young People and Social Protection in the European Union. European Youth Forum, Brussels.
OECD, 1998. Education at a Glance. OECD, Paris.
OECD, 2000a. From Initial Education to Working Life. OECD, Paris.
OECD 2000b. Education at a Glance. OECD, Paris.
O'Higgins, N, 1999. The Challenge of Youth Unemployment. ILO, Geneva.

Summary

The experience of young people of the transition from education to employment has changed significantly over the last twenty years. The transition is becoming longer as young people spend more time in education and combine education with part-time or temporary work. At the same time, the transformation of the labour market with the decline of manufacturing industry and the growth in new technologies has led to an increasing demand for high levels of education and skill. Despite a reduction in average youth unemployment rates in the European Union, the transition has also become more risky for some young people due to the tightening of social security provision and their link to activation measures. There are large differences in youth unemployment rates both between and within the member states of the European Union, and the degree of success in dealing with the problem has varied. Nevertheless, there has been a growing recognition of how fundamental a smooth transition from education to employment is to the reduction of unemployment levels among young people. The European Employment Strategy has introduced a co-ordinated approach to the problem of youth unemployment and the transition from school to education, but the implementation of these measures has been more successful in some member states than others. This paper assesses the needs of young people in the context of the changes in the transition from education to employment and the enduring problem of high youth unemployment rates in some regions and member states in the European Union.

Zusammenfassung

Die Erfahrungen junger Menschen beim Übergang von der Ausbildungszeit in das Berufsleben haben sich in den letzten zwanzig Jahren erheblich verändert. Die Übergangsphase verzögert sich immer mehr, da die Jugendlichen mehr Zeit mit ihrer Ausbildung verbringen und ihre Ausbildung mit Teilzeit- oder Zeitarbeit verbinden. Gleichzeitig haben die Verschiebungen auf dem Arbeitsmarkt, bedingt durch den Niedergang der verarbeitenden Industrie und der Entwicklung neuer Technologien, zu einer größeren Nachfrage nach hochqualifizierten und kompetenten Mitarbeitern geführt. Trotz des Rückgangs der durchschnittlichen Jugendarbeitslosenquoten innerhalb der Europäischen Union ist die Übergangsphase für die Jugendlichen aufgrund reduzierter Sozialhilfeleistungen und ihrer Verknüpfung mit beschäftigungspolitischen Maßnahmen risikoreicher geworden. Es gibt große Unterschiede zwischen den Jugendarbeitslosenquoten sowohl innerhalb der Mitgliedsstaaten der Europäischen Union als auch zwischen den einzelnen Staaten, und der Erfolg beim Umgang mit dem Problem ist von Land zu Land unterschiedlich. Trotzdem wächst die Erkenntnis, dass ein reibungsloser Übergang von der Ausbildung in das Berufsleben ein zentraler Faktor für die Reduzierung der

Jugendarbeitslosenquote ist. Die europäische Beschäftigungsstrategie hat bereits eine koordinierte Herangehensweise an das Problem der Jugendarbeitslosigkeit sowie des Übergangs von der Ausbildung zum Beruf eingeführt. Allerdings war die Umsetzung der Maßnahmen in einigen Staaten erfolgreicher als in anderen. Die vorliegende Arbeit beurteilt die Bedürfnisse junger Menschen im Kontext der Veränderungen beim Übergang von der Ausbildung in das Berufsleben und des fortbestehenden Problems hoher Jugendarbeitslosenquoten in einigen Regionen und Mitgliedsstaaten der Europäischen Union.

Helmut K. Anheier

Dritter Sektor und Arbeit in Deutschland und Europa: Eine wirtschafts- und sozialwissenschaftliche Analyse zum Potential gemeinnütziger Organisationen

Einleitung[1]

Der Dritte Sektor hat in den Ländern der Europäischen Union stark an Bedeutung gewonnen und dies sowohl in wirtschaftlicher als auch politischer Hinsicht. Gerade wegen diesem Wachstum ist es wichtig, diesen zwischen Markt und Staat gelegenen Bereich im Kontext allgemeiner Entwicklungen zu sehen, und es sollte vermieden werden, ihn so zu betrachten, als hätten die Erwartungen, Hoffnungen und auch Befürchtungen, die an den Sektor herangetragen werden, wenig mit dem zu tun, was sich in Staat, Wirtschaft, Familie, Kirche, den traditionellen Verbänden und in den politischen Parteien abspielt. Was in Deutschland, den Niederlanden, Frankreich, Großbritannien, in Österreich oder in Italien vor sich geht, geschieht nicht nur dort allein, sondern ist Teil eines weitgehenden gesellschaftlichen Umbruchs, der ganz Europa erfasst.

Gleichzeitig zeichnen sich große Unterschiede zwischen den einzelnen Ländern des Kontinents ab, sowohl in der jeweiligen Struktur des Dritten Sektors als auch in seiner spezifisch gesellschaftlichen Einbettung. Dabei lässt sich wiederum eine gewisse Unzeitmäßigkeit der Entwicklungen als Gemeinsamkeit erkennen: Der Dritte Sektor wächst an wirtschaftlicher Bedeutung mehr als in sozialer Hinsicht, und er entwickelt sich politisch noch stark entlang tardierter, industriegesellschaftlicher Strukturen und den dazugehörigen wohlfahrtsstaatlichen Modellen, aber erst zögerlich entlang den Impulsen einer postindustriell bürgerlichen Gesellschaft mit hoher Selbstorganisation und Assoziationsdichte. Im letzteren liegt aber das eigentliche Potential des Dritten Sektors für die zukünftige Entwicklung Europas – ein Potential, welches aber von der Wissenschaft noch weiter erarbeitet und von der Politik in seinen Auswirkungen erst noch erblickt werden muss.

Auf diese Problematik soll in diesem Beitrag eingegangen werden. Drei zentrale empirische Befunde werden in diesem Essay vorgestellt, deren Implikationen sodann in fünf Thesen zusammengefasst werden sollen. Die Befunde sind in der

---

1 Helmut Anheier ist Direktor des Centre for Civil Society an der London School of Economics, Houghton Street, London WC2A 2AE, Großbritannien, phone +44-20-7955-7360, fax +44-20-7955-6039, email: h.anheier@lse.ac.uk.

einen oder anderen Weise bekannt (siehe Salamon und Anheier, 1999; Priller, Zimmer und Anheier, 1999; Anheier und Seibel, 2000) und auch einige der Thesen finden zumindest der Intention nach ihren Wiederhall in den Studien von Ottnand, Wahl und Miegel, 2000; Zimmer und Priller, 1997; Rauschenbach und Schilling, 1995; Evers und Olk, 1996; Kistler et al, 1999; und Frumkin, 2000. Der vorliegende Essay geht aber über das dort Geschriebene in dem Sinne hinaus, indem er versucht, Befunde und Implikationen im Kontext gesellschaftlicher Entwicklungen in Europa darzustellen, und eine wenn auch grob ausfallende Gesamtdiagnose versucht, die es zumindest in Ansätzen erlaubt, Konturen der zukünftigen Entwicklung des Dritten Sektors nachzuzeichnen.

Zu Anfang soll aber schon hervorgehoben werden, dass der Dritte Sektor in seinem direkten und langfristigen Beitrag zur Beschäftigung nur eine mittlere Kraft sein kann. Er schafft aber Kompetenzen und soziales Kapital, die indirekt einen Beitrag zur Beschäftigung leisten. Organisationen des Dritten Sektors wirken in soziale Milieus hinein, haben Zugang zu Bevölkerungsgruppen, die von staatlichen Maßnahmen oft kaum erfasst werden könnten. In diesem Sinne leistet der Dritte Sektor einen Beitrag zur sozialen Eingrenzung. Wie aber im Folgenden dargestellt wird, kann durch die wirtschaftliche Expansion und marktwirtschaftliche Durchdringung des Dritten Sektors ein negativer Impuls auf dessen sozialintegrative Funktion ausgehen.

Drei Befunde

1. Der Dritte Sektor ist weltweit auf Wachstumskurs und hat seit Jahren überdurchschnittlich zum Beschäftigungswachstum beigetragen.

In der Tat ist das Wachstum des Dritten Sektors beachtlich. Wie das *Johns Hopkins Comparative Nonprofit Sector Project* zeigt (Salamon und Anheier, 1999), ist die Beschäftigung im Nonprofit-Sektor in den acht Ländern, für die Zeitreihen erstellt werden konnten, zwischen 1990 und 1995 durchschnittlich um 23 Prozent oder über vier Prozent pro Jahr gestiegen (Belgien, Deutschland, Frankreich, Großbritannien, Israel, Japan, Niederlande, USA). Im Vergleich dazu wuchs über den selben Zeitraum hinweg die allgemeine Beschäftigung in diesen Ländern nur um sechs Prozent oder kaum mehr als ein Prozent pro Jahr. In Bezug auf die Arbeitsmarktentwicklung wuchs der Nonprofit-Sektor also fast viermal so schnell wie die restliche Wirtschaft. In Deutschland, Frankreich, Großbritannien und Belgien war der zu verzeichnende Beschäftigungsanstieg mit über zwanzig Prozent deutlich höher als in Japan, Israel, und den USA mit durchschnittlich 13 Prozent

(Salamon und Anheier, 1999) und den Niederlanden mit etwas mehr als 5 Prozent (Burger und Dekker, 2000).

In den meisten europäischen Ländern kann der Dritte Sektor auf eine ungewöhnlich lange Wachstumsphase zurückblicken--ohne grössere Einbrüche, ohne Diskontinuitäten im Umfeld. Wichtig ist es dabei festzuhalten, dass das Wachstum des Dritten Sektors über einzelne Bereiche in ungleichen Massen stattgefunden hat. Gesundheit und soziale Dienste sind jene zwei Bereiche, die zwischen 1990 und 1995 die meisten neuen Arbeitsplätze stellten (Salamon und Anheier, 1999): 40 bzw 31 Prozent. Das Bildungswesen kommt mit 15 Prozent an nächster Stelle, gefolgt von Entwicklung (6%), und Kultur und Freizeit (3%).

2. Der Markt ist auf dem Vormarsch.

Die Erwerbsquote der Frauen in Europa ist in den letzten Jahren weiter angestiegen, und mit ungefähr 65% aller Frauen zwischen 15 und 65. Die Familie im traditionellen Sinn ist fast die Minderheit, das industriegesellschaftliche Modell mit einem Haupteinkommen, lebenslanger Arbeitszeit und 2.18 Kindern, an denen das europäische Sozialsystem ausgerichtet ist, schwankt. Die damit verbundenen sozialen Veränderungen bringen neue Abhängigkeiten mit sich, die in Nachfrage nach sozialen Diensten umschlagen werden--aber nicht nur Nachfrage von Randgruppen und aus der Unterschicht. Viel an effektiver Nachfrage wird von der Mittelschicht her kommen: Veränderungen in der Familienstruktur führen zu einer Nachfrage nach Plätzen in ganztägigen Kindergärten, schulischer Nachbetreuung, Altersheimen und Tagesstätten für ältere Mitmenschen sowie Reha- und Konvaleszenzeinrichtungen.

Wir müssen diese Nachfrageverschiebungen und die ihnen unterliegenden Veränderungen in der Gesellschaft im Kontext politischer Entwicklungen sehen, um die Vehemenz dessen zu verstehen, was auf uns zukommt.

Bestehende politische Rahmenbedingungen und Maßnahmen haben wesentlichen Einfluss auf die Art, wie erhöhte Nachfrage an den Dritten Sektor herangetragen wird. In der Tat finden sich dort die höchsten Wachstumsraten, dort die arbeitsmarktpolitisch ausgeprägteste Bedeutung des Dritten Sektors, wo staatliche Maßnahmen dafür verantwortlich zu machen sind, oft im Sinne einer staatlich-privaten Partnerschaft oder Kooperation (siehe Anheier, 1999; Badelt, 1999). Beispiele dafür finden sich in Deutschland und den Niederlanden im Prinzip der Subsidiarität, in den Arbeitsbeschaffungsmaßnahmen der französischen Regierung zur Bekämpfung der Jugendarbeitslosigkeit, oder im sozialpolitischen Entwurf des *compact* von *New Labour* in Großbritannien.

Aber es gibt noch einen tieferliegenderen Grund für die wachsende Bedeutung des Dritten Sektors. Dies ist die sich verändernde Rolle des Staates selbst, oder dem Fehlen an Perspektiven des Staates für die zukünftige Gestaltung der Gesellschaft, in der er eine prägende Rolle spielen kann oder soll. Dies ist letztlich die grundlegende Einsicht, die sich aus der politischen Gegenrichtung zum Neokonservatismus herauslesen lässt. Der Dritte Weg Tony Blairs, die Neue Mitte Gerhard Schröders und die Reformen in den Niederlanden oder Frankreichs sind bei aller Unterschiedlichkeit letztlich sozialdemokratische Varianten dieses grundlegenden Wandels im Konsens moderner Gesellschaften.

Zusammen deuten diese Entwürfe auf den Versuch, den politischen Konsens der späten Industriegesellschaft zu erhalten oder zu modernisieren – ein Konsens, der unter Druck geraten ist und institutionelle Strukturen aufbrechen sieht. Wieweit dieser Wandel bereits fortgeschritten ist, lässt sich daran erkennen, dass die Verfechter des Marktes nicht mehr nur in den Chefetagen der Unternehmen sitzen, sondern zunehmend auf Ministersesseln und gerade auch in den Kommunalbehörden. Hier hat die Philosophie des *new public management* Einzug gehalten (siehe Ferlie, 1996), das Konkurrenzdenken von detaillierten Vertragsausschreibungen verbunden mit systematischer Erfolgskontrolle durch buchhalterische Instrumente der Betriebswirtschaft, dem sogenannten Controlling.

3. Die wirtschaftliche Bedeutung des Dritten Sektors hat mit seiner sozialen Einbettung nicht Schritt halten können.

Eine Erosion der sozialen Milieus hat stattgefunden, d.h. in Milieus, die z.B. in Deutschland oder den Niederlanden die ultima ratio für die Stellung des Dritten Sektors in der Bereitstellung sozialer Dienste waren. Aus diesen Milieus kam die eigentliche Legitimität für den Dritten Sektor, nämlich vom Wunsch der katholischen, protestantischen oder wie immer gesinnten Bevölkerung nach katholischen, protestantischen oder sonstigen Sozialeinrichtungen. Aber die lange selbstverständliche Annahme--wenn sie auch nie voll zutraf,--dass eine staatliche oder erwerbswirtschaftliche Sozialeinrichtung in einer fast rein katholischen Gemeinde fehl am Platz sei, weil es der Bevölkerungsstruktur und der vorliegenden Nachfragepräferenz entsprechende katholische Einrichtung schon gäbe und richtigerweise geben sollte, diese Annahme wird immer schwieriger durchzuhalten sein, da sich die Säkularisierungstendenz der europäischen Bevölkerung fortsetzt und verstärkt fortsetzen wird (siehe Inglehart, 1997).

Oder um es etwas vereinfachend auszudrücken: Eine katholische Einrichtung braucht eine identifizierbare Bevölkerung, der etwas daran liegt und zwar in dem Sinne, dass man die katholische Einrichtung gegenüber Alternativen nicht nur akzeptiert, sondern über rein wirtschaftliche Erwägungen hinweg beansprucht, ja bevorzugt. Anders formuliert, da der Konsumentenhoheit in allen politischen Entwürfen immer mehr Bedeutung zukommt – und gerade auch im gesundheitlichen, sozialen und bildungspolitischen Bereich – muss eine Nachfrage vorliegen, der es nicht nur um das liebe Geld geht. Diese Nachfrage kann kaum noch als politische wirkungsvolle Konstante gedacht werden. Im Gegenteil, ihre Bedeutung wird schrumpfen und zwar in dem Maße, wie die verfasste Kirche und die traditionellen industriegesellschaftlichen Aggregate überhaupt an politischem Boden verlieren. Generell handelt es sich um die Herauslösung von nachgefragten Dienstleistungen aus Wertezusammenhängen, seien sie religiöser, moralischer oder politischer Natur.

Der Niedergang der verfassten Kirche ist ein paneuropäisches Phänomen: Schweden hat die lutherische Staatskirche abgeschafft und damit auch die Kirchensteuer, und die Position der anglikanischen Kirche in England war noch nie so gefährdet wie heute--nicht so sehr im Sinne antiklerikaler Politik als vielmehr kulturell: Nämlich in der zunehmenden Irrelevanz der Kirche für das alltägliche Leben. Die Höhe der Kirchenaustritte ist in diesem Zusammenhang besonders indikativ für die Erosion sozialer Milieus. Im Deutschland der 90er Jahre waren es durchschnittlich 150,000 pro Jahr bei der katholischen Kirche, fast doppelt so viel bei den protestantischen Kirchen, zusammengenommen geht der öffentlich-verfassten Kirche jedes Jahr die Einwohnerzahl einer mittleren Großstadt verloren. Gerade 5% der evangelischen Kirchenmitglieder und 19% der Katholiken nehmen wöchentlich am Gottesdienst teil. In Frankreich, Großbritannien und anderen europäischen Ländern finden sich ähnliche Tendenzen. Der Rückzug der Mitglieder aus der verfassten Kirche ist gepaart mit Priester- und Schwesternmangel und einer gleichzeitigen Professionalisierungswelle des gesamten Dienstleistungsbereichs, der sich um die Kirche angesiedelt hat.

Aber es sind nicht nur die traditionellen Kirchen Europas, denen die Mitglieder weglaufen. Die Mitgliederzahlen der Großverbände, der Parteien und Gewerkschaften gehen in den meisten europäischen Ländern zurück. Gleichzeitig erhöht sich die Zahl der Vereine und die Zahl der Mitgliedschaften überhaupt, und die Vereinsdichte hat sich seit 1960 in Deutschland mehr als verdreifacht (Anheier und Seibel, 2000); in Frankreich und Österreich finden wir ähnliche Zahlen (Archambault, 1996; Badelt, 1999). Das heißt, wir sind immer häufiger Mitglieder in einer weiter ansteigenden Anzahl von Vereinen, die aber immer weniger die milieuverbundenen Großvereine oder Gemeinschaften sind, die in ihrer jetzigen Verfassung aus dem industriellen Zeitalter stammen. Die Vereinslandschaft wandelt sich und die Bedeutung der großen sozialen Aggregate geht zurück--seien es die politischen Parteien, die Gewerkschaften oder die öffentlich-rechtlich verfassten Kirchen.

Fünf Thesen

Auf dem Hintergrund dieser Befunde werden nun fünf Thesen vorgestellt und im europäischen Kontext etwas tiefer ausgeleuchtet.

1. Wir leben in einem Zeitalter fortschreitender Rationalisierung der Welt, und die Ökonomisierung und Globalisierung des Dritten Sektors ist Teil dieses Prozesses.

Max Webers These von der Entzauberung der Welt, der fortschreitenden Rationalisierung der Lebensbereiche hat nichts von ihrer Brisanz verloren und ist für die heutige Diskussion genauso relevant wie zu Anfang des letzten Jahrhunderts. Was mit der Reformation schubweise an Bedeutung gewann, d.h. die Ratio der Lebensführung und die Entfesselung der Moderne, hat gerade in den letzten Jahren verstärkt zu Wertewandel geführt, zusätzlich angetrieben von 50 Jahren politischer Stabilität, wirtschaftlichem Fortschritt und sozialer Wohlfahrt. Ob wir es Postmoderne oder Postmaterialismus nennen ist dabei weniger von Interesse als die Erkenntnis, dass wir es mit epochalen, langfristigen Entwicklungen zu tun haben.

Der Dritte Sektor insgesamt und jene Bereiche, die noch vor 100 Jahren als quasi nicht-wirtschaftliche Teile der Gesellschaft als Idealsphären galten und von der Politik lange auch so behandelt wurden, waren lange von Rationalisierungstendenzen ausgenommen. Sie wurden zuerst von staatlichem Ordnungsdenken und der damit verbunden bürokratischen Handlungsrationalität erfasst, werden aber mit Abflauen des wohlfahrtsstaatlichen Modells verstärkt von Marktrationalitäten durchdrungen (siehe Anheier und BenNer, 1997). Die technische Entwicklung, die fortschreitende Standardisierung im Dienstleistungsbereich, der forcierte Glauben an den Markt und rein wirtschaftliche Interessen machen es möglich: Märkte entstehen dort, wo es noch vor 10 Jahren nicht für möglich gehalten wäre: in der Informationswirtschaft und im Kommunikationswesen, auf den Finanzmärkten, im Bereich der beruflichen Weiter- und Fortbildung und auch und gerade im Gesundheits- wie Sozialbereich, den traditionellen Kerngebieten des Dritten Sektors.

Die Ökonomisierung von weiten Teilen des Dritten Sektors wird kaum aufzuhalten sein. Es ist auch kein Prozess, der erst gestern begann oder mit der europäischen Diskussion über die Sozialwirtschaft (*economie sociale*), die den Dritten

Sektor als Wirtschaftszweig behandelt. Im Gegenteil, es handelt sich um eine lang-fristige Entwicklung, die mit der ersten Einführung von verwaltungspolitisch ge-setzten Verrechnungspreisen in den 50er Jahren begann und durch die immer zen-traler werdende Rolle der Versicherungsanstalten und Rechnungshöfe in den 60er und 70er Jahren fortgesetzt wurde. Dies führte somit zu der Standardisierung und Normierung der Leistungsbereitstellung und Berechnung, z.B. ISO 9000, die eine volle Monetarisierung und Anlehnung an Marktgrößen immer mehr möglich machten und machen werden. Mit anderen Worten, in dem Maße, in dem Ein-richtungen des Dritten Sektors gerade in den letzten Jahren verstärkt bemüht wa-ren, Leistungen effizient und effektiv anzubieten, wurde der Weg für zukünftige Konkurrenten mit vorbereitet.

2. Im Wettbewerb mit erwerbswirtschaftlichen Einrichtungen könnten gerade die größeren Einrichtungen des Dritten Sektors das Nachsehen haben--aber nicht unbedingt in wirtschaftlicher Hinsicht allein.

Es ist aber nicht nur die Unzeitmäßigkeit der Entwicklungen, sondern auch der Unterschied zwischen Anspruch und Wirklichkeit, der große Veränderungen er-warten lässt – nämlich der Unterschied zwischen dem Anspruch der Gemeinnüt-zigkeit und der Wirklichkeit von eigentlicher Nachfrage und eigentlichem Ange-bot. Denn ein wesentlicher Teil der zu erwartenden Nachfrage wird nicht von unteren Einkommensgruppen an den Dritten Sektor herangetragen werden, son-dern von mittleren und oberen Schichten der Skala. In diesem politisch und wirt-schaftlich gesehen sehr strategischen Segment werden sich neue Märkte etablieren und ausbreiten, d.h. in Nachfragekategorien, die eben nicht unbedingt auf sozial-karitative Elemente angewiesen sind und sich über den Markt soziale Dienste einkaufen lassen--von Altersheimen über Jugendfreizeit bis hin zu Kindergärten, Reha-Kliniken oder Tagesheimen.

Aber wer wird dies für jene bezahlen, die nicht zu den Besserverdienenden, sondern zu den sozial und wirtschaftlich schwachen Bevölkerungsgruppen gehö-ren? Doch weiterhin die öffentliche Hand in der einen oder anderen Weise aber immer mehr im Sinne des *contracting out* als Grundmuster, wobei staatliche Stel-len in einem offenen Ausschreibungsverfahren Aufträge anbieten und so die Lei-stungsbereitstellung kontrollieren. Auch für den Dritten Sektor bedeutet dies, das *new public management* die Wohlfahrtsleistungen bestimmen wird und zwar umso deutlicher, je mehr öffentliche Mittel dazu bereitgestellt werden. Werden rein karitativ arbeitende Organisationen, die weder von öffentlichen Mitteln noch von Markteinkünften signifikant finanziert werden, bald eine Minderheit im Dritten Sektor darstellen?

Sicherlich hat sich schon seit den 80er Jahren verstärkt eine Differenzierung in den Angebots- und Nachfragestrukturen des Dritten Sektors abgezeichnet. Es ist Teil eines sich erst zögerlich und dann schneller und auch breiter etablierenden Marktmusters, welches von einer mit der Philosophie des *new public management* durchdrungenen öffentlichen Verwaltung nachhaltig verstärkt wird. Aber wer wird im und am Markt gewinnen? Aus der Ökonomie und Organisationssoziologie lassen sich Antworten ableiten (Chandler, 1994). Es werden jene Einrichtungen sein, die mit *economies of scale* und *economies of scope* arbeiten können, um Kosten zu sparen und auf Marktveränderungen besser reagieren zu können. *Economies of scale* bedeutet, dass größere Betriebsgrößen bzw. Kapazitäten mit Kostenvorteilen verbunden sind, z. B. durch Massenproduktion und die damit verbundene Senkung der Stückkosten. *Economies of scope* bezeichnet die Möglichkeit der Kostensenkung durch Verbindung mehrerer Produktlinien oder Dienstleistungsangebote, denken wir an die Pharma- und Lebensmittelindustrie, den Lebensmittelhandel oder auch die Rehabilitations- und Konvaleszenzeinrichtungen. Hier können durch Ko- und Mischproduktion Kostenvorteile errungen werden.

Aber dazu ist es oft notwendig, schnell und effizient Zugang zu Kapital zu finden, und da haben die gemeinnützigen Träger das Nachsehen (Betzelt, 2000). Sie sind von der Steuergesetzgebung her auf die zeitnahe Verwendung der Mittel angewiesen und oft sonstwie in bestimmte Investitionsmuster eingebunden, z. B. im Krankenhauswesen. Aber gemeinnützige Träger können nicht auf den Kapitalmärkten in Frankfurt, London oder New York die Investitions- und andere Finanzmittel beschaffen, die ein schnelles Reagieren erfordern. Und die im Gesundheits- und Sozialbereich anfallenden Investitionskosten werden beträchtlich sein.

Drei Schlussfolgerungen lassen sich unter These 2 ableiten. Erstens, "*Big is beautiful*" im Sinne der *economies of scale* und *scope*, die von kleinen, einzelnen Einrichtungen nicht geleistet werden können; die neuen Sozialmärkte werden zumindest auf der regionalen Ebene etabliert werden, mit Anbietern, die eher national und regional vertreten sind. Rein lokale Anbieter werden es schwer haben, mit der Ausnahme von Nischenmärkten. Wahrscheinlich wird das *Franchise-System* weite Verbreitung finden, wobei kleine bis mittlere Betriebseinheiten überregional ja international Unternehmensnetze bilden werden. Als Beispiel dazu sollte man an die Versuche namhafter Hotelketten aber auch katholischer Träger denken, in den Markt für Altenwohnheime der höheren Einkommensschichten einzudringen.

Zweitens wird der Zugang zu Kapital entscheidend sein. Dies nicht nur im Sinne von Neuinvestitionen sondern auch im Sinne der Um- und Nachrüstung bei Veränderungen und technischen Weiterentwicklungen. Dies leitet zur dritten Schlussfolgerung über: Die entstehenden Sozialmärkte werden noch über Jahre hinweg in Bewegung sein, als unkonsolidierte Märkte starken Wandlungen unterworfen sein, mit Veränderungen in den politischen Rahmenbedingungen. Mobilität von einem Markt in den anderen, um opportunistischer arbeiten und Nischenmärkte besser ausschöpfen zu können--all dies verlangt hohe Flexibilität in der Organisationsstruktur, im Finanzgebaren und im Personalwesen.

Die grundlegende Frage ist also nicht so sehr, ob die heute vorherrschenden und bestehenden Organisationsformen im Dritten Sektors konkurrenzfähig sind oder ob sie es werden könnten; die grundlegende Frage ist, ob sie dies als nicht-gewinnorientierte, gemeinnützige Einrichtungen können und wollen. Auf diese Frage soll im Folgenden eingegangen werden.

3. Die oft widersprüchlichen Entwicklungstendenzen im Dritten Sektor werden neue Organisationsformen und -modelle hervorbringen, die aber in den jeweiligen europäischen Ländern durchaus unterschiedlich ausfallen können.

Hinter dieser These steht die Annahme, dass es sich bei den Wachstumstendenzen des Dritten Sektors nicht um eine bloße Expansion handelt, sondern mit einem tiefergehenden Wandlungsprozeß in der Zusammensetzung und Bestimmung organisatorischer Formen in allen Sektoren und in vielen Branchen und Bereichen. Mit anderen Worten: Das vehemente Wachstum des Dritten Sektors weist eigentlich schon auf das Ende seiner jetzigen Struktur und Zusammensetzung hin. Es geht um das Herausbilden von neuen Organisationsformen, die über die sektoralen Vorstellungen (Markt, Staat, Dritter Sektor) des späten Industriezeitalters hinausgehen.

Mit dem Begriff der Organisationsform werden nach Romanelli (1991) relativ distinktive organisatorische Merkmalsbündel bezeichnet, die Organisationsgruppen oder -klassen voneinander unterscheiden lässt. Dies bezieht sich einmal auf die primäre Aktivität (Krankenhäuser, Universitäten, Sozialeinrichtungen) der Organisation, ihren Zweck (erwerbswirtschaftlich bzw. nichterwerbswirtschaftlich) und auf ihren rechtlichen Status (privat bzw. staatlich). Obwohl andere Formbestimmungen möglich sind, so können Aktivität, Zweck und Status als grundlegende Merkmale für for Formbestimmung Nonprofit-Organisationen angesehen werden. Andere Formen im Dritten Sektor wären Mitgliederorganisationen und Stiftungen.

Organisationsformen stehen in einem mehr oder weniger offenen und ausgeprägten Konkurrenz- oder Spannungsverhältnis zueinander (Aldrich, 1999), wobei es mit der Zeit zu Verschiebungen in der relativen Häufigkeit und Zusammensetzung organisatorischer Felder (Gesundheitswesen, Kultur) kommen kann. Die Gründe für Verschiebungen und Umstrukturierungen sind vielfältig und liegen einerseits in externen Veränderungen des organisatorischen Umfelds und der Kapazitätsgrenzen, anderseits in internen organisatorischen Zusammenhängen, Innovationsleistungen u.ä.

Ob dabei die jeweiligen Merkmalsbündel Aktivität, Zweck oder Status den Ton angeben wird ebenfalls zeitlich und bereichsspezifisch variieren. Um die jeweiligen Verschiebungen und Veränderungen in der Zusammensetzung organisatorischer Felder nach Organisationsformen in und um den Dritten Sektor besser greifen zu können, wird auf den Begriff der Artenbildung aus der Populationsökologie Rückgriff genommen, der in den letzten Jahren verstärkt in die Organisationstheorie aufgenommen wurde (Romanelli, 1991; Aldrich, 1999). Artenbildung (*speciation*) von Organisationsformen beinhaltet zwei grundlegende Entwicklungstendenzen (Romanelli, 1991): Einmal den Prozess der Rekombination bestehender Merkmale über Formgrenzen und Formtypen hinweg, so zum Beispiel die Einführung von Controllingfunktionen und Kostenbeitragsrechnung oder die Einrichtung von Profitzentren für Überkreuzsubventionierung in Nonprofit-Organisationen, die Entwicklung von *corporate responsibility*-Programmen im erwerbswirtschaftlichen Bereich oder *bench-marking* im öffentlichen Dienst. Zum anderen bedeutet der Prozess der Refunktionalität vornehmlich Umbettung oder Umsiedlung einer Organisationsform in einen anderen Zusammenhang und Kontext, so zum Beispiel das Vordringen erwerbswirtschaftlich orientierter Investmentfonds im Gesundheits-, Sozial- und Bildungswesen, *franchising* im Nonprofit-Sektor, Selbsthilfegruppen im Markt oder öffentliche Sparkassen im Geschäftsbankenbereich.

Beide Entwicklungstendenzen finden in den letzten Jahren verstärkt statt und in einem Ausmaß, der das institutionelle Gefüge moderner Gesellschaften in Frage stellen lässt. Dies lässt sich am ehesten an der Ausweitung der Grauzonen feststellen, die sich gerade zwischen Erwerbswirtschaft und Nonprofit-Sektor zunehmend herausgebildet haben. Zu leicht werden derartige Grauzonen als Problemfelder betrachtet, ohne sie aber in ihrer eigentlichen Funktion als Indiz für anstehende und möglicherweise grundlegende Veränderungen zu erkennen.

Formverschiebungen und –entwicklungen durch Rekombination und Refunktionalität spielen sich in allen Bereichen von Wirtschaft, Staat und Gesellschaft ab, nicht nur im Dritten Sektor allein. Inwieweit kann das Wachstum des Dritten Sektors dabei als Ausdruck dieser Formentwicklungen gesehen wurden und inwieweit ist es als genuin und ursächlich sektor-spezifisch zu betrachten? Grundlegende Veränderungen in Angebots- und Nachfragestrukturen, wie sie weiter oben beschrieben wurden, machen nicht notwendigerweise an Sektorgrenzen halt, und es kann daher angenommen werden, dass das Wachstum des Dritten Sektors eben nicht von sektorspezifischen Faktoren allein und signifikant gespeist wird.

In den letzten Jahren sind viele freie Wohlfahrtseinrichtungen verstärkt dazu übergegangen, durch Auslagerung und Gründung erwerbswirtschaftlicher Einrichtungen neue Erwerbsquellen zu sichern. Es geht nicht nur um die Umwandlung etablierter Einrichtungen des Dritten Sektors in erwerbswirtschaftliche Betriebe; die sozialen Kooperativen in Italien, der neue Mutualismus in England und Italien zeigen deutlich, dass auch genuine, nicht-erwerbswirtschaftliche Einrichtungen neu entstehen bzw. sich neu entwickeln.

Generell gesehen sind es die sektoralen Nahtstellen, an denen sich das Aufbrechen des industriegesellschaftlichen Institutionengefüges am besten beobachten lässt. Die zentrale Frage ist aber: Welche europäische Gesellschaft wird in der Herausbildung neuer Organisationsformen wegweisend sein und über nationale Grenzen hinweg Impulse setzen können? Welches Land hat die notwendige institutionelle Vielfalt, um Innovationen zu ermöglichen, auszuprobieren und über die Grenzen nutzbar zu machen? Aus der Organisationstheorie wissen wir, dass multiple, überlappende Netzwerkstrukturen, die über bereichsspezifische und sektorale Grenzen hinausgehen, Innovationsprozessen am ehesten förderlich sind (Powell, 1999). Auf der empirischen Ebene zeigen sich in dieser Hinsicht im internationalen Vergleich wahrscheinlich große Unterschiede, obwohl diese Thematik für den Dritten Sektor kaum erforscht ist; theoretisch lassen sich aber wichtige Verbindungen zwischen organisationssoziologischen Überlegungen einerseits und Ansätzen in den Bereichen soziales Kapital und zivilgesellschaftliche Strukturen andererseits abzeichnen.

4. Neue Organisationsmodelle können die konflikthaften und oft widersprüchlichen Entwicklungstendenzen im Dritten Sektor auffangen helfen.

Die Ökonomisierung der Gesellschaft allgemein und des Dritten Sektors insbesondere und die weiter fortschreitende Erschließung neuer Märkte sind Ergebnis, aber nicht eigentlich Grund der Veränderungen. Ursache ist die weiter fortschreitende Rationalisierung der Gesellschaft, welche zunehmend Marktformen annimmt. In vielerlei Hinsicht war der Markt als Tauschmedium über Bereiche und Grenzen hinweg noch nie gesellschaftspolitisch so legitimiert wie heute – die Idee Europas ist ja zunehmend ein Projekt des gemeinsamen Binnenmarktes geworden. Markt und wirtschaftliche Instrumente der politischen Institutionen der Europäischen Union sind weiter entwickelt als demokratische oder zivilgesellschaftliche Aspekte. So gesehen sind auch die Europäisierungs- und Globalisierungstendenzen des Dritten Sektors Ergebnis aber nicht Grund für anstehende und zukünftige Veränderungen.

Wie können Organisationen des Dritten Sektors auf diese Veränderungen reagieren? Welche Handlungsmöglichkeiten stehen ihnen offen? Mögliche Antworten lassen sich aus den Überlegungen von Frumkin und Andre-Clark (2000) entwickeln, die Wertegebundenheit und Effizienzorientierung von Dritter-Sektor-Organisationen in Verbindung setzen (Schaubild 1). Dabei interessiert insbesondere die Frage, inwieweit gemeinnützige Organisationen zu gemeinnützigen, wertegebundenen Unternehmen werden können, ohne sich entweder zu Nonprofit-Unternehmen zu entwickeln, d.h., einen ersten Schritt in die Erwerbswirtschaft zu gehen, oder als *"Nonprofit Dog"* ein gesellschaftspolitisch unrühmliches Dasein zu fristen. Sicherlich wird es für die meisten mittleren und größeren Einrichtungen des Dritten Sektors aufgrund bestehender und sich entwickelnder Angebots- und Nachfragestrukturen, insbesondere im Gesundheits- und Sozialbereich, nur unter bestimmten Bedingungen möglich sein, als Organisation mit hoher Wertegebundenheit und geringer Leistungs- und Ertragsorientierung zu bestehen.

Schaubild 1: Wertegebundenheit und Effizienzorientierung

	GERINGE ORIENTIERUNG AN LEISTUNG UND ERTRAG	HOHE ORIENTIERUNG AN LEISTUNG UND ERTRAG
GERINGE WERTEBINDUNG	"Nonprofit Dog"	Nonprofit-Unternehmen
HOHE WERTEBINDUNG	Gemeinnützige Vereinigung bzw. Einrichtung	Gemeinnütziges Unternehmen

Die weitaus meisten Einrichtungen haben daher kaum die Möglichkeit, *nicht* auf veränderte Rahmenbedingungen zu reagieren und in ihrem bestehenden Rahmen fortzufahren. Ein anderer Extrempunkt wäre eine systematische Politik der Desinvestition, wobei gezielt Einrichtungen abgebaut und Liegenschaften veräußert werden. Dadurch erlöste Mittel werden in einen gemeinnützigen Investmentfond oder eine Stiftung eingebracht, zur Finanzierung eines Kerns karitativgemeinnütziger Tätigkeiten. Dies wäre gleichsam ein primäres Rückbesinnen auf Werte, mit der Erwartung wirtschaftlich defizitär arbeiten zu müssen, wobei Defizite durch Leistungsbereitstellung durch Stiftungserträge zumindest potentiell wettgemacht werden können.

Es lässt sich aber auch eine dritte Option denken, die kurz umrissen werden soll. Teile des Leistungsangebots der Einrichtungen des Dritten Sektors können über den Markt geregelt werden und sind nicht (mehr) unmittelbar dem gemeinnützigen Kernbereich zuzurechnen. Andere Teile des Leistungsangebots hingegen können weiterhin und vielleicht sogar auch verstärkt von Werteüberlegungen bestimmt sein. Für beide Teile, den karitativ-gemeinnützigen als auch den marktorientierten, wird effizienter und effektiver Mitteleinsatz wichtiger denn je. Beide

Teile können sich gegenseitig unterstützen, symbiotisch zueinander stehen, wenn sie getrennt organisiert und optimierbar werden.

Dazu sind jedoch weitgehende Veränderungen im politischen und organisatorischen Umfeld erforderlich. In Deutschland wäre dies z. B. eine weiter gefasste Konzeption der Subsidiarität, die von der Ursprungsidee der Subsidiarität ausgehend, den Wertepluralismus moderner Gesellschaften voll anerkennt. Dies bedeutet, dass subsidiäre Strukturen nicht mehr auf bestimmte Einrichtungen und Träger beschränkt sein dürfen. In Frankreich wäre eine Reform der gesetzlichen Rahmenbedingungen erforderlich, die der Gemeinnützigkeit größeren Spielraum einräumt und somit die betriebswirtschaftliche Handlungskapazität für Organisationen im Dritten Sektor erhöht. In Großbritannien, wo auf der Grundlage weitgehend inszenierter Märkte und Quasimärkte die Bereitstellung sozialer Dienste mit lokalen Entwicklungsstrategien abgestimmt werden sollen (siehe Deakin, 2000 und Beiträge in Anheier und Kendall, 2000), ist eine Dezentralisierung der Steuer- und Haushaltspolitik angesagt.

Bei der Erschließung von Märkten und der Öffnung des Dritten Sektors für andere Organisationsformen, insbesondere gewinnorientierte Unternehmungen, ist zu erwarten, dass es Versorgungs- und Finanzierungsprobleme im Gesundheitswesen und im Bereich der sozialen Dienste geben wird. Hier ist der Staat gefragt – nicht so sehr im Sinne der Mittelvergabe, sondern als Ordnungsinstrument hat er für die angemessenen und gerechten Marktbedingungen und insbesondere Transparenz dort zu sorgen, wo Konkurrenz zugelassen wird bzw. entsteht. Verbraucherschutz und entsprechende gesetzliche Vorhaben sollen dabei potentiellem Missbrauch vorbeugen.

Es wird wahrscheinlich schwierig werden, den Dritten Sektor als solchen insgesamt in dem rechtlichen und organisatorischen Rahmen des späten 20ten Jahrhunderts zu halten. Dies ist auch nicht notwendig. Als Grundmaxime sollte gelten, den Kern karitativer Tätigkeit zu bewahren – hier gibt die Werteorientierung dem Dritten Sektor einen Wettbewerbsvorteil bei den Teilen der Bevölkerung, denen an einer christlichen, humanitären oder anderweitigen wertegebundenen Botschaft gelegen ist. Andere Teile, die in hoch regulierten Märkten und hochtechnischen Bereichen arbeiten, könnten als erwerbliche Einrichtungen betrieben werden, auch in dem Sinne, dass sie aus der Gemeinnützigkeit entlassen werden.

Markt und Dienst an der Gemeinschaft müssen nicht notwendigerweise ein Widerspruch sein (siehe dazu allgemein: Kistler et al, 1999). Es gibt die Möglichkeit der Kreuzsubventionierung, wonach ein karitativer Zweck von erwerbswirtschaftlichen Aktivitäten unterstützt wird. Besonders interessant erscheint das Modell der Unternehmensträgerstiftung zu sein. Sie kann Einrichtungen erwerbswirtschaftlich betreiben und trotzdem einen gemeinnützigen Zweck verfolgen, mit

dem versucht wird, wirtschaftliche Aktivitäten mit dem Gemeinwohl zu verbinden, ohne das sich beide Bereiche überschneiden müssen. Die Stiftung als eigen-
tümerlose Vermögensmasse, die zu und für einen bestimmten Zweck, der vom
Stifter bestimmt ist, erscheint generell als brauchbares Instrument für die organisatorische Reform des Dritten Sektors. Die Stiftung übernimmt das Betriebs- und
Anlagevermögen, setzt diese erwerbswirtschaftlich ein und hilft mit ihren Erträgen
anderen gemeinnützigen oder nicht marktfähigen Einrichtungen.

Fazit

Gerade wenn es zu einer Umstrukturierung des Dritten Sektors in dem hier vorge-
schlagenen Rahmen kommt, wird sich der beschäftigungspolitische Beitrag der
Nonprofit-Organisationen gerade in den Bereichen Gesundheit und Soziale Dienste wahrscheinlich verringeren--und dies, obwohl beide Branchen insgesamt weiterhin überdurchschnittlich in der Bereitstellung von Arbeitsplätzen wachsen werden. In dem Maße, wie sich die Organisationen des Dritten Sektors auf ihre Wer-
tebezogenheit zurückbesinnen und quantitatives Wachstum nicht mehr unbedingt
als positiv betrachten, wird auch der rein quantitative Beitrag zur Verringerung der
Jungendarbeitslosigkeit kleiner ausfallen müssen.

Aber gleichzeitig könnten sich neue und positive Effekte für die Beschäftigung
abzeichnen. Die Wertegebundenheit des Dritten Sektors schafft lokale Kompetenzen und soziales Kapital, und er trägt somit zur sozialen Selbstorganisation und
Beschäftigung bei. Mehr als staatliche und erwerbswirtschaftliche Einrichtungen
können Organisationen des Dritten Sektors in soziale Milieus hineinwirken und
somit einen Beitrag zur Reduzierung sozialer Eingrenzung leisten. Ob Nonprofit-
Organisationen dieser Herausforderung gerecht werden können, und ob sie die
dazu notwendigen politischen Weichenstellungen bald vorfinden oder erst mühsam erkämpfen müssen, dies werden die zentralen Fragen zur Zukunft des Dritten
Sektors sein.

Literatur

Aldrich, Howard. 1999. *Organizations Evolving.* Thousand Oaks and London:
    Sage Publications.
Anheier, H. K. 1999: „Der Dritte Sektor im internationalen Vergleich. Ökonomi-
    sche und zivilgesellschaftliche Dimensionen von Nonprofit-Organisationen".
    In: *Berliner Journal für Soziologie*, Bd. 9, S. 197–212.

Anheier, H. K./Priller, E./Seibel, W./Zimmer, A. (Hg.). 1997. *Der Dritte Sektor in Deutschland, Organisationen im gesellschaftlichen Wandel zwischen Markt und Staat*. Berlin: Sigma.

Anheier, Helmut and Jeremy Kendall (eds). *The Third Sector at the Crossroads*. Routledge, forthcoming.

Anheier, Helmut K. 1997. "Der Dritte Sektor in Zahlen: Eine sozial-ökonomische Strukturbeschreibung" in Helmut K. Anheier, Eckhard Priller, Wolfgang Seibel und Annette Zimmer (Hrsg.), Der Dritte Sektor in Deutschland. Berlin: Sigma, S. 29-74.

Anheier, Helmut K. und Avner BenNer. 1997. "The Shifting Boundaries: Long-term Changes in the Size of the Forprofit, Nonprofit, Cooperative and Government Sectors" *Annals of Public and Cooperative Economics*. 68 (3): 335-354.

Anheier, Helmut K. und Wolfgang Seibel. *The Nonprofit Sector in Germany*. Manchester, UK: Manchester University Press (im Druck, 2000-1)

Archambault, Edith. 1996. *The Nonprofit Sector in France*. The Johns Hopkins Nonprofit Series edited by Lester M. Salamon and Helmut K. Anheier. Manchester: Manchester University Press.

Badelt, Christoph (Hrsg.). 1999. *Handbuch der Nonprofit Organisationen: Strukturen und Management*. Stuttgart: Schaeffer und Poeschel.

Betzelt, S. 2000. „Der Dritte Sektor in ‚Fesseln': Rechtliche und ökonomische Rahmenbedingungen". In: S. Nährlich/A. Zimmer (Hg.): *Management in Nonprofit-Organisationen*. Opladen: Westdeutscher Verlag, S. 37-61.

Burger, A. und P. Dekker. 2000 „The Nonprofit Sector in the Netherlands" Unpublished manuscript.

Chandler, A. 1994. *Scale and Scope*. Cambridge: Harvard University Press.

Deakin, N. "Putting narrow-mindedness out of countenance: the UK voluntary sector in the new millennium" *Centre for Civil Society Working Paper 4*, London School of Economics, 2000.

Evers, A./Olk, T. 1996. *Wohlfahrtspluralismus. Vom Wohlfahrtsstaat zur Wohlfahrtsgesellschaft*. Opladen: Westdeutscher Verlag.

Ferlie, Ewan. (ed.) 1996. The New Public Management in Action. Oxford: Oxford University Press.

Frumkin, P. and Andre-Clark, A. 2000. "When missions, markets and politics collide: values and strategies in the nonprofit human services" *Nonprofit and Voluntary Sector Quarterly*.

Inglehart, Ronald. 1997. *Modernization and Postmodernization. Cultural, Economic and Political Chance in 43 Societies*, Princeton: Princeton University Press.

Kistler, E./Noll, H.-H./Priller, E. (Hg.).1999. *Perspektiven gesellschaftlichen Zusammenhalts. Empirische Befunde, Praxiserfahrungen, Meßkonzepte.* Berlin: Sigma.

Ottnad, A, S. Wahl und M. Miegel. 1999. Zwischen Markt und Wohltätigkeit. München: Olzog.

Powell, Walter. 1999. "Varieties of Capitalist Systems: Why Small Form Biotechnology Flourishes in the US but not in Europe" 94th Annual Meeting of the American Sociological Association, Chicago.

Priller, E./Zimmer, A./Anheier, H. K. 1999. „Der Dritte Sektor in Deutschland. Entwicklungen, Potentiale, Erwartungen". In: *Aus Politik und Zeitgeschichte*, Beilage zur Wochenzeitung Das Parlament B 9/99, 26. Februar, S.12-21.

Rauschenbach, T./Schilling, M. 1995. „Die Dienstleistenden: Wachstum, Wandel und wirtschaftliche Bedeutung des Personals in Wohlfahrts- und Jugendverbänden". In: T. Rauschenbach et al. (Hg.): *Von der Wertegemeinschaft zum Dienstleistungsunternehmen. Jugend- und Wohlfahrtsverbände im Umbruch.* Frankfurt a.M., S. 321-355.

Romanelli, Elaine. 1991. "The Evotion of Organisational Forms." *Annual Review of Sociology* 17: 79-103.

Salamon, L. M./Anheier, H. K. 1999. *The Emerging Sector Revisited. A Summary.* Baltimore: Johns Hopkins University.

Seibel, Wolfgang. 1994. *Funktionaler Dilletantismus.* Baden-Baden: Nomos.

Zimmer, A./Priller, E. 1997. „Zukunft des Dritten Sektors in Deutschland". In: H. K. Anheier/E. Priller/W. Seibel/A. Zimmer (Hg.): *Der Dritte Sektor in Deutschland. Organisationen zwischen Staat und Markt im gesellschaftlichen Wandel.* Berlin, S. 249-283.

Zusammenfassung

Die Grundthese ist, dass wir es bei den seit Jahren anhaltenden beachtlichen Wachstumstendenzen im Beschäftigungsaufkommen des Dritten Sektors nicht mit einem bloßen Wachstum zu tun haben, sondern mit einem tiefergehenden Wandlungsprozess. Das vehemente Wachstum des Dritten Sektors weist eigentlich schon auf das Ende seiner jetzigen Struktur und Zusammensetzung hin. Es geht um das Herausbilden von neuen Organisationsformen, die über die sektoralen Vorstellungen (Markt, Staat, Dritter Sektor) des späten Industriezeitalters hinausgehen. Die damit verbundenen beschäftigungspolitischen Implikationen auch für junge Menschen werden beachtlich sein und die Politik gerade in diesem Bereich vor große Herausforderungen stellen. Dazu ist es wichtig, zu erwartende Veränderungen in der Beschäftigung im Kontext allgemeiner Entwicklungen zu sehen. Dies soll in dem vorliegenden Beitrag geleistet werden.

Summary

The growth of the third sector, particular the long-term expansion of its employment base, is more than a quantitative phenomenon alone. It points to more fundamental changes in economy and society – changes that may well have the potential of altering the character of the third sector, and lead to the emergence of new forms of private organisations serving public purposes. These changes will bring many implications for employment policies in terms of the type of paid and unpaid work found in nonprofit organisations. The paper tries to put these changes and implication in context to identify policy options and like developments.

Three Findings

1. The third sector has for over 10 years contributed disproportionately to employment growth.
2. The market is infiltrating the third sector.
3. The economic importance of the third sector has grown more than its social embeddedness.

Four Theses

1. Rationalisation and globalisation affect the third sector, too.
2. In competition with market firms, nonprofit organisations may be at a disadvantage.
3. The frequently contradictory developments in the third sector will lead to new organisational models and forms of work.
4. New organisational forms are needed that go beyond the sector distinction of the late industrial society.

Martin Potůček[1]

Arbeitslose Jugendliche und der gemeinnützuge Sektor in der Tschechischen Republik: Zukünftige Potentiale und Probleme

1. Entwicklung der Arbeitslosigkeit in der Tschechischen Republik

Die Arbeitslosenquote in der Tschechischen Republik ist relativ hoch – 45,9% der Bevölkerung sind erwerbstätig – in absoluten Zahlen arbeiten also 4.715.000 von 10.275.000 Menschen. Frauen sind traditionell auf dem Arbeitsmarkt stark vertreten.

Schaubild 1 zeigt die Beschäftigungsstruktur in den Hauptsegmenten der tschechischen Wirtschaft

Schaubild 1: Arbeitsstruktur nach Sektoren (in %), Tschechische Republik

Sektoren:	1999 (1+2 Q)	2000 (1+2 Q)
I.: Landwirtschaft	5,3	5,1
II.: Industrie	31,0	30,2
II.: Bauindustrie	9,2	9,3
III: Dienstleistung	54,5	55,4
Gesamt	100	100

Quelle: Analýza vývoje zaměstnanosti a nezaměstnanosti v 1. pololetí 2000, 2000. (Analysis of the development of employment and unemployment in the first half of 2000.). Ministry of Labour and Social Affairs, Prague.

---

1 Professor Martin Potůček, Ph.D.
   e-mail potucek@mbox.fsv.cuni.cz
   Charles University, Faculty of Social Sciences
   Czech Republic
   Head, Center for Social and Economic Strategies
   Celetná 20, 116 36 Prague 1
   Tel. +(4202)24491492, secr. +(4202)24210505
   fax. +(4202)24227950
   Director, Institute of Sociological Studies
   U kříže 8, 158 00 Prague 8
   tel. +(4202)51080313 secr. +(4202)51080216
   fax. +(4202)51080310

Zwischen 1990 und 1997 war die Arbeitslosenquote sehr niedrig. Anschließend begannen die Arbeitslosenzahlen zu steigen. Dies ist auf die nicht sehr erfolgreichen Privatisierungsprozesse mittels der „Gutschein"-Methode zurückzuführen und auf die ökonomische Restrukturierung angesichts radikal gewandelter Marktbedingungen.

Schaubild 2: Offizielle Arbeitslosenquote der Tschechischen Republik (in %), 1990-1999 (Ende des Jahres)

Jahr	1990	1991	1992	1993	1994	1995	1996	1997	1998	1999
%	0,7	4,1	2,6	3,5	3,2	2,9	3,5	5,2	7,5	9,4

Quelle: Time-Series of the Labour Market Indicators 1999. Ministry of Labour and Social Affairs, Prague.

Die momentane Entwicklung der Arbeitslosigkeit wird in Schaubild 3 dargestellt

Schaubild 3: Offizielle Arbeitslosenquote in der Tschechischen Republik (in %), 1999-2000

Jahresquartal	2.Q 1999	3.Q 1999	4.Q 1999	1.Q 2000	2.Q 2000
%	8,4	9,0	9,4	9,5	8,7

Quelle: Analýza vývoje zaměstnanosti a nezaměstnanosti v 1. pololetí 2000, 2000. (Analysis of the development of employment and unemployment in the first half of 2000.). Ministry of Labour and Social Affairs, Prague.

Ein besonderes Problem stellt für viele Staaten die Langzeitarbeitslosigkeit dar, d.h. der Anteil derjenigen, die mehr als 12 Monate arbeitslos sind. Im Vergleich zur Europäischen Union (wo der Anteil der Langzeitarbeitslosen zwischen 40 % und 60% schwankt) ist diese Zahl in der Tschechischen Republik noch relativ niedrig.

Schaubild 4: Anteil der Langzeitarbeitslosen an den Gesamtzahlen der Arbeitslosen (in %)

Jahr	1991	1992	1993	1994	1995	1996	1997	1998	1999
%	3,9	17,1	14,8	19,2	23,1	22.3	19,6	22,4	25,2

Quelle: Potůček-Radičová (1997), Social (2000), Analýza vývoje zaměstnanosti a nezaměstnanosti v roce 1999, 2000. (Analysis of the development of employment and unemployment in 1999). Ministry of Labour and Social Affairs, Prague.

Dem Risiko der Langzeitarbeitslosigkeit sind insbesondere diejenigen im größeren Maße ausgesetzt, die von der Arbeitslosigkeit an sich eher getroffen werden: unqualifizierte Arbeiter, alleinerziehende Mütter, Sinti und Roma und behinderte Menschen. Detaillierte Studien zeigen, dass die Langzeitarbeitslosen bislang noch nicht Gefahr laufen, Teil einer „Unterschicht" zu werden, besonders nicht in den ländlichen Gebieten. **Allerdings existiert ein erhebliches Risiko, dass sich zukünftig eine entwurzelte Unterschicht, bestehend aus** langzeitarbeitslosen Sinti und Roma, Obdachlosen und **Jugendlichen ohne Berufsqualifikationen, sich herausbilden wird.**

Bei den Arbeitslosenzahlen existieren auch große regionale Unterschiede. Während in Bezirken wie Prag die Arbeitslosenquote vernachlässigbar ist, sind andere Landesteile von der Arbeitslosigkeit schwer betroffen: zum Beispiel der Bezirk Most mit 21%, Karviná mit 18,%, und Chomutov mit 16,5% Arbeitslosenquote Mitte 2000.

Von den Jugendlichen, die 1999 unter 18 Jahre alt waren oder das Schulsystem verlassen haben, waren 68.500 als arbeitslos registriert. Mitte 2000 verringerte sich die Zahl in dieser Kategorie auf 59.900 Jugendliche.

Die allgemeine Altersstruktur der Arbeitslosen unterscheidet sich nicht von anderen Staaten: die Jugendlichen sind gefährdeter als andere Gruppen.

Schaubild 5: Arbeitslosenquote nach Alter (in %), Tschechische Republik

Altersgruppe	30.6. 1999	30.6. 2000
bis 19	19,9	18,1
20-24	16,3	16,6
25-29	8,9	9,0
30-34	8,0	8,6
35-39	6,9	7,3
40-44	6,5	7,1
45-49	6,6	7,2
50-54	6,8	7,7
55-59	5,1	5,7
60 und älter	0,6	0,8
Durchschnitt	8,4	8,7

Quelle: Analýza vývoje zaměstnanosti a nezaměstnanosti v 1. pololetí 2000, 2000. (Analysis of the development of employment and unemployment in the first half of 2000.). Ministry of Labour and Social Affairs, Prague.

Die Frauen konnten, bezogen auf den Rest der Arbeitslosen, ihre Position geringfügig verbessern: 52,6% im Juni 1999, 51,7% im Juni 2000

2. Bekämpfung der (Jugend-)Arbeitslosigkeit

Mit dem Ziel, die Jugendarbeitslosigkeit zu reduzieren, setzt die tschechische Regierung in ihrer Politik auf drei Elemente:
- mehr Bildung
- wirtschaftliche Erholung und Entwicklung
- Arbeitsmarktpolitik.

Nach Diskussionen wurde ein Weißbuch zum Thema Bildung von der Regierung herausgegeben (Czech, 1999) Durchschnittlich dauert die Schul- bzw. Ausbildungszeit 14 Jahre. Für Deutschland beträgt der Vergleichswert 16 Jahre. Einer der Ziele des Weißbuches ist daher die Verlängerung der Ausbildungszeit von Jugendlichen.

Ein gravierendes Problem findet sich im Bereich der Ausbildung von Lehrlingen. Bis 1989 funktionierte diese Ausbildung gut, vergleichbar mit Österreich und Deutschland. Danach kam es zu schweren Rückschlägen, die auch mit dem Fehlen einer durchdachten Regierungspolitik für den Bildungsbereich und den Arbeitsmarkt zusammenhingen. Das Defizit wurde erkannt, und nun lassen sich auch erste Anzeichen für eine Erholung in diesem Bereich erkennen.

Schaubild 6: Struktur der freien Stellen, Tschechische Republik, erstes Halbjahr 2000

Beruf	% der gesamten freien Stellen
Handwerker	57,5
Angestellte im Dienstleistungs- und Handelsbereich	13,1
Einfache Arbeiter	8,5
Andere: Verwaltungsangestellte, Techniker, Gesundheits- und Bildungsberufe, Angestellte für Forschung und Entwicklung	20,9
Gesamt	100

Quelle: Analýza vývoje zaměstnanosti a nezaměstnanosti v 1. pololetí 2000, 2000. (Analysis of the development of employment and unemployment in the first half of 2000.). Ministry of Labour and Social Affairs, Prague.

Als Teil der Wirtschaftspolitik versucht die Regierung attraktiver für Investitionen aus dem Ausland zu werden. Die Sondermaßnahmen, wie z.B. Steuervergünstigungen, waren ein effektives Mittel: 1999 überstiegen die Auslandsinvestitionen 5 Milliarden US$, ein Anstieg, der sich im Jahr 2000 ungebrochen fortzusetzen scheint.

Das Schaubild 6 zeigt die Struktur der Nachfrage nach Arbeitskräften.

Die Grundlagen für die neue Beschäftigungspolitik wurden 1990 im ehemaligen Ministerium für Arbeit und Soziales der Tschechoslowakischen Föderativen Republik als Antwort auf die Einführung der Marktwirtschaft entwickelt. Die „Richtlinien der Beschäftigungspolitik" wurden verabschiedet, und die Aufgabe des Staates, Arbeitsplätze zu schaffen, wurde im Beschäftigungsgesetz, das Anfang 1991 in Kraft trat, aufgenommen. Die staatliche Beschäftigungspolitik soll in Übereinstimmung mit diesem Gesetz für ein Gleichgewicht zwischen Angebot und Nachfrage auf dem Arbeitsmarkt sorgen, eine produktive Umsetzung der Kräfte des Arbeitsmarktes erreichen, und das Recht der Bürger auf Beschäftigung absichern. Letzteres wird als Recht für diejenigen interpretiert, die arbeiten können und wollen, und sich um Arbeitsplätze bemühen. Diese Menschen haben ein Anrecht auf die Vermittlung von ihren Qualifikationen entsprechenden Arbeitsplätzen, auf Umschulung und auf die materielle Sicherheit vor und nach dem Beginn und Ende ihres Arbeitsverhältnisses.

Verantwortlich für die staatliche Beschäftigungspolitik ist das Ministerium für Arbeit und Soziales der Tschechischen Republik. Ihm unterstellt ist die Verwaltung der Beschäftigungsdienste. Die Gewerkschaften sind wichtige Partner für Regierung und Arbeitgeber. Als 1990 mit einer Erhöhung der Arbeitslosenquote gerechnet wurde, wurde ein Netzwerk mit 77 Arbeitsämtern aufgebaut, welches die staatliche Beschäftigungspolitik in den Regionen umsetzen sollte. Neben den Dependancen in den regionalen Hauptstädten gibt es auch Niederlassungen in den größeren Städten einer Region. Dadurch sind ihre Dienstleistungen flächendeckend und leicht zugänglich für Arbeitsuchende.

Die Arbeit der Ämter besteht in der:
– Auszahlung des Arbeitslosengelds und anderer Leistungen
– Information über freie Stellen
– Beratung
– Einrichtung von Arbeitsplätzen, die dem öffentliche Wohl dienen
– Unterstützung kleiner Unternehmen und der Bereitstellung von Anreizen, damit Arbeitsuchende sich für die Selbständigkeit entscheiden
– Organisation von professionellen Ausbildungs- und Umschulungsprogrammen
– Entwicklung von Arbeitsbeschaffungsprogrammen
– Analyse des Arbeitsmarktes

- Kontrolle des Arbeitsmarktes (Arbeitgeber und Arbeitnehmer)
- Kooperation bei der Einrichtung und Umsetzung von regionalen Beschäftigungsprogrammen
- Verwaltung der für die Beschäftigungspolitik bestimmten Finanzen.

Ein Hauptinstrument der als passiv bezeichneten Beschäftigungspolitik ist die Festlegung und Auszahlung der Arbeitslosengelder und anderer Leistungen. Bis zum 31.12.1991 wurden diese Leistungen 12 Monate lang ausgezahlt: 90% des Gehalts in den ersten sechs Monaten und 60% für die folgenden sechs Monate. Seit 1992 wurden die Leistungen kontinuierlich reduziert. Seit 1999 werden nur noch 50% des Gehalts für die ersten drei Monaten ausgezahlt und nur noch 40% in den folgenden drei Monaten. Die Gesamtsumme darf eine festgelegte Obergrenze nicht mehr übersteigen. Diese Obergrenze beträgt das 1,5-fache des festgesetzten Mindestlohns. Ein Arbeitsloser, der eine Umschulung durchläuft, darf 70% seines früheren Gehaltes während der gesamten Umschulungsmaßnahmen beziehen. Nach sechs Monaten erlischt der Anspruch auf Arbeitslosenleistungen, und ein Arbeitsuchender, der dann immer noch keine Arbeit finden kann, wird an die staatliche Sozialhilfe verwiesen, die ihm Leistungen entsprechend des Existenzminimums gewährt

In Bezug auf die aktive Arbeitsmarktpolitik war das Jahr 1992 sehr erfolgreich, wurden doch mit Hilfe der Arbeitsämter mehr als 82.000 Arbeitsplätze geschaffen, mehr als 1.000 für behinderte Menschen, 25.000 Arbeitsplätze im Bereich der gemeinnützigen Arbeit, und 14.600 Arbeitsuchende beendeten ihre Umschulungsmaßnahmen. Die Beschäftigungspolitik erreichte 1992 also 92% aller Arbeitslosen.

Mit der neuen Regierungsbildung nach den Wahlen im Juni 1992 verringerte sich der Stellenwert der Beschäftigungspolitik. 1993 wurde nur 44.000 Menschen geholfen, weniger als 24% der Arbeitslosen. Das Verhältnis zwischen aktiver und passiver Beschäftigungspolitik hat sich zum Nachteil der ersteren verschoben – das meiste Geld wurde für die Bezahlung der Arbeitslosenleistungen ausgegeben.

Schaubild 7: Anteil der Ausgaben für aktive Arbeitsmarktpolitik an den Gesamtausgaben für Beschäftigungspolitik (in %), Tschechische Republik

Jahr	1991	1992	1993	1994	1995	1996	1997	1998	1999	2000 (geplant)
%	31	55	35	28	26	21	14	18	25	28

Quelle: Social and economic indicators of the development of the Czech Republic 1990-1999, 2000. Ministry of Labour and Social Affairs, Prague.

Die Gelder, die der aktiven Beschäftigungspolitik zugeteilt worden sind, flossen in die Schaffung neuer Arbeitsplätze, in die Unterstützung der gemeinnütziger Arbeit, Praktika für Schulabgänger, Umschulung und geschützte Werkstätten für behinderte Menschen. Im Jahr 1996 konnten 10.000 gemeinnützige Arbeitsplätze eingerichtet werden, über 12.000 Arbeitsuchende wurden umgeschult, und 3.600 gemeinnützige Stellen wurden geschaffen. Eine wichtige Maßnahme war die Verlagerung der Aufmerksamkeit hin zu den Regionen mit den höchsten Arbeitslosenquoten. 1994 flossen die staatlichen Gelder hier in besondere Entwicklungsvorhaben – hauptsächlich als Subvention für die Infrastruktur im Transport- und Telekommunikationsbereich. Allerdings wurde die vielversprechende Konzentration auf unterentwickelte Regionen bald wieder aufgegeben.

Die Gelder für eine Beschäftigungspolitik werden de facto immer noch aus dem Staatshaushalt bestritten, obwohl sie seit 1993 offiziell aus einem Sonderposten des Sozialversicherungsfond genommen werden. Dieser Fond finanziert sich durch die Beiträge und Einzahlungen der Arbeitgeber, Arbeitnehmer und des Staates (stellvertretend für die ökonomisch Inaktiven)

Die 1998 an die Macht gekommene sozialdemokratische Regierung rief Anfang 1999 das Nationale Beschäftigungsprogramm ins Leben (mit Zustimmung des Parlaments). Durch einen ausführlichen Katalog von aktiven Beschäftigungsmaßnahmen will die Regierung neue Arbeitsplätze schaffen. Struktur und Inhalt des Maßnahmenkatalogs orientiert sich an den vergleichbaren Instrumenten der EU-Mitgliedsstaaten. Dieser Plan wurde überprüft und 2000 ergänzt, mit den folgenden Zielen:

– Reduzierung der steigenden Arbeitslosenquote
– Vermeidung einer sozialen und ökonomischen Krise in den Regionen, die von der Arbeitslosigkeit am schlimmsten betroffen worden sind (durch Umverteilung von Ressourcen aus dem Topf der aktiven Beschäftigungspolitik um genau diesen Regionen zu helfen)
– Verbesserung der Beschäftigungschancen für die Arbeiterschaft durch Motivation und Qualifikation.

Einer der wichtigen politischen Veränderungen war der Regierungserlass Nr.325, der am 3. April 2000 angenommen worden ist. Dieser Erlass erlaubt auch Jugendlichen unter 18 Jahren, Praktika als Anstellungshilfe zu benutzen. Außerdem dürfen diese Jugendlichen nun auch im öffentlichen und gemeinnützigen Sektor beschäftigt werden – vorher nur in der Privatwirtschaft. Die Definition der Umschulungsprogramme, finanziert aus dem Staatshaushalt, wurde ausgedehnt, um die kurzzeitige Teilnahme von Absolventen im öffentlichen, privaten und gemeinnützigen Bereich zu umfassen.

3. Die Rolle gemeinnütziger Organisationen bei der Bekämpfung der Arbeitslosigkeit

Bei Šilhánová et al. (1996), Frič (1998), Frič-Goulli-Toepler-Salamon (1999), Potůček (1999a, 1999b and 2000) and Ryšlinková (1999) findet man die Fakten über die Anzahl gemeinnütziger Organisationen und deren Aktivitäten in der Tschechischen Republik. Diesen Studien zufolge, gab es 1989 etwas mehr als 2.000 registrierte Bürgervereinigungen (inklusive Organisationseinheiten, Kammern, Interessenverbänden und Stiftungen). Nach 1989 stieg diese Zahl an, so dass es 1992 schon mehr als 20.000 gemeinnützige Organisationen gab, und Ende 1998 sogar 40.000. Von diesen Vereinigungen betreiben bis zu 8.000 unmittelbar politische Lobbyarbeit. Allerdings stellen diese Zahlen nur Annäherungen dar. Zum einen existiert keine zentrale Erfassung dieser Daten und zum anderen existieren viele nur auf dem Papier. Unter den Vereinigungen findet man traditionelle Verbände, wie Sportvereine (1996 gab es von diesen 11.700), Jagdvereine (5.000) und Elternvereinigungen (ca. 2.700). Der Grund für den Anstieg registrierter Organisationen nach 1989 kann vor allem darauf zurückgeführt werden, dass die meisten der Sport- und Jagdvereine zwar vor 1989 aktiv waren, aber nicht einzeln registriert werden mussten, da nur die nationalen Dachverbände eingetragen wurden. Ähnlich verhielt es sich mit den Elternvereinigungen (entstanden aus der aufgelösten Vereinigung der Eltern und Freunde der Schule), die sich nun einzeln registrierten.

Selbst wenn man tatsächlich von 40.000 existierenden gemeinnützigen Organisationen im Jahr 1998 ausgeht, dann kämen nur vier gemeinnützige Organisationen auf 1.000 Einwohner – eine niedrige Quote im Vergleich mit den entwickelteren Demokratien. Nach Frič-Goulli-Toepler-Salamon (1999) hat der gemeinnützige Sektor das Äquivalent von 74.200 Vollzeitstellen geschaffen. Addiert man auch noch die ehrenamtliche Arbeit dazu (das Äquivalent von 40,900 Vollzeitstellen), kann man feststellen, dass der gemeinnützige Sektor 2,7% der Arbeitsplätze anbietet. Die bezahlte Arbeit summiert sich auf 1,6 % des Bruttoinlandsprodukts. Bei Berücksichtigung der unbezahlten Arbeit, steigt der Anteil auf 1,9 % vom BIP. Auch dies ist eher niedrig im Vergleich mit westlichen Staaten. In den USA erwirtschaftete der gemeinnützige Sektor 7,8% des BIP, und in den Niederlanden 12,6% des BIP.

Aufgrund dieser Daten kann man trotz der statistisch deutlichen Fortschritte des tschechischen gemeinnützigen Sektors in den letzten Jahren konstatieren, dass es noch ein immenses Potential für weitere Entwicklungen gibt. Im folgenden Absatz wird dieses Potential auf der Grundlage unserer empirischen Forschung und den teilweise ergänzenden Umfrageergebnissen untersucht.

Die Mehrzahl der tschechischen gemeinnützigen Organisationen verfügt über wenig Mittel: 1996 zahlten 47% der gemeinnützigen Organisationen kein Gehalt (nicht einmal für Teilzeitarbeit), 1997 waren es noch 44%. Die Häufigkeit und Verteilung von Vollzeitstellen werden in Schaubild 7 und 8 gegeben.

Schaubild 8: Antworten auf die Frage: "Wie viele Vollbeschäftigte hat Ihre NRO 1997 beschäftigt?", Tschechische Republik

Anzahl der Angestellten	%
0	55,4
1	9,0
2 – 3	11,7
4 – 6	6,7
7-15	7,9
16 – 30	4,3
31 und mehr	4,9
Gesamt	100

Quelle: Frič, P.,1998. Aktivity a potřeby neziskových organizací v ČR. (Activities and Needs of Nonprofit Organizations in the Czech Republic.). AGNES/ICN, Praha, p. 17.

Die meisten Arbeitsplätze im gemeinnützigen Sektor finden sich im Gesundheits- und Sozialbereich. Wichtige Faktoren sind:

- die Größe der Organisation (größere Organisationen sind eher bereit und in der Lage Arbeitsplätze zu schaffen)
- der Anteil öffentlicher Gelder an den Gesamtressourcen der Organisation (je größer der Anteil desto mehr Arbeitsplätze werden geschaffen)

Schlussfolgerung

Es existiert also ein großes, bislang noch nicht genutztes Potential für ein umfassenderes Engagement des gemeinnützigen Sektors bei der Bekämpfung der Jugendarbeitslosigkeit in der Tschechischen Republik. Der Erfolg der Strategie, den gemeinnützigen Sektor in die Bekämpfung der Jugendarbeitslosigkeit einzubinden, hängt im wesentlichen von der Zusammenarbeit zwischen Staat und gemeinnützigen Sektor ab. Durch die Bereitstellung neuer und attraktiver Arbeitsmöglichkeiten, kann dieser Sektor die Löcher auf der Nachfrageseite schließen – vor allem bei den Gesundheits- und Sozialdiensten.

Schaubild 9: Anteil der NRO mit Vollbeschäftigten, Tschechische Republik 1998 (in %)

Anzahl der Vollbeschäftigten	0	1-3	4 und mehr
Aufgabengebiet			
Kunst und Kultur	63	15	23
Sport und Erhohlung	68	18	1
Forschung und Bildung	62	14	24
Gesundheit	53	24	23
Soziale Dienste	34	28	38
Ökologie	67	13	20
Operationsebene			
Lokal	69	14	17
Regional	52	24	24
National	46	24	30
International	41	26	33
Anteil der Subventionen am Budget			
Keine	72	18	10
1 – 25 %	50	25	25
26 – 50 %	51	18	32
51 – 75 %	40	26	34
76 – 100 %	40	19	41
Größe der Organisation			
Klein (bis zu 100 Mitgliedern)	69	15	15
Mittel (101-500 Mitglieder)	57	23	20
Groß (über 500 Mitglieder)	32	32	36

Quelle: Frič, P., 1998. Aktivity a potřeby neziskových organizací v ČR. (Activities and Needs of Nonprofit Organizations in the Czech Republic.). AGNES/ICN, Praha, S. 18.

196

Analýza vývoje zaměstnanosti a nezaměstnanosti v 1. pololetí 2000, 2000. (Analyse der Entwicklung der Beschäftigung und der Arbeitslosigkeit in der ersten Hälfte des Jahres 2000.) Ministerium für Arbeit und Soziales, Prag.

Analýza vývoje zaměstnanosti a nezaměstnanosti v roce 1999, 2000. (Analyse der Entwicklung der Beschäftigung und der Arbeitslosigkeit in 1999.) Ministerium für Arbeit und Soziales, Prag.

Czech Education and Europe, 1999. Education Policy Association, Prague.

Frič, P., Goulli, R., Toepler, S., and Salamon, L. M., 1999. The Czech Non-profit Sector. In: Salamon, L.M., Anheier, H.K., List, R., Toepler, S., Sokolowski, S.W. et al. (Hrsg.), Global Civil Society: Dimensions of the Non-profit Sector, Chap. 14. Johns Hopkins Centre for Civil Society Studies, Baltimore.

Frič, P., 1998. Aktivity a potřeby neziskových organizací v ČR. (Aktivitäten und Bedürfnisse der gemeinnützigen Organisationen in der Tschechischen Republik.). AGNES/ICN, Praha.

Potůček, M. – Radičová, I., 1997. Splitting Welfare State: the Czech and Slovak Cases, Social Research 64.4, 1605-1643.

Potůček, M., 1999a. Křižovatky české sociální reformy. (Die Tschechische Sozialreform am Scheideweg, auf Tschechisch). Sociologické nakladatelství, Praha.

Potůček, M., 1999b. Not Only the Market. CEU Press, Budapest. (Auch auf Tschechisch erhältlich: Nejen trh. Praha, Sociologické nakladatelství 1997.)

Potůček, M., 2000. The Uneasy birth of the Czech Civil Society. Voluntas 11.2, 107-122.

Ryšlinková, J., 1999. Rekapitulace vývoje občanské společnosti v ČR za posledních 10 let. (Eine erneute Betrachtung der Entwicklung der Zivilgesellschaft in der Tschechischen Republik.) Unveröffentlichtes Manuskript, Prag.

Social and economic indicators of the development of the Czech Republic 1990-1999, 2000. Ministry of Labour and Social Affairs, Prague.

Šilhánová, H. et al., 1996. Základní informace o neziskovém sektoru v ČR. (Grundlegende Informationen über den gemeinnützigen Sektor in der Tschechischen Republik). Civil Society Development Foundation, Prague.

Time-Series of the Labour Market Indicators 1999. Ministry of Labour and Social Affairs, Prague.

Zusammenfassung

Dieses Paper beschäftigt sich mit der Analyse der Bestimmungsfaktoren und Strukturen der Jugendarbeitslosigkeit in der Tschechischen Republik. Diskutiert wird die Rolle des bestehenden institutionellen Rahmens der Arbeitsmarktpolitik sowie die politischen Prioritäten der Regierung bei ihrem Kampf gegen die Arbeitslosigkeit. Der gegenwärtige und zukünftige Beitrag des gemeinnützigen Sektors bei der Schaffung neuer Arbeitsplätze für die Jugendlichen wird anhand einer Darstellung der neuralgischen Punkte (Bedrohungen und Möglichkeiten) bei der Umsetzung dieses politischen Ziels, die Kapazitäten dieses Sektors für die Beschäftigung aller arbeitsfähigen Jugendlichen zu nutzen, diskutiert.

Summary

This paper is concerned with an analysis of the determinant factors and structures of youth unemployment in the Czech Republic. It discusses the role of the existing institutional framework of labour market policy as well as the political priorities of the government in combating unemployment. The present and future contributions of the voluntary sector towards the creation of new jobs for young people is discussed by means of a presentation of the neuralgic points (threats and possibilities) in the implementation of the political objective of utilising the capacities of this sector for the employment of all young people capable of working.

Hanlie Van Dyk

What Difference does the Third Sector make to Youth Employment?

The South African Case

1. Introduction

In a rural village in one of the less developed provinces in South Africa two enterprising youths, Bongani Fischer and Mandla Mashego established the Sizanani[1] Community Development Service Centre in 1998. Bongani and Mandla created Sizanani because they could not find jobs, even after obtaining law degrees at one of the local universities. By establishing an organisation with the aim of creating jobs for others, they felt that they could create jobs for themselves. Their operations are funded through aid organisations, and they do not charge any service fees. Within seven months of coming into being Sizanani was instrumental in the creation of the Zenzele Association. This association has created jobs for 110 rural women, by producing and marketing fruit and vegetables. Their markets include international ones such as Dubai. They also assist other women entrepreneurs with setting up projects, developing business plans, passing on marketing and business management skills. Sizanani spreads its wings wider than helping entrepreneurs. They also conduct youth workshops dealing with drug abuse and teenage pregnancies (Samayende, 1998).

This case study raises a number of relevant issues for the topic under discussion "What difference does the third sector make to youth employment in a developing country such as South Africa?"

- How likely is it that the third sector can employ enough youths, so that it can be said that it is the panacea – or at least a major contributor – to (youth) employment? Is the case of Bongani and Mandla the exception or the rule?
- How effective is the third sector in assisting with the establishment of Small, Medium and Micro Enterprises (SMMEs) and through such activity assist in employment creation for the economy as a whole and how sustainable are these?

---

1 Sizanani means "help each other"

- What role can the third sector play in helping unemployed youths to become "employable" in an over-supplied labour market?
- What are the implications for society where the organisational forms of self-employment for profit motives and self-employment with not-for-profit motives start to blur? It raises issues around accountability and the traditional focus of the third sector on the interests of the poorest of the poor.

The structure of this paper is derived from the component parts in the topic, and by then making the connections between them. Brief overviews on (1) the South African society and labour market, (2) youth as a special interest group in society and the labour market and (3) the South African third sector will provide the backdrop against which the central question "the third sector and youth employment – what are the expectations, potential and constraints?" can be discussed.

2. South African Society and the Labour Market

South Africa is still recovering from its legacy of apartheid. Accordingly many of the economic and societal trends are still highly vulnerable to issues concerning race. For this reason the empirical data, as well as the analysis presented will refer to the main racial categories in use in the country, where this is deemed functional. South African society remains deeply divided with many heterogeneous interests competing for resources. A strong correlation continues to exist between race and class in any socio-economic analysis, although this is slowly beginning to change. South Africa further shows the second biggest Gini-co-efficient in the world, reflecting an enormous divide between the rich and the poor. The hierarchical nature of the society is further nurtured through a gender bias in favour of males.

Given the socio-economic status of the country, the South African state has consciously chosen the status of a democratic, developmentally oriented state after 1994. The role of the state is predominantly seen as one of facilitating development, the building of capacity and the extension of democratic practice. To this effect much emphasis is placed on a regulatory and co-ordinating function, with responsibility of direct delivery of services restricted to a number of key social and infrastructural services, as well as that of providing security to the citizens of the country.

The most recent population census in 1996 reported the South African population at 40,6 million. Table 1 provides more detail on the make up of the population and the different population growth rates for specific groups in the population.

Table 1: Proportional Breakdown and Growth Rates of the Population by Population Group and Gender

	Percentages	Percentage growth rate per annum
	1996	1996-2001
African	76.7	2.4
Coloured	8.9	1.9
Asian	2.6	1.6
White	10.9	0.9
Unspecified/ Other	0.9	1.5
Male	48	2.2
Female	52	2.2

Source: Stats SA

The potential labour force (those aged between 15 and 65) constitutes 60% of the population, while 51.5% can be described as economically active. The three sectors that supply the biggest proportion of jobs are the community, social and personal services sector (which includes most of the public sector) (31%); the manufacturing sector (14.3%) and the wholesale and retail trade sector (14.1%). It is estimated that the potential labour force will grow from 24.4m people in 1996 to 34.9m in 2011 (Erasmus, 1999, p.21).

The findings of the 1999 October Household Survey undertaken by the official statistical agency, Stats SA, points to a 36 per cent unemployment rate within the ranks of the economically active population. This constitutes a three per cent increase on the 1996 figure. Employment in the formal sector declines at about 3.3 per cent per year (http://www.nedlac.org.za/summit/2000/adress_by_the_executive_directo.htm). The shrinkage amounts to approximately 100 000 jobs per annum over the past five years in the formal sector. This should be seen in comparison with the estimated 300 000 – 400 000 persons entering the labour market every year. In the informal sector jobs are slightly on the increase. But this kind of job rarely results in anything more than improved changes for subsistence for an individual or a household.

Opinion polls since 1994 have persistently reported that in the view of ordinary South Africans job creation and employment is the single most important problem that government should address. In September 1994 67 per cent of the population held this opinion. By April 1999 the figure has increased to 79 per cent (RSA 2000, p.40).

The link between education and improved chances of gaining access to the labour market hardly needs argumentation. Figure 1 clearly reflects that the African population has been the most disadvantaged in the past as far as education goes, with 85 per cent of the population either having had no education at all, or having only partially completed primary and/or secondary education. In comparison only one per cent of whites have received no schooling, and 65 per cent of whites have at least completed their schooling, with a further 24 per cent obtaining further qualifications as well.

Figure 1: Racial profile of education in South Africa

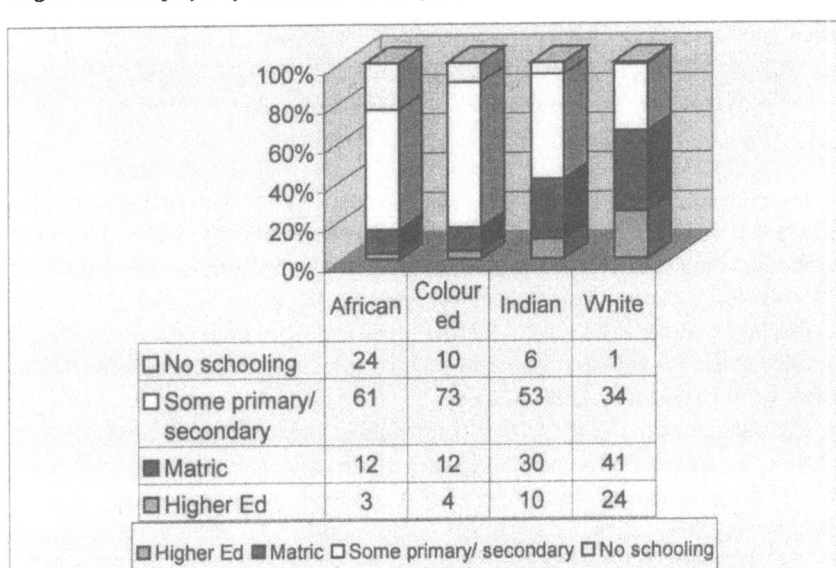

	African	Coloured	Indian	White
☐ No schooling	24	10	6	1
☐ Some primary/ secondary	61	73	53	34
■ Matric	12	12	30	41
☐ Higher Ed	3	4	10	24

☐ Higher Ed ■ Matric ☐ Some primary/ secondary ☐ No schooling

The precarious matching of the needs of the labour market and the products of the educational system is a further worrying trend. Growing the economy from its current 2 per cent GDP growth rate, and via that route solving the unemployment and commensurate poverty issues, as is the aim with the current macro economic policy, is almost impossible given the distance between what the labour market needs, and what is in supply . The growing demand in the information, technology, sciences and knowledge industries is not nearly met by those churned out of the education system that is still setting high store by the teaching of subjects such as religious studies, African languages and history. At the same time the education system is struggling to conceptualise and develop curricula that will be more appropriate and relevant to the needs of the workplace. Demonstrating the mismatch between the needs of the workplace and the education system is a recent trend that has been observed. A larger number of more highly qualified persons have joined the unemployed, registering as jobseekers with the Department of Labour. However, the unskilled and lowly skilled still constitute the largest part of the unemployed.

3. The South African Youth in Society and the Labour market

Youth in South Africa is defined in policy terms as those between the ages of 15 and 35 (National Youth Commission, 1997). This definition is in line with a number of African countries, including Kenya, Tanzania, Ghana and others (Mkwandawire, undated). The definition is, however, coming under criticism, and it is not uncommon that the scope is reduced to 30 years, or even younger. For purposes of this paper the 30 year upper limit is applied. It is not unreasonable to expect that by that age somebody should have entered the labour market and moved towards setting up separate household. It also brings the figures used here closer in line with the definition used in Europe.

Figure 2: Racial profile of South African youth

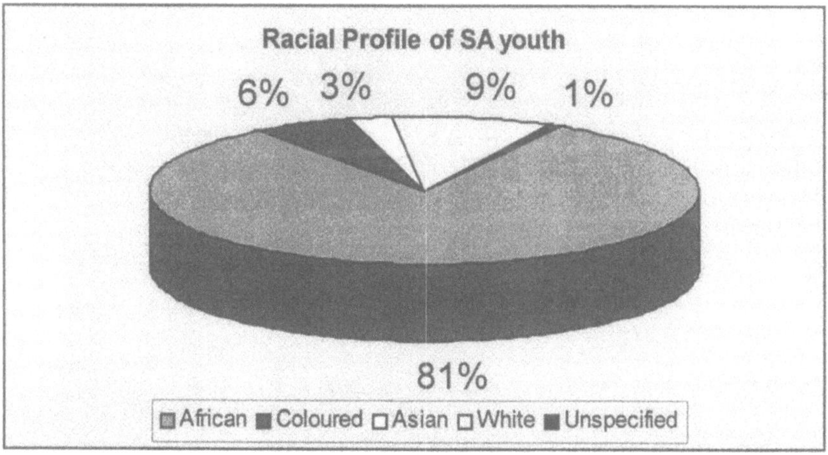

Racial Profile of SA youth

6% 3% 9% 1%

81%

■ African ■ Coloured □ Asian □ White ■ Unspecified

Source: Stats SA

203

The youth as defined above constitute just under 30 per cent of the total population. The birth rate in the black community is still the highest in the country. Accordingly when one looks at the composition of the population as a whole, the proportion of black youth to the remainder of the other population groups is significantly bigger (81 per cent), and will continue to increase in the foreseeable future.

Inroads are being made at improving access to schooling, particularly for the historically disadvantaged, and education levels for the youth looks significantly better than that of the population as a whole, as can be seen from Figure 3. However, the past remains an albatross around the necks of big sections of the black youth. It is an open secret that the South African education system is in crisis. The Minister of Education for example declared that the plight of most pupils (read black) "amounted to a national emergency" (Editors Inc, 2000, p.47). In addition, the parents of most African children are strangers to large parts of the labour market, excluding the parts for unskilled or lowly skilled labourers. As such they can offer little support for the development of their off-spring in directions that will facilitate entrance to the areas that are growing in the labour market i.e. technology and knowledge work.

Figure 3: Highest education level – age categories compared

Highest education level - age categories compared

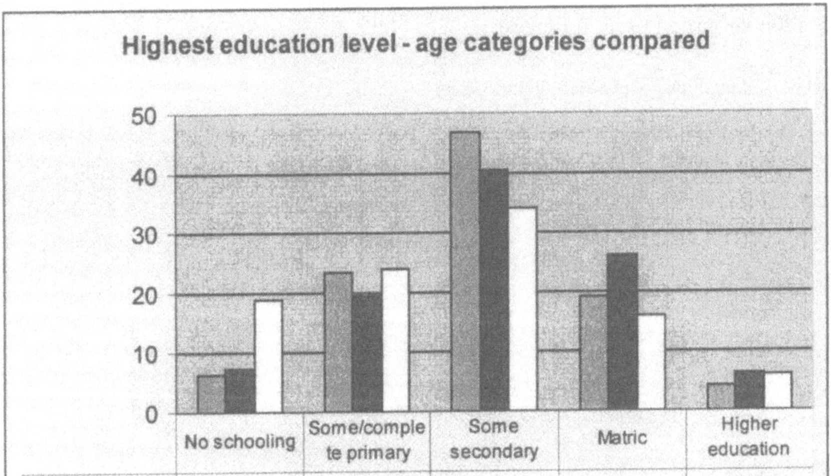

	No schooling	Some/comple te primary	Some secondary	Matric	Higher education
15-29	6.4	23.4	46.7	19.2	4.3
20-29	7.4	19.5	40.5	26.1	6.5
Pop >20 years	19	24	34	16	6

Source: Stats SA

204

In a society where work is scarce young people who start becoming economically active at a very young age do not have it easy in finding jobs. Figure 4 tells us that more than 60 per cent of those between 15 and 19 have to be content with looking for employment, rather than actually working. Obviously this is as a result of combination of factors, including low qualification levels, absence of sufficient experience, weak networks and underdeveloped skills in securing placements, as well as the status of the economy in general. The fate of those between 20 and 24 is not much better with the majority still pounding the streets. It is only after 25 that the pendulum swings and just over sixty per cent of the economically active actually find employment. South Africa until recently included those who have given up searching for jobs in the category of economically active. If this definition is applied, the despondency rate in the very young category becomes patently obvious. Five per cent of the 15 – 19 category does not even try to get a job on any regular basis any more.

Figure 4: Youth distribution of economically active – strict definition

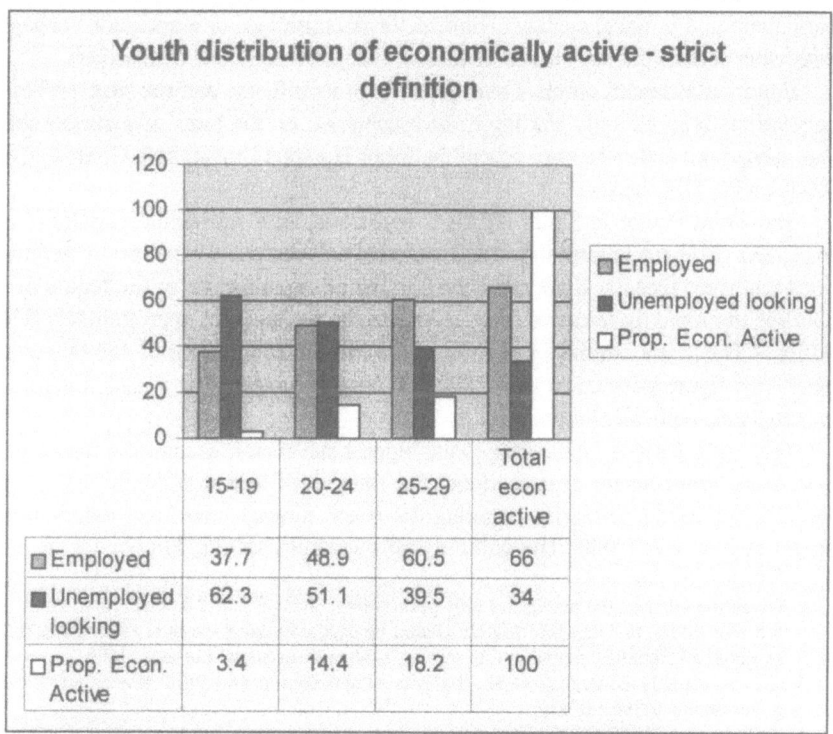

The wild card in the youth (un)employment debate in South Africa is obviously HIV/AIDS. Forecasts and predictions for demographic purposes are becoming increasingly difficult, but it cannot be disputed that this disease will leave a very severe impact. With infection rates in the youth category that pushes 27 per cent (SSA, 2000, p.36), employers have become extremely cautious about employing young people, and even more hesitant in terms of spending substantial amounts of training and human resource development resources on candidates that fall in high risk categories.

4. The South African Third Sector

The term "Third Sector" is not often encountered in South Africa, and there is a tendency to use not-for-profit-sector and civil society organisations quite interchangeably. A working definition that will be used in this paper is that the Third Sector is composed of organised interests outside of the state, the market as well as parliament and political society. Third sector organisations or associations engage with other sectors but seek to maintain their independence from such sectors.

Empirical research on the Third Sector is in its infancy, and the first, preliminary estimations are only starting to be made now, on the basis of a survey that was carried out under the umbrella of the Johns Hopkins University's Comparative Study on the NPO sector.[2]

The Third Sector in South Africa is numerous, with substantial variation between the different organisations and different sub-sectors. Two separate estimations that were recently done place the number of organisations in the region of a hundred thousand. In terms of revenue, the sector accounts for approximately R16 billion.[3] The sector employs just short of the full-time equivalent of 450 000 people.[4] This figure goes up to about 800 000 once volunteer time is also translated into full-time equivalent workers.

The social services sub-sector is the biggest sub-sector, accounting for 22 per cent of all Third Sector organisations. The number of organisations in the social services sub-sector primarily targeting the youth through their services, is estimated at just over 2,000. The cultural and recreation sectors, known for its en-

---

2 Given the fact that the results are only preliminary, changes could be made to the data in the near future, and any information should be used with great caution. Unless otherwise stated all statistics quoted in this section is taken from Social Surveys, 2000.

3 This is roughly equivalent to the budgets of the second and third largest provincial governments in the country.

4 At the end of 1999 the Public Service in South Africa employed just over one million people.

gagement with the youth through sport, recreation and culture is the second largest sub-sector, accounting for 20 per cent of Third Sector organisations. The number of organisations mainly involved in employment and vocational training activities is estimated to be in the region of 6 000.

Anecdotal evidence suggests that notwithstanding its numerousness, paid jobs in the sector are shrinking. However, in the absence of some longitudinal data this shrinkage cannot be confirmed. A dynamic that may obscure a straight loss of jobs, is the fact that the public sector is shedding jobs in terms of the new public management framework. In an effort to whittle down personnel expenditure in relation to overall operational and capital expenditure, it is argued that services should be delivered through partnerships with the market and the Third Sector, rather than by the public service.

The Third Sector has an outstanding record in terms of addressing employment equity. It has the strongest performance hitherto in terms of employing blacks and women, managing to closely approximate the overall population profile (alternatively tipping the scale into an affirmative action direction) in part-time and full-time employment, as well across levels of employment. Blacks make up 81 per cent of full-time staff, and occupy between 72 and 73 per cent of managerial and professional/ technical positions. Women comprise 59 per cent of full time staff and they occupy 60 per cent of managerial positions, and are appointed in a whopping 76 per cent of professional/ technical positions.

The Third Sector is, however, experiencing a number of serious problems, that are impacting negatively on its potential to be seen as a particularly strong, direct contributor to addressing the issue of job creation and employment in the country. In the first instance the financial basis of many of the organisations is quite precarious, and a heavy dependence on the state for continued financial survival has been found. Figure 5 indicates that at least 55 per cent of resources come via grants and re-imbursements from government. With government experiencing resource constraints of its own and often following procurement practices that makes it difficult for Third Sector organisations to comply with, this is not necessarily very secure funding. Irregular flows of funding has also in the past resulted in large organisations experiencing severe cash-flow problems that have in some instances led to an inability to pay salaries and eventually closure of the organisation. Instability in the sector is characteristic. Forty two per cent of organisations in the sector are younger than six years old.

Secondly Third Sector organisations are not necessarily perceived as preferred employers. They often pay salaries even lower than government does. The sector is also known for not necessarily putting enough emphasis on staff development and other related matters. Therefore, a low morale is evident, and questions are raised around professionalism in the sector. The Third Sector is largely seen as one of last resort rather than that of employer of choice, and it is seen as a temporary stepping-stone to something better in government or the corporate sector. For those who entered the sector from a normative platform, the new environment and changing demands are impacting negatively on their original preferred place of work. These include the high emphasis put on cost recovery, and selling of service, the competition with for-profit companies for government work, resulting in a fairly hostile environment to work in.

Figure 5: Sources of income for the NPO sector

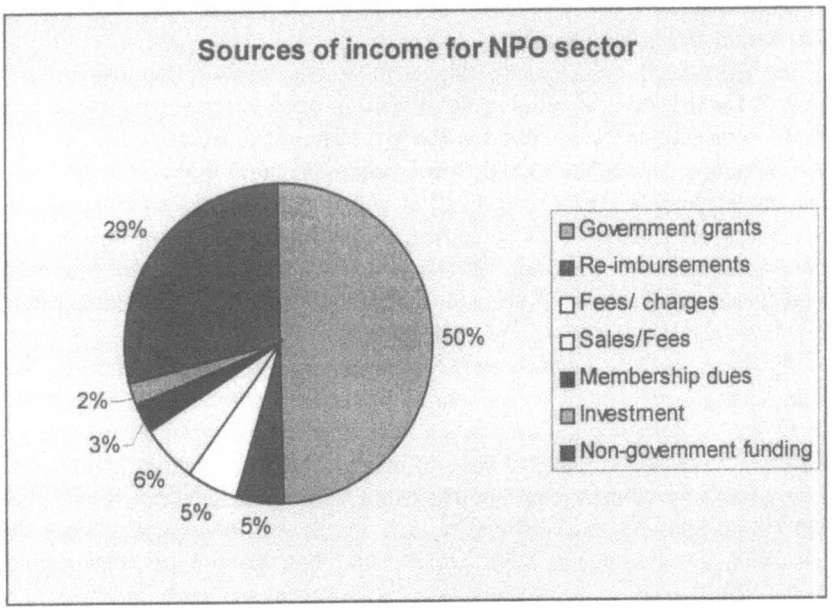

Source: Social Surveys

Information supplied to the SA NPO survey suggests that volunteerism is on the rise in the country. From certain quarters criticism is raised against the entire concept of volunteerism in a society where employment is of prime concern for survival purposes. This line of thinking finds support in evidence that indicates that there is a clear inverse relation between full-time employees and the size of the volunteer force in organisations and associations. Even highly patriotic efforts such as political violence monitoring and election related activities on occasion had to drop the call for volunteers to take on certain function, since people tend to demand payment for their input, time and effort. Poor people see these opportunities as occasions of temporary employment, rather than volunteerism.

Concerns are also starting to be raised in connection with the weakening of the spirit of acting in the interest of "the poorest of the poor" and the "public good", "accountability", "transparency" and "democracy". This is particularly the case where "public entrepreneurs" exploit the legal space left around the organisational form of "voluntary organisations". The South African law does not require any formal registration procedure for such an organisation to come into being. Many communities are gullible and vulnerable in terms of fundraising and general reporting requirements. Evidence points to this potential problem especially in cases of very small and transient organisations, which seem to cluster much more in poorer communities. The case study at the beginning of this publication shares a great number of these characteristics, but is still reputed to be making positive inroads into the employment problem. This is, however, a phenomenon that will have to be checked much closer in future if the characteristics that gave rise to a distinction of the Third Sector from government and the market is to be preserved.

This brings us to the end of the background information on the three component parts contained in the title and leaves us with the fundamental question posed by the seminar.

5. The Third Sector and Youth Employment – the expectations, potential and constraints

The direct contribution of the Third Sector in terms of jobs for youths is not known and information on this has not yet been collected in the country. If one assumes that the sector follows the same employment profile as the largest umbrella body of Non-governmental Organisations in the country (SANGOCO), then some estimates/ guestimates can be made on the basis of a membership survey of SANGOCO and the national survey of the SA NPO sector. The results of such calculations suggest that:

- 30 per cent of employees in Third Sector organisations are younger than 30 years. This points to a much more youthful workforce than that of the Public Service where only 15.6 per cent qualify as youth.
- Approximately 135 000 youth are currently employed in the sector at different levels. This constitutes five per cent of all employed youth and 2.5 per cent of all youth that can be described as economically active, plus those that have given up on looking regularly for jobs.

In interpreting these figures it must be borne in mind that to a large extent the Third Sector forms part of the new knowledge economy. It is about innovation, information, knowledge and research. It can therefore be deduced that it does not predominantly cater for the tail-end of the labour market and that this sector does not really cater for the unskilled and the low-skilled in terms of employment. Points made earlier regarding the instability in the sector, the high degree of flux and precarious financial sustainability of many organisations would cast a shadow on the above estimates.

However, through volunteerism, vocational training, life skills training and other assistance the sector can potentially play an enormous role in making the youth more employable. Numerous examples of organisations exist with these kinds of activities as their sole purpose. A part of the sector also encourages the establishment of SMMEs, such as the example described in the introductory section. Figures on their impact and efficacy are, however, not known.

An important point to make, though, is that the unemployed do not expect the Third Sector to be the major player in job creation. Figure 6 suggests that the primary responsibility for job creation is placed on the union movements, while government and the market is held responsible in almost equal proportions, not far behind the unions. However, Third Sector organisations clearly trail the others. It does not let them off the hook, though. It is towards them that the unemployed would like to turn for the provision of a social net, which otherwise is largely absent in the country.

Figure 6: Unemployed perceptions on responsibilities

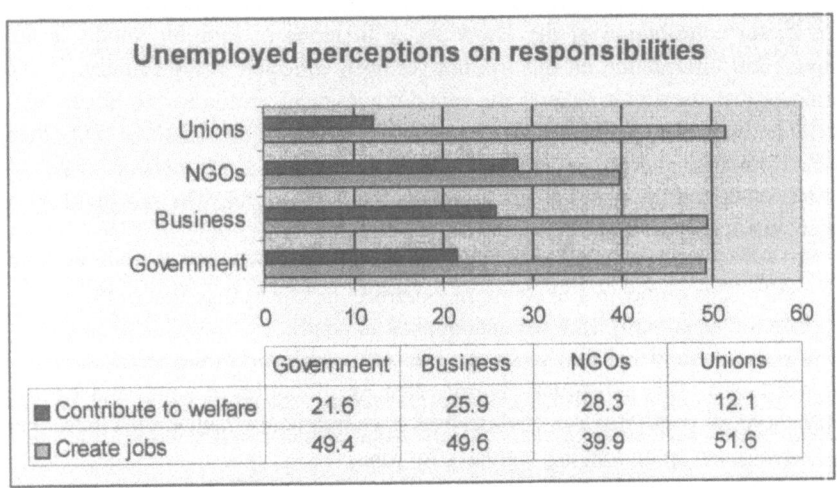

	Government	Business	NGOs	Unions
■ Contribute to welfare	21.6	25.9	28.3	12.1
▢ Create jobs	49.4	49.6	39.9	51.6

Source: HSRC

210

6. Conclusion

Unemployment in South Africa is the most pressing socio-economic problem in the country, and is one of the key avenues through which the poverty issue can be addressed. Young people are becoming available to the labour market at a much faster rate than jobs are coming on stream. A serious gap exists between the competencies that the youth have to offer, and those required by the available jobs. The Third Sector has a potentially important role in the closing of this gap, by offering training opportunities and apprenticeships.

The Third Sector also has an important role to play by raising the morale of the youth through life skills training and provision of recreation opportunity. This is also the sector that plays a major role in providing a social net for those failing to find a job, or loosing a job – particularly given the inadequate provision of such a program by the state.

Some parts of the Third Sector play a role in stimulating job creation through strengthening SMME activity. However, this is not a dominant activity of the sector, and the successes are more in the realm of subsistence economy, rather than providing the necessary impetus to kick-start a floundering economy.

The youth make up a significant part of Third Sector employees. However, these jobs are not necessarily secure, attractive, or ideal in terms of capacity development. Notwithstanding these short comings, the sector makes an important contribution in making the youth more employable by giving them work experience, whether paid, or on a volunteer basis. Experience gained in the Third Sector is highly valued by the State which has opted for a developmental orientation in its practices.

A blurring of the boundary between self-employed for-profit and self-employed not-for-profit organisational forms is occurring, and this warrants a cautious monitoring of the impact that this will have on the nature of the Third Sector.

List of References and Bibliography

Department of Labour, 1999. Annual Report. South Africa, Pretoria.

Editors Inc., 2000. SA 2000-01. South Africa at a Glance. South Africa, Johannesburg.

Erasmus, J., 1999. Coping strategies of the unemployed. Human Sciences Research Council, South Africa, Pretoria.

Makandawire, R., undated. The Excluded Young Men and Women of Africa: Lessons for South African Youth. (http://www.youth.co.za/ydn/jlb.htm.)

National Youth Commission, 1997. National Youth Policy. South Africa, Pretoria.

NEDLAC, 2000. Address by the Executive Director to the NEDLAC Annual Summit, 9 September 2000. http://www.nedlac.org.za/summit/2000/adress_by_the_executive_directo.htm

P-E Corporate Services, 1998. SANGOCO Salary Survey. Unpublished Report. South Africa, Johannesburg.

Samayende, S., 1998. Trendies help create jobs for 110 women. Reconstruct, September 13, 1998.

Social Surveys, 2000. Johns Hopkins University Comparative International Study of the Non-profit Sector. Unpublished report prepared for the South African Non-Profit Sector Study at the University of the Witwatersrand. South Africa, Johannesburg.

Statistics South Africa, 2000. The People of South Africa Population Census, 1996. Summary Report. (Report number 03-01-12(1996), South Africa, Pretoria

Statistics South Africa, 2000. October Household Survey Statistical Release P0317. 31 July 2000. South Africa, Pretoria.

Statistics South Africa, 2000. Stats in Brief 2000. South Africa, Pretoria.

South Africa, 2000. Public Service Review Report, 1999/2000. Department of Public Service and Administration, South Africa, Pretoria.

South Africa, 2000. Yearbook 2000/01. Government and Communication and Information System, South Africa, Pretoria.

Summary:

Unemployment in South Africa is the most pressing socio-economic problem in the country, and is one of the key avenues through which the poverty issue can be addressed. Young people are becoming available to the labour market at a much faster rate than jobs are coming on stream. A serious gap exists between the competencies that the youth have to offer, and those required by the available jobs. The Third Sector has a potentially important role in the closing of this gap, by offering training opportunities and apprenticeships.

The Third Sector also has an important role to play by raising the morale of the youth through life skills training and provision of recreation opportunities. This is also the sector that plays a major role in providing a social net for those failing to find a job, or losing a job – particularly given the inadequate provision of such a program by the state.

Some parts of the Third Sector play a role in stimulating job creation through strengthening SMME activity. However, this is not a dominant activity of the sector, and the successes are more in the realm of subsistence economy, rather than providing the necessary impetus to kick-start a floundering economy.

The youth make up a significant part of Third Sector employees. However, these jobs are not necessarily secure, attractive, or ideal in terms of capacity development. Notwithstanding these shortcomings, the sector makes an important contribution towards making the youth more employable by giving them work experience, whether paid, or on a volunteer basis. Experience gained in the Third Sector is highly valued by the state which has opted for a developmental orientation in its practices.

A blurring of the boundary between the organisational forms of for-profit self-employment and not-for-profit self-employment is occurring, and this warrants a cautious monitoring of the impact that this will have on the nature of the Third Sector.

Zusammenfassung

In Südafrika ist die Arbeitslosigkeit das dringlichste sozioökonomische Problem. Gleichzeitig bietet die Arbeitslosigkeit den besten Einstieg für die Bearbeitung der Armutsfrage. Pro Jahr stehen dem Arbeitsmarkt in viel größerem Umfang junge Menschen als potentielle Neueinsteiger zur Verfügung, als Arbeitsplätze entstehen. Zwischen den von den Jugendlichen mitgebrachten Fähigkeiten und den Anforderungen am Arbeitsplatz besteht eine ernstzunehmende Lücke. Der Dritte Sektor besitzt das Potential, bei der Schließung dieser Lücke eine wichtige Rolle zu spielen – durch das Angebot von Schulungs- und Ausbildungsmöglichkeiten.

Eine weitere wichtige Rolle für den Dritten Sektor liegt in der moralischen Unterstützung der Jugendlichen, sei es durch Vermittlung von allgemeinen sozialen Fähigkeiten oder Bereitstellung von Freizeitmöglichkeiten. Dieser Sektor ist auch als soziales Auffangnetz für diejenigen wichtig, die keine Arbeit finden oder ihre Arbeit verlieren – vor allem, wenn man die ungenügende Ausgestaltung des staatlichen Hilfsprogrammes berücksichtigt.

Einige Bereiche des Dritten Sektors fördern die Einrichtung von Arbeitsplätzen durch Stärkung der SMME-Aktivitäten. Allerdings stellen diese Aktivitäten nicht den Kernbereich des Sektors dar. Der Erfolg liegt eher im Bereich der Subsistenzwirtschaft als im Bereich der Impulsgebung für eine angeschlagene Ökonomie.

Die Jugendlichen stellen einen relevanten Anteil der Beschäftigten im Dritten Sektor. Diese Arbeitsplätze sind allerdings nicht unbedingt sicher, attraktiv oder ideal, im Sinne der Entwicklung von Kapazitäten. Trotz dieser Einschränkungen leistet dieser Sektor einen wichtigen Beitrag für die Vermittlung von Jugendlichen, da er ihnen das Sammeln von Arbeitserfahrung ermöglicht, egal ob unbezahlt oder bezahlt. Die im Dritten Sektor gesammelten Erfahrungen werden vom Staat hoch eingeschätzt, da der Staat sich für eine Entwicklungsorientierung in der Praxis entschieden hat.

Gegenwärtig ist eine zunehmende Undeutlichkeit der Grenzen zwischen den Organisationsformen der profitorientierten und nicht profitorientierten Selbstständigkeit festzustellen. Diese Entwicklung erfordert eine maßvolle Beobachtung der Auswirkungen, die dies auf die Struktur des Dritten Sektors haben wird.

Paul Dekker[1]

Die Niederlande:
Dritter Sektor und soziale Aktivierung zwischen Staat und Markt

1 Einleitung

Dieser Beitrag beschäftigt sich mit der Beziehung zwischen Drittem Sektor und der Jugendarbeitslosigkeit in den Niederlanden. Diese Beziehung erscheint als nicht sehr schwierig und spannungsvoll, als kaum ausgeprägt – das wäre für die Einführung des Kapitels leichter gewesen. Ich beginne mit Daten über den Dritten Sektor (Paragraph 2) und die Jugendarbeitslosigkeit (Paragraph 3). In Paragraph 4 folgt ein Abriss der Arbeitsmarktpolitik und von Arbeitsbeschaffungsmaßnahmen; Paragraph 5 enthält Ausführungen zur 'sozialen Aktivierung' und lokalen Politik. Zum Schluss komme ich dann auf den Dritten Sektor und seine Bedeutung für die Bekämpfung der Jugendarbeitslosigkeit zu sprechen. Dabei steht die These im Mittelpunkt, dass der Dritte Sektor in diesem Zusammenhang kaum von Bedeutung ist, gleichzeitig aber eine Art von 'dritter Vorgehensweise' zwischen Staat und Markt, als Mischung von beiden Sektoren, außerordentlich wichtig ist.

2 Der Dritte Sektor

Will man den Dritten Sektor in den Niederlanden mit nur zwei Wörtern charakterisieren, dann kann man dies mit "groß aber unwichtig" oder "akzeptiert und unbeachtet" tun.

Ich möchte an dieser Stelle nicht ausführlich auf die Geschichte des Sektors eingehen (s. Dekker, 2001), sondern nur kurz eine Episode in Erinnerung rufen, die auch als eine Art Vorspiel für das jetzige 'Poldermodell' der Zusammenarbeit angesehen werden kann: Seit der Mitte des 18. Jahrhunderts kam es in den Niederlanden zu einer 'Versäulung' der Gesellschaft: einem Prozess der Organisation der Gesellschaft entlang vornehmlich religiöser Trennlinien. Dieser Prozess trug zu einem, im Vergleich mit vielen anderen Ländern starken Wachstum der 'Privatinitiativen' bei, um kollektive Aufgaben durch nicht-kommerzielle Aktivität zu erfüllen. Das Wort 'Privatinitiative' und sicherlich die Abkürzung 'PI' deuten des-

---

1 SCP, Postfach 16164, NL – 2500 BD Den Haag; Tel. +31 70 3407434; Fax +31 70 3407044; E-mail p.dekker@scp.nl.

halb in den Niederlanden noch immer sehr viel stärker auf nicht-kommerzielle Organisationen hin, die dieser Prozess hervorgebracht hat, als auf neue kommerzielle Initiativen. Die Blockbildung von gleichgläubigen Organisationen ab Mitte des 18. Jahrhunderts verlief im Allgemeinem ohne große gesellschaftliche Auseinandersetzungen, weil die Blöcke weitgehend regional und subkulturell getrennt waren. Die Verteilung von knappen Mitteln gab allerdings Anlass zu Spannungen zwischen den Blöcken und zwischen den Blöcken und dem Staat. Ab dem Ende des 18. Jahrhunderts spitzten sich diese Spannungen dann auf die Frage der Finanzierung der Schulen zu: Katholiken und Protestanten besaßen eigene Schulen und waren immer weniger bereit, sowohl Steuern für die öffentlichen Schulen als auch den größten Teil der Kosten für die eigenen Schulen aufzubringen. Schlüsselereignis war dann die Lösung des Konflikts in der 'Pazifikation' von 1917, in deren Rahmen konfessionelle und liberale Fraktionen zu einer wichtigen politischen Einigung kamen: Katholische und protestantische Schulen der Konfessionellen wurden öffentlich finanziert, die Liberalen erhielten das allgemeine Wahlrecht. Im Grundgesetz wurde die Freiheit, Schulen zu gründen, festgelegt und ferner eine tragfähige Grundlage für die finanzielle Gleichberechtigung von öffentlichen und privaten Schulen geschaffen. Dies hat dazu geführt, dass heute, bei einer sich als nicht der Kirche zugehörig empfindenden Bevölkerungsmehrheit, die Mehrheit der Grundschüler noch immer in konfessionelle Schulen geht. Obwohl es diese Art von gesetzlichem Schutz von Non-Profit-Organisationen in anderen Bereichen nie gegeben hat, wurde in der Entwicklung des Wohlfahrtstaates nach 1945 das Subsidiaritätsprinzip zur dominanten Ideologie und die Erledigung öffentlicher Aufgaben durch private Organisationen zum Wachstumsmodell.

Das führte allerdings auch zur Formalisierung und Bürokratisierung ehemaliger 'Privatinitiativen'. Organisationen, die aus Privatinitiativen entstanden waren, orientierten sich immer stärker an Politik und Bürokratie anstatt an der eigenen Basis in der Bevölkerung. Qualitätsanforderungen erforderten Professionalisierung, Planungs- und Abstimmungsprozesse nahmen einen stetig wachsenden Stellenwert ein. So wurde die ideologische Grundlage zunehmend durch professionelle und administrative Organisationsprinzipien ersetzt. Nach der institutionellen 'Entsäulung' ab Ende der 1960er Jahre, Reorganisationen in den siebziger und achtziger Jahren und vielen Sparmaßnahmen befinden wir uns jetzt in einer Situation, die noch immer von der Tradition geprägt ist, kollektive Aufgaben halb privat erledigen zu lassen; gleichzeitig haben sich aber Bedeutung und Identität von Non-Profits grundsätzlich geändert: Neben die Versachlichung der Beziehungen zwischen Staat und Non-Profit-Organisationen trat die Entstaatlichung von öffentlichen Diensten, die Verstärkung der Marktwirkung zwischen den Organisationen und die Kommerzialisierung der Beziehungen zwischen Organisationen und Bürgern.

Über einen Non-profit- oder Dritten Sektor wurde nie viel gesprochen; ein 'Sektorbewusstsein' war kaum vorhanden – früher war eher die Zugehörigkeit zur Glaubensgruppe, zur 'Säule' wichtig, später die Profession. Heute sind nun auch einzelne Organisationen oft nur noch schwer deutlich zu charakterisieren. Bürger wissen wahrscheinlich häufig gar nicht, ob eine Organisation staatlich oder kommunal ist oder als private Non-profit-Organisation agiert. Dies trifft zum Beispiel auf 'öffentliche Bibliotheken' zu, die mehrheitlich privat sind, aber 'öffentlich' genannt werden, weil sie öffentlich zugänglich sind (also nicht für interne Zwecke genutzt werden oder nur Spezialisten zugänglich sind); gleiches gilt für Schulen, wobei eher die Frage 'konfessionell – nicht konfessionell' eine Rolle spielt. 'Nonprofit' schließt für die meisten Bürger staatliche und nicht-staatliche Organisationen ein – dabei ist dieser Sektor vor allem deshalb kein Thema in der öffentlichen Meinung, weil er aus Steuer- und sozialen Versicherungsgeldern finanziert wird.

Folgen wir der Begriffsdefinition von 'non-profit' des Johns Hopkins Comparative Nonprofit Sector Projekts, dann hatten die Niederlande 1995, gemessen als Anteil an der nationalen Wirtschaft, im Vergleich mit 22 Ländern den größten Sektor: 12,9% der nicht im Agrarsektor Beschäftigten waren hier tätig. In Deutschland wie in Österreich und Spanien waren dies 4,5%, nicht viel weniger als in Frankreich (4,9%). Belgien (10,5%) und Irland (11,5%) lagen näher an den Niederlanden; das Vereinigte Königreich (6,2%) und die Vereinigten Staaten (7,8%) nahmen im Feld der reichen Länder Zwischenpositionen ein (s. auch den Beitrag von Martin Potůček in diesem Band).

Tabelle 1 Der niederländische Non-profit-Sektor 1995: Arbeit (Vollzeitäquivalente) als % des gesamten Non-profit-Sektors, und Quellen als % des Einkommens der Non-Profit-Teilsektoren

	Arbeit		Einkommensquellen		
	Bezahlt	Freiwillig	Kollektiv	Spenden	Beiträge
Gesundheitswesen	42	7	96	1	3
Bildung und Forschung	27	14	91	1	8
Soziale Dienste	19	21	66	3	31
Wohnungswesen und Beschäftigung	2	0	7	0	93
Kultur und Erholung	4	36	27	8	65
Wirtschafts- und Berufsverbände	2	1	0	10	90
Religion	1	8	0	82	18
Umwelt und Naturschutz	1	4	23	16	60
Internationale Aktivitäten	1	2	45	35	20
Politik, Rechte, Bürgerinteressen	1	6	4	11	85
Philanthropie	0	-	0	3	97
Insgesamt	100	100	59	3	38

Quelle: Burger und Dekker 2000 (Johns Hopkins Comparative Non-Profit Sector Project)

Tabelle 1 zeigt einige Daten zum Sektor in den Niederlanden. Unterschieden wird hier zwischen den Sektoren mit den oft großen bürokratisierten und/oder kommerzialisierten Konglomeraten der Dienstleistungsgesellschaft – Gesundheitswesen, soziale Dienste, Bildung und Wohnungsbau – und dem Bereich der Interessenvertretung, von Kultur und Sport, der internationalen Hilfe u.s.w.; im letzteren Bereich spielen Eigeninitiativen, freiwillige Arbeit und ähnliche Aktivitäten oft noch eine größere Rolle, hier könnte man die Bürgergesellschaft suchen. Spricht man vom niederländischen Non-Profit-Sektor, dann spricht man finanziell und von der Beschäftigung her aber eben doch vor allem von den drei oder vier genannten großen Sektoren (das Wohnungswesen ist dabei zwar in finanzieller Hinsicht als 'groß' zu bezeichnen, aber nicht mit Blick auf den Anteil an der Beschäftigung). Insgesamt gesehen sind hier erst wenige alternative Strukturen und Begeisterndes entstanden. Die meisten Non-Profit-Organisationen unterscheiden sich kaum von öffentlichen – und jetzt oft auch immer weniger von kommerziellen Einrichtungen.

3 Jugendarbeitslosigkeit

Wenn man die offiziellen Daten zum Beschäftigungswachstum und zur Arbeitslosenquote vergleicht, scheint deutlich zu sein, dass die Niederlande in den neunziger Jahren in dieser Hinsicht viel mehr geleistet haben als Deutschland. Tabelle 2 zeigt, dass sich die Entwicklung der Erwerbstätigkeits- und Arbeitslosenquote sowie der durchschnittlichen Zahl der Arbeitsstunden pro Kopf in den Altersstufen von 15 bis 64 Jahren zwischen 1991 und 1999 in den Niederlanden viel günstiger darstellt als in Deutschland.

Tabelle 2 Der niederländische und deutsche Arbeitsmarkt 1991-99

	1999		Veränderung 1991-1999	
	NL	DE	NL	DE
Arbeitslosenquote (%)	4,1	10,1	− 2,7	+ 3,0
Erwerbstätigkeitsquote (%)	63,8	64,7	+ 6,8	− 5,0
Erwerbstätigkeitsquote 15-24-Jährige (%)	62,5	45,0		
jährliche Arbeitstunden pro Erwerbstätige	1.342	1.426	− 13	− 58
jährliche Arbeitstunden pro 15-64-Jährige	955	972	+ 49	− 89

Quelle: De Beer und Dekker 2000: 29 (European Commission / Bundesministerium für Arbeit und Sozialordnung / Centraal Bureau voor de Statistiek)

Obwohl die offizielle Arbeitslosenquote in den Niederlanden viel niedriger ist als in Deutschland, ist der Unterschied mit Blick auf die Erwerbstätigkeitsquoten winzig. In den Niederlanden sind also verhältnismäßig mehr Personen weder beschäftigt noch arbeitslos, halten sich also nicht auf dem Arbeitsmarkt auf. Für den Kern der Erwerbsbevölkerung, die Altersstufe der 25-54-Jährigen, ist die Erwerbstätigkeitsquote ähnlich. Auffällig ist jedoch die große Zahl der jungen Niederländer, die einen Arbeitsplatz besitzen (obwohl es sich dabei oft um kleine Teilzeitarbeitsstellen handelt). Die Erwerbstätigkeitsquote älterer Personen, insbesondere älterer Frauen, liegt in den Niederlanden aber niedriger als in Deutschland.

Dass sich die Erwerbstätigkeitsquoten der Niederlanden und Deutschlands ähneln, bedeutet jedoch noch nicht, dass Niederländer und Deutsche genauso viel Zeit für die Erwerbsarbeit verwenden. Obwohl sich die wöchentlichen Arbeitszeiten eines Normalarbeitsverhältnisses in den Niederlanden und in Deutschland fast entsprechen (39 bzw. 40 Stunden), findet sich in den Niederlanden eine höhere Zahl von Teilzeitstellen. Deshalb beträgt die durchschnittliche Arbeitswoche je Erwerbstätigen in den Niederlanden nur 31 Stunden, in Deutschland dagegen 36 Stunden. Die durchschnittliche jährliche Arbeitszeit pro Erwerbsperson liegt in den Niederlanden um 6% niedriger als in Deutschland.

Um das relative Gewicht des Problems der Jugendarbeitslosigkeit zu verstehen, werden in Tabelle 3 Zahlen zur offiziellen Arbeitslosigkeit im Verlauf von drei Jahren mit jeweils niedriger Gesamtarbeitslosigkeit verglichen.

Tabelle 3 Registrierte Arbeitslosigkeit in den Niederlanden (Arbeitslosen die für mehr als 12 Stunden Arbeit suchen als % der Berufstätigen)

	1979	1992	1999
Insgesamt	3,9	5,3	3,2
16-24 Jahre alt	7,6	7,4	3,6
niedriges Ausbildungsniveau	7,1	7,6	5,5
Ausländer/im Ausland Geborenen	7,4	14,9	12,4

Quelle: SCP 2000: 285 (Centraal Bureau voor de Statistiek / Sociaal en Cultureel Planbureau)

Die Gesamtquote der Arbeitslosigkeit lag 1999 deutlich niedriger als 1992, aber nur wenig niedriger als 1979. Relativ gesehen hat sich die Situation der Jugendlichen deutlich verbessert: War 1979 die Jugendarbeitslosigkeit noch fast doppelt so hoch wie die der gesamten Bevölkerung, war die Situation der Jugendlichen 1999 kaum noch von der Gesamtlage zu unterscheiden. Dass sie ein wenig höher liegt, findet seinen Grund in der Arbeitsorientierung der Jugendlichen nach Schulabschluss. Im Gegensatz zu den Jugendlichen befinden sich allerdings niedrig Qualifizierte noch immer in einer deutlich schwierigeren Situation (dabei hat sich ihr Anteil an der berufstätigen Bevölkerung – höchstens niedrige Berufsschule oder Realschule – von 53% im Jahr 1979 auf 29% im Jahr 1999 verringert), und auch die Situation der Ausländer hat sich verschlechtert (1979 lag ihr Anteil fast doppelt so hoch, 1999 betrug er fast das vierfache der durchschnittlichen Arbeitslosenquote).

Die Situation der Jugend ist zur Zeit sicherlich nicht schlecht, wenn es um die Chancen auf bezahlte Arbeit geht. Jugend ist nicht das größte Arbeitslosigkeitsproblem, und Arbeitslosigkeit ist nicht das größte Problem der Jugend. Allerdings stellt sich die Situation für gering qualifizierte Jugendliche und Jugendliche einiger ethnischer Minderheiten durchaus problematisch dar.[2]

4 Arbeitsmarktpolitik und Arbeitsbeschaffungsmaßnahmen

Die Beschäftigungspolitik der Niederlande bestand in den neunziger Jahren aus vier 'Zutaten' (De Beer und Dekker, 2000): Lohnmäßigung, Arbeitsumverteilung, Reform der sozialen Sicherung und aktive Arbeitsmarktpolitik.

Die Zurückhaltung bei der Lohnentwicklung wird im Allgemeinen als eine der wichtigsten Ursachen des kräftigen Beschäftigungszuwachses bezeichnet. Das stimmt wahrscheinlich, aber sie war wohl eher die Konsequenz von hoher Arbeitslosigkeit als von zentralen Verabredungen im Rahmen eines politischen Paktes. Dies gilt auch für die Umverteilung von Arbeit, die vor allem durch die Stärkung von Teilzeitarbeit gefördert wurde, weniger durch kollektive Arbeitszeitverkürzung. Teilzeitarbeit wurde in dem Pakt zwar neben der Arbeitszeitverkürzung als Mittel zur Umverteilung von Arbeit genannt, aber die Gewerkschaften bevorzugten lange eine 36-Stunden-Woche für jeden Beschäftigten. Teilzeitarbeit entsprach eher dem Wunsch vieler verheirateter Frauen, die in den letzten Jahrzehnten verstärkt auf den Arbeitsmarkt drängten, (damit den Rückstand zu Nachbarländern aufholend) und wurde auch von den Arbeitgebern oft und gern akzeptiert. Angemerkt sei, dass Teilzeitstellen als solche in den Niederlanden meistens unbefristete Stellen mit regelmäßigen Arbeitszeiten sind. Reformen der sozialen Sicherungssysteme wurden vor allem durch die gleichbleibende hohe Zahl an Unterstützungsberechtigten (20% der Bevölkerung zwischen 15 und 65 Jahren im Zeitraum

---

2 Die Arbeitslosenquote unter letzteren liegt um das Dreifache höher als die der autochthonen Jugendlichen. Für die Jahre 1995-1997 berichtet das statistische Amt (CBS 1999: 95) von 10% Arbeitslosigkeit unter den autochthonen Jugendlichen und 29% unter den allochthonen Jugendlichen: 36% unter Türken und Marokkaner, 29% unter Surinamern, Antillianern und Arubanern sowie 23% bei den sonstigen Allochthonen.

von 1984 bis 1995) trotz schnellen Beschäftigungswachstums motiviert. Das System der Sozialleistungen wäre zu generös gewesen, vor allem die Erwerbsunfähigkeitsversicherung. Für diese Versicherung wurden strengere Aufnahmekriterien und niedrigere Leistungen eingeführt, aber auch die Sozialhilfe und die Arbeitslosenversicherung wurde neu organisiert. Grundsätzlich versuchte die Regierung in den neunziger Jahren, den Ausstieg der Unterstützungsberechtigten aus der sozialen Sicherung zu fördern. Dass die Zahl der unterstützten Personen seit 1996 gesunken ist, ist allerdings vor allem auf die günstige Konjunktur zurückzuführen, die die Belastung der sozialen Sicherungssysteme reduziert hat.

Die aktive Arbeitsmarktpolitik ist der jüngste Bestandteil der niederländischen Beschäftigungspolitik. Längere Zeit war die Arbeitsmarktpolitik von Passivität gekennzeichnet. Aber im letzten Jahrzehnt wurden viele Reformen durchgeführt. Wie viele andere Staaten auch, strebten nun ebenfalls die Niederlande nach einem Übergang von passiven zu aktiven Maßnahmen. Tatsächlich sind die aktiven arbeitsmarktpolitischen Leistungen gestiegen: von 1,1% des Bruttoinlandsprodukts 1991 bis auf fast 1,8% 1998. Die zwei wichtigsten Reformen betrafen das Arbeitsförderungsgesetz und die Arbeitsbeschaffungsmaßnahmen. Die wichtigste Änderung des 1991 eingeführten Arbeitsförderungsgesetzes war die 'Tripartisierung' der Arbeitsverwaltung. Das Arbeitsamt wurde von einer staatlichen Organisation in eine von Gewerkschaften, der Wirtschaft und dem Staat geleitete Organisation umgewandelt. Das Ziel dieser Reform, einen größeren Beitrag der Arbeitsämter zur Eingliederung der Arbeitslosen zu erreichen, wurde allerdings verfehlt. Kompetenzstreitigkeiten zwischen den drei Parteien trugen dazu bei; währenddessen vergrößerten kommerzielle Arbeitsvermittlungsbüros ihren Marktanteil. Die Regierung beabsichtigt nun, die öffentliche Arbeitsmarktverwaltung und Aufsicht einerseits und die private, d.h. im Allgemeinen kommerzielle Arbeitsvermittlung sowie die Ausführung von Reintegrationsmaßnahmen andererseits, klarer voneinander zu trennen. Zu letzterem weiter unten mehr.

Erfolgreicher als die Reform der Arbeitsvermittlung war die Erneuerung und Erweiterung der Arbeitsbeschaffungsmaßnahmen. In den achtziger Jahren wurden wiederholt Vorschläge entwickelt, Gelder aus dem Bereich der sozialen Sicherungssysteme für die Bereitstellung zusätzlicher Arbeitsplätze für Langzeitarbeitslose zu nutzen. Doch erst zu Beginn der neunziger Jahre kam der dafür notwendige politische Konsens zustande. Die Parole hieß 'Recht auf Arbeit statt Recht auf Unterstützung'. 1992 wurde dann die Aktivierende Arbeitsmarktpolitik für Jugendliche (AAJ) eingeführt. In diesem Zusammenhang wurde zuerst von einer 'lückenlosen' oder 'schliessenden' Vorgehensweise gesprochen. Damit war gemeint, dass für jeden Arbeitslosen aktiv nach einem Arbeitsplatz gesucht wird und innerhalb einer bestimmten Frist (6-12 Monate) ein Angebot gemacht werden muss (Umschulung, Weiterbildung, eine Arbeitserfahrungsstelle), um die Chancen auf der Arbeitsmarkt zu verbessern. Damit wurden die Arbeitsvermittlung wie die Gemeinden auf große Anstrengungen hin verpflichtet. Jugendliche, die im angegebenen Zeitraum keine Arbeit gefunden hatten, sollten nach einem Jahr eine Stelle im Rahmen des 'Jugendarbeitsgarantieplans' bekommen. Anfangs gab es diese 'Arbeitserfahrungsstellen' nur im kollektiven Sektor (öffentlich oder nonprofit, da bestand kein Unterschied), aber ab 1995 wurden sie auch im Marktsektor bereitgestellt. Der Grund lag darin, dass der kollektive Sektor den Interessen und Fähigkeiten derjenigen Jugendlichen, die Probleme auf der Arbeitsmarkt hatten, zu wenig entgegenkommen konnte. Viele dieser Jugendlichen wollten eher 'richtige Handarbeit' leisten. Insgesamt gesehen war die AAJ kein großer Erfolg: Die meisten Jugendlichen fanden schnell selbst einen Arbeitsplatz, und mit Blick auf die übrigen rutschte eine viel zu große Anzahl in die Garantiestellen (SGBO, 2000)

Neben dem Jugendarbeitsgarantieplan wurden sogenannte Jobpools für ältere Langzeitarbeitslose eingeführt. Aus diesen Pools wurden Arbeitssuchende für zusätzliche Arbeit bei öffentlichen und privaten Organisationen 'ausgeliehen'. Durch diese Maßnahmen wurden fast 50.000 subventionierte Arbeitsplätze für arbeitslose Jugendliche und Langzeitarbeitslose geschaffen. Ab 1995 gab es darüber hinaus die sogenannten Melkert-Stellen, benannt nach dem ehemaligen Minister für Sozialordnung und Arbeit. Auch in diesem Zusammenhang griff die Finanzierung auf Mittel aus den sozialen Sicherungssystemen und Steuergelder zurück. Die Melkert-Stellen umfassten 40.000 vollständig und permanent subventionierte 'Melkert 1'-Arbeitsplätze im öffentlichen und Non-Profit-Sektor sowie 20.000 teilweise (im Prinzip zu 50% finanziert) und vorübergehend (im Prinzip für zwei Jahre finanziert) subventionierte 'Melkert 2'-Arbeitsplätze in der Privatwirtschaft. Ab 1996 war auch noch die Rede von 'Melkert 3'-Stellen, aber dabei ging es nicht um bezahlte Arbeit, sondern um Experimente mit unbezahlter Arbeit.

Im Jahr 1998 wurden der Jugendarbeitgarantieplan, die Jobpools und die 'Melkert 2'-Stellen im Rahmen eines neuen Gesetzes zur Einpassung von Arbeitsuchenden (Wet Inschakeling werkzoekenden; WIW) zusammengefasst. Die permanenten 'Melkert 1'-Stellen gibt es zusätzlich noch als 'Instroom-Doorstroom' (ID)-Stellen. Als Zielgruppen werden genannt: Langzeitarbeitslose, jugendliche Arbeitslose und Empfänger von Sozialleistungen. Mit dem WIW erhielten die Gemeinden mehr Entscheidungsfreiheit. Ferner wurden Gelder für Sozialleistungen und Arbeitsbeschaffungs- und Reintegrationsmaßnahmen, Schulungen in einen 'Arbeitsfonds' übertragen. Ab 2001 wird dieser Fonds zu einem 'Fonds Arbeit und Einkommen' erweitert werden. Die Gemeinden erhalten dann einen noch höheren Grad an Entscheidungsfreiheit, allerdings mit der Auflage, die Ausführung der Reintegrationsprojekte privaten Organisationen zu überlassen (Van Hattem, 2000).

Dem WIW für Arbeitslose vergleichbar ist die Gesetzgebung für Behinderte: das Gesetz zur Reintegration von (partiell) Arbeitsunfähigen (Wet op de reïntegratie van arbeidsgehandicapten (REA); 1998), von Menschen, die im Prinzip einen regulären Arbeitsplatz besetzen können, eventuell mit Anpassungen und Unterstützung. Zusätzlich gibt es das Arbeitsbeschaffungsgesetz (Wet sociale werkvoorziening (WSW) für Personen, die eine vom Wettbewerb geschützte Stelle brauchen. Dieses Gesetz wurde 1997 revidiert, weil die Einrichtungen zu sehr zu einem Auffangbecken für Langzeitarbeitslose ohne klare Gesundheitsprobleme geworden waren. Jetzt werden nur noch Personen mit einer medizinischen Indikation zugelassen; WIW-Stellen sollen nun einen Ausweg für Langzeitarbeitslose bieten.

1998 wurden insgesamt 1,2 Millionen Arbeitsplätze in der einen oder anderen Form subventioniert: 900.000 über einen generellen Lohnkostenzuschuss für Niedriglohnstellen (SPAK; seit 1996), 110.000 über verschiedene Steuermaßnahmen, 100.000 mit WIW-Mitteln und 90.000 mit WSW-Mitteln.

Einen guten Überblick über diese und andere Maßnahmen bietet Paul de Beer (2000). Er zeigt, dass über deren Effektivität letztendlich wenig bekannt ist. Wahrscheinlich bleibt die Zahl derjenigen, die von subventionierte auf unsubventionierte Arbeitsplätze überwechseln, insgesamt gering. Völlig unklar ist, wieviele Arbeitslose ihren Job den SPAK-Zuschüssen verdanken. Eine Schätzung für die restlichen 300.000 subventionierten Stellen besagt, dass dadurch die Zahl der Arbeitslosen und Arbeitsunfähigen um 116.000 gesenkt werden konnte. Die Kosten pro Arbeitsplatz belaufen sich auf ungefähr 60.000 Gulden, gleichzeitig werden aber 30.000 Gulden aus der Unterstützung der Sozialversicherung eingespart. Um die Nettokosten zu errechnen, müsste man von den restlichen 30.000 Gulden noch das höhere Steuereinkommen des Staates abziehen (abgesehen von weiteren positiven Auswirkungen der höheren privaten Ausgaben). Geschätzt wird, dass – abgesehen von den SPAK-Zuschüssen – auf Grund subventionierter Arbeitsplätze die Zahl der Empfänger von Sozialleistungen zwischen 1994 und 1999 um ein Viertel gesenkt werden konnte (SCP, 2000: 288).

Das WIW gibt eine 'lückenlose oder schliessende Vorgehensweise' vor. Dies bedeutet, dass im Prinzip alle Arbeitsuchenden in die Arbeitsvermittlung mit einbezogen werden: Direkt zu Beginn der Arbeitslosigkeit soll ein 'Trajektangebot' gemacht werden; ist dies nach einem Jahr nicht erfolgreich, muss eine WIW-Stelle angeboten werden. Noch immer gibt es Gruppen, für die dies nicht zum Erfolg führt, weil sie auf Grund persönlicher Probleme nicht arbeiten können. Die finanziellen Mittel für diese Stellen werden von den sozialen Sicherungssystemen und Reichsmitteln (Ektra für die Großstädte), Zahlungen der Organisationen, an die

Personen für eine WIW-Stelle ausgeliehen werden, und auch vom Europäischen Sozialfonds (ESF) bereitgestellt.

Jugendliche bis 23 Jahre sind im WIW eine speziell genannte Kategorie. Gemeinden sind verpflichtet, Jugendliche, die länger als ein halbes Jahr arbeitslos sind, eine Stelle anzubieten. Es gibt auch noch zusätzliche Maßnahmen für Gruppen mit speziellen Problemen. So gibt es Subventionen für experimentelle Integrationsprojekte für jugendliche Antillianer und Arubaner, später auch Surinamer, finanziert mit Mitteln des Reiches, der Gemeinden und auch von anderen Organisationen. Die Projekte sind oft nicht direkt auf das Finden einer Arbeitsstelle oder auf Schulung ausgerichtet, sondern eher auf die Schaffung von besseren Voraussetzungen dafür: Schuldenabbau, das Finden einer Wohnung, einer Kindergrippe u.s.w. (SGBO, 2000).

5 Soziale Aktivierung und lokale Projekte

Die bis jetzt genannten Arbeitsmarktregelungen zielen auf den Einstieg von Arbeitslosen und Sozialhilfeempfängern in bezahlte Arbeit. Wenn dies keine reale Option ist, was vor allem für langjährige Sozialhilfeempfänger gilt, dann ist ein Umweg notwendig. Dafür wurde 1994 die 'soziale Aktivierung' als politisches Programm eingeführt und 1996 gesetzlich bei der Revision des Sozialhilfegesetzes festgelegt. Im sogenannten 'Experimentartikel' 144 dieses Gesetzes wird für Gemeinden die Möglichkeit geschaffen, Experimente zu beantragen. Wenn vom Ministerium genehmigt – was z. Zt. für 136 Gemeinden gilt –, dann können die Gemeinden von mehreren Bestimmungen des Gesetzes abweichen. Die wichtigste Abweichungsmöglichkeit ist, dass Arbeitslose von der Bewerbungspflicht freigestellt werden können und zusätzliche Mittel für Aktivitäten bereitgestellt werden dürfen, die nicht direkt auf den Arbeitsmarkt ausgerichtet sind. Zusätzlich dürfen von einer anderen Instanz als dem Sozialdienst Sozialleistungen bezahlt werden, könnte der Sozialhilfeempfänger verpflichtet werden, an Aktivitäten teilzunehmen, die nicht direkt arbeitsmarktorientiert sind. Die übrigen Ausnahmeregelungen werden nur wenig genutzt (Van de Pas und Jehoel-Gijsbers, 2000).

Offizielle Zielsetzung ist es, der sozialen Ausschließung vorzubeugen bzw. soziale Isolation zu bekämpfen, Fähigkeiten und einen bestimmten Arbeitsrhythmus zu erlernen und nützliche Aktivitäten aufzugreifen, die sonst vernachlässigt werden würden. Das kann bedeuten, dass für die jeweilige Einzelperson Voraussetzungen für Partizipation geschaffen werden (z. B. das Erlernen der holländischen Sprache oder auch Radfahren), oder die Teilnahme an gesellschaftlich nützlichen Aktivitäten gefördert wird als Gegenleistung für erhaltene Sozialleistungen.

Soziale Aktivierung richtet sich auf Nicht-Arbeitende (Arbeitslose und auch Behinderte, aber wir werden hier weiter nur von Arbeitslosen reden), die nur sehr schwer in den Arbeitsmarkt zu integrieren sind. Für die Arbeitsvermittlung gehören sie in Phase 4 oder ausnahmsweise Phase 3 der folgenden Einteilung (von 'Phasen' wird deshalb bewusst gesprochen, um deutlich zu machen, dass sie keinen festen Kategorien gleichkommen, sondern Raum für Mobilität von Phase 4 bis 1 und dann zur Erwerbsarbeit zulassen):

Phase 1   direkt vermittelbar
Phase 2   innerhalb von 1 Jahr vermittelbar
Phase 3   nach 1-2 Jahren vermittelbar
Phase 4   erst vermittelbar, nachdem schwere persönliche Behinderungen abgebaut worden sind

Die Zielgruppe der Politik der sozialen Aktivierung braucht entweder längere Schulung und Begleitung oder ist mit größeren Problemen konfrontiert, die zuerst gelöst werden müssen. Schätzungen besagen, dass 3% der Phase 4-Kunden und 1,6% der Sozialhilfeempfänger an sozialen Aktivierungsexperimenten teilnehmen. Bis Mitte 1999 hatten mehr als 10.000 Sozialhilfeempfänger teilgenommen (Van de Pas und Jehoel-Gijsbers, 2000). Im Allgemeinem gestaltet sich die Werbung für das Programm nach Angaben von Beamten der Sozialdienste als schwierig. Oft blieb es bei einem ersten Gespräch, weil kaum Motivation bestand, zu große Gesundheitsprobleme oder psychische Probleme vorhanden waren. Übrigens erhielt auch mehr als die Hälfte der Teilnehmer professionelle Hilfe, z. B. von der Wohlfahrtspflege, einem Institut für ambulante Psychiatrie, einer Alkohol und Drogenberatungsstelle, der Bewährungshilfe oder Schuldenberatung.

Auf Grund einer Analyse von zwanzig Projekten in neun Gemeinden hat ein Kollege beim SCP, Ton van der Pennen, drei Basisstrategien unterschieden (Van der Pennen, 2000):

1   Instrumentell: Hier geht es vor allem darum, mit den verfügbaren Mitteln für den einzelnen Arbeitslosen eine subventionierte Stelle zu schaffen. Es soll eine Stelle sein, mit der keine reguläre Arbeit verdrängt wird. Das kann in einem Betrieb oder einer Non-Profit-Organisation sein. Oft geht es um zusätzliche Arbeit im Bereich von Aufsicht und sozialen Dienstleistungen. Geschaffen werden WIW- und ID-Stellen mit positiven Nebeneffekten für die Nachbarschaft: mehr Lebensqualität und die Tatsache, dass einige Menschen Arbeit finden, zeigt als solches sicherlich auch positive Wirkung. Besondere Zielgruppen sind hierbei langjährige Arbeitslose, Flüchtlinge und frühere psychiatrische Patienten.

2   Marktorientiert: Es geht hier weniger um eine individuelle Stelle als um neue Dienste innerhalb einer Organisation oder als ganz neu aufgebaut, wie z. B. ei-

ne Gärtnerei, oder einen Laden für Gebrauchtwaren oder Radreparaturen. Auch hier werden die Mittel aus der Sozialversicherung benutzt, allerdings nur befristet; Ziel ist, dass sich die neue Tätigkeit irgendwann betriebswirtschaftlich lohnt und ohne Unterstützung auskommt. Die Perspektive ist eine wirtschaftliche, wobei das Geld vom Markt kommen soll.

3 Individuell: Dabei geht es um die gesellschaftliche Einbindung des Arbeitslosen und schließlich um sein Wohlbefinden. Man versucht, individuell sinnvolle Partizipationsmöglichkeiten zu finden. Das kann bezahlte, aber auch freiwillige Arbeit sein. Die Teilnahme ist freiwillig; ferner wird versucht, gerade in Regionen mit hohen Arbeitslosenraten präsent zu sein, damit die Anmeldung leichter fällt und Resultate sichtbar gemacht werden können. Individuelle Trajektpläne werden in Zusammenarbeit mit Beratungsstellen, der kommerziellen Arbeitsvermittlung und einzelnen Betrieben entwickelt.

Hier standen nun vor allem kleine Projekte mit intensiver Begleitung im Vordergrund. Nur 5% der involvierten Personen fanden schließlich einen regulären, bezahlten Arbeitsplatz, 70% führten die Schulung, freiwillige Arbeit oder zusätzliche Arbeit fort. Allerdings sind drei Viertel der Teilnehmer zufrieden: man hat Menschen kennen gelernt, hat mehr Rhythmus, mehr Selbstvertrauen gewonnen. Die sehr beschränkten Arbeitsmarkterfolge und gleichzeitig doch positive Bewertung stimmen überein mit repräsentativeren Daten von Van de Pas und Jehoel-Gijsbers (2000). Hier haben 11% der Teilnehmer bezahlte (aber eventuell subventionierte) Arbeit gefunden; als Gewinn empfinden die Teilnehmer eher, dass man nun genauere Vorstellungen über die eigenen Wünsche besitzt, als dass sich die Chancen auf dem Arbeitsmarkt wirklich verbessert hätten. Diese Autoren weisen übrigens darauf hin, dass sich die Teilnehmer 1999 mit Blick auf die Arbeitsmarktchancen in einer schlechteren Situation befänden als die Teilnehmer von 1998: Sie sind weniger qualifiziert, älter und beziehen schon seit einem längeren Zeitraum Sozialhilfe. Auch Post und Bakker (2000) beschreiben in ihrer Analyse der 'Kundschaft' der Sozialdienste eine Konzentration von Personen, die mit einer Kumulation von Problemen konfrontiert sind. In der jetzigen Hochkonjunktur finden Personen, die nur vor Arbeitsmarktproblemen stehen, durchaus Erwerbsarbeit; so bleiben nur noch Personen mit persönlichen Problemen. Die Sozialdienste haben dabei weniger, aber dafür schwierige Kunden. Deshalb wird das, was Van der Pennen (2000) die individuelle Strategie nennt, wahrscheinlich auch immer wichtiger. Arbeitsmarktmaßnahmen werden sich immer stärker auf bestimmte schwierige Gruppen konzentrieren (gering qualifizierte Langzeitarbeitslose, Personen mit oft ungenügenden Sprachkenntnisse, verbunden mit einer sozialen oder psychischen Problematik, Alkohol und Drogen, Schulden u.s.w.). Bei geringen Arbeitschancen ist aber die Motivation, Erwerbsarbeit zu finden, oft groß.

Wie bereits ausgeführt, ist es Ziel, Isolierung zu vermeiden und 'Partizipation zu fördern', was nicht unbedingt gleichbedeutend mit Partizipation am Arbeitsmarkt sein muss. Wie stark man sich auf den Arbeitsmarkt konzentriert, ist abhängig von Entscheidungen auf der lokalen Ebene: von der Situation des Arbeitslosen, der Arbeitsmarktlage und vielleicht auch noch ein wenig von den lokalen politischen Präferenzen.

Auf dieser, der lokalen Ebene gilt im Gegensatz zur nationalen Politik oft das Ziel der Integration in bezahlte Arbeit nicht mehr. Vor allem bei den größeren Gemeinden geht es eher um gesellschaftliche Partizipation. Das ist weniger eine Frage der Ideologie der Post-Arbeitsgesellschaft, sondern des Realismus: Nur ein Bruchteil der Zielgruppen findet reguläre Arbeit. Die Einsicht, dass sich ein Teil der Projekte und der Menschen nicht in den (Arbeits)Markt wird integrieren lassen können, findet Verbreitung.

In einzelnen Gemeinden beginnt man nun auch, aus eigenen Mitteln mehr Lohn für ID-Stellen zu zahlen, die mehr oder weniger Bestand gewonnen haben.

Von manchen lokalen Funktionären wird jetzt auch der Fürsorgeaspekt der Sozialdienste wieder stärker akzentuiert (Post und Bakker, 2000). Dabei wird davor gewarnt, dass das Bestreben der Regierung, alle "an die Arbeit oder zur Schule" zu schicken, irreal ist und leicht zu einer 'Jagd' auf Sozialhilfeempfänger führen kann.

Obwohl für die Regierung offiziell in der Eingliederung in die Erwerbsarbeit weiterhin das höchste Ziel der sozialen Aktivierung besteht, liegt zur Zeit doch ein Gesetzesentwurf vor, der vorsieht, dass generell mehr Sozialhilfeempfänger ehrenamtlich tätig und von der Pflicht zur Bewerbung um eine Arbeitsstelle entbunden werden.

Vor zwanzig Jahren hat es intensive Diskussionen über die Verpflichtung gegeben, sich zu bewerben und für den Arbeitsmarkt zur Verfügung zu stehen. Diese Diskussionen gibt es heute kaum noch. Vielmehr wird all dies offiziell über die sozialen Aktivierungsexperimente oder in anderer Form geregelt, abhängig von der Gemeinde einmal mehr, einmal weniger liberal. Die Diskussionen Ende der siebziger/Anfang der achtziger Jahre waren verbunden mit der Hoffnung auf eine Weiterentwicklung von verschiedenen Arbeitsloseninitiativen und Projekten zu einer alternativen Wirtschaft. Dieser Diskussionszusammenhang ist heute kaum noch von Bedeutung, wahrscheinlich gerade auch im Vergleich mit Deutschland. Die ehemaligen Träger dieser Projekte haben sich heute innerhalb der Wirtschaft anders orientiert, arbeiten als Lohnabhängige oder als Unternehmer. Die bestehenden Projekte werden eher von den Instanzen aus für die schwächsten Gruppen auf dem Arbeitsmarkt organisiert. Eine Quelle für gesamtwirtschaftliche Alternativen sind sie wohl nicht.

6 Dritter Sektor oder Dritte Arbeitsweise?

Kommen wir nun endlich zur Kernfrage: Welche Bedeutung besitzt der Dritte Sektor mit Blick auf sein Potenzial, Arbeitsplätze insbesondere für Jugendliche zu schaffen? Die Frage lässt sich anhand einiger Teilfragen beantworten:

1. Schafft der Non-Profit-Sektor selbst Erwerbsarbeit für die Jugend? Die Relevanz der Frage, ob Arbeitsplätze hier oder anderswo geschaffen werden, ist im niederländischen Kontext nicht ganz klar. Wie in Paragraphen 2 beschrieben, unterscheiden sich Non-Profit-Organisationen oft kaum noch von öffentlichen Organisationen. Aber ja, man kann vermuten, dass es im jetzigen System mehr Arbeitsplätze gibt als wenn alles staatlich organisiert wäre. Es gibt in der Bildungspolitik Regelungen, die garantieren, dass alle Kinder eine Schule mit der bevorzugten Ausrichtung besuchen können. Das heißt, dass es in der Provinz sehr kleine Schulen gibt, weil eine Schule der gleichen Ausrichtung zu weit entfernt läge.[3] So gibt es im Bildungssystem, vor allem bei den Grundschulen, mehr Stellen, als bei gleichem Dienstleistungsniveau, aber einer besseren Verteilung, notwendig wären. Das Geld kann allerdings nur einmal ausgegeben werden. Im Bildungshaushalt gibt es deshalb eine Umverteilung. Demagogisch gesagt: Vier Lehrer für sechzig Kinder in einer kleinen Dorfsschule bedeutet, dass an anderer Stelle ein Lehrer mit mehr als dreißig Kindern im Lokal sitzt. Mit Blick auf Pluriformität ist dies vielleicht zu verteidigen, aber vom Gleichheitsgrundsatz her ist diese Art der Arbeitsbeschaffung eher problematisch. Solange alles aus dem gleichen Budget bezahlt werden muss, ist von einem Beitrag zur Lösung der Arbeitslosigkeit auch nicht die Rede. Dazu kommt, dass es hier um einen Bereich geht, in dem es sowieso keine Arbeitslosigkeit gibt. Wie auch in der Gesundheitsfürsorge gibt es bei öffentlichen und Non-profit-Schulen mehr als genügend Arbeitsplätze für Jugendliche – nur wieder nicht für die Problemgruppen.

2. Bietet der Non-Profit-Sektor Alternativen für Erwerbsarbeit? Hier ist die freiwillige Arbeit als Teil der sozialen Aktivierung sicherlich von Bedeutung. Die Behörde sind dabei stark auf die Mitarbeit von Organisationen aus dem Dritten Sektor angewiesen, angefangen vom Rotem Kreuz über Rettungsdienste für Tiere bis hin zum Sportverein und der Kirche. Kommerzielle Organisationen sind eine große Ausnahme, aber in vielen Fällen, wie bei Schulen, Bibliotheken, Museen und Nachbarschaftsheimen, kann es sich sowohl um öffentliche als auch Non-Profit-Organisationen handeln. Über die Beziehungen zwischen 'richtigen' und den

---

3 Einen 'negativen' Effekt von ehrenamtlicher Arbeit gibt es auch, aber das ist weniger wichtig: In den Schulvorständen der Privatschulen sind Freiwillige tätig, aber vieles ist so komplex und bürokratisch geworden, dass sie professionelle Administrationsämter einschalten müssen.

mehr oder weniger gezwungenen, manchmal auch mit Prämien verführten 'neuen' Freiwilligen und über weitere Folgen der Instrumentalisierung der freiwilligen Arbeit für die Organisationen gibt es bis jetzt allein Vermutungen und Diskussionen, aber noch keine Forschungsergebnisse. Grundsätzlich kann man wahrscheinlich sagen, dass die Organisationen nur wenig begeistert sind. Sie werden die Sache wahrscheinlich ziemlich instrumentell angehen: Wieviel kostet uns ein Freiwilliger und wieviel bringt er uns? Es ist schön, wenn über eine soziale Aktivierungsstelle Arbeit geleistet wird, die sonst nicht gemacht werden würde, aber es ist wohl nicht so, dass substantielle Teile des Non-profit-Sektors die Integration und Aktivierung von (jugendlichen) Arbeitslosen als wichtige, neue Aufgabe sehen und positiv besetzen.

3. Erfüllen Non-Profit-Organisationen eine besondere Rolle bei der Ausführung von Maßnahmen? Hier lohnt es sich, am Beispiel Leiden (Van der Pennen, 1999, 2000) kurz zu skizzieren, wie Arbeitsbeschaffung und Integration faktisch organisiert sein können. Als wichtigste Organisation gibt es hier 'De Zijlbedrijven', einen Dienst der Gemeinde mit privatrechtlichen Produktionseinheiten. Hier sind alle WIW-Stellen untergebracht. Das geschieht übrigens auf Grund eines privatrechtlichen Kontraktes mit mehreren Gemeinden. Im Durchschnitt gibt es 1500 Arbeitnehmer, die z.T. an andere Organisationen 'ausgeliehen' sind, z.T. in eigenen Betrieben arbeiten. Die Eigenbetriebe können sich einer sozialen Aufgabe widmen, z. B. dem Taxifahren oder der Organisation von Umzügen für Instanzen und Individuen, die mit geringen Finanzmitteln ausgestattet sind; sie können aber auch kommerziell arbeiten. Darüber hinaus gibt es eine 'Nachbarschaftsentwicklungsgesellschaft', eine Stiftung, die mit verschiedenen Aktivitäten darauf abzielt, die Lebensqualität in einem Stadtteil zu verbessern. So wurden u.a. mit einem 'Kreislaufgeschäft' für Gebrauchtwaren und Instandhaltungsarbeiten innerhalb von drei Jahren acht zusätzliche Arbeitsplätze, 35 Stellen für Freiwillige, 7 'Taschengeldstellen' für Jugendliche und Arbeit für 25 Straftäter geschaffen. Drittens besteht mit 'Trajekt' ein Projekt, das bei einer Stiftung für Sozialarbeit untergebracht ist. Im 'Trajektladen' der jeweiligen Stadtviertel wird zusammen mit anderen Instanzen versucht, für schwer vermittelbare Personen (etwas mehr als hundert pro Jahr) Erwerbsarbeit oder eine Freiwilligen- und Ausbildungsstelle zu finden. Dies bedeutet, dass Non-profit-Organisationen zwar an Arbeitsbeschaffung und Integration beteiligt sind, doch als wichtigste Organisation ein öffentlicher Dienst mit vielen privatrechtlichen Elementen und auch kommerziellen Aktivitäten agiert. Diese Organisation könnte auch als Stiftung organisiert sein und wird dies vielleicht auch in der nahen Zukunft sein. Wie bereits erwähnt, werden die Gemeinden zukünftig mehr Mittel und einen höheren Grad an Entscheidungsfreiheit zur Verfügung haben; dafür müssen sie aber die Ausführung von Integrationsprojekten pri-

vaten Organisationen überlassen (Van Hattem, 2000). Ihre eigentliche Arbeit wird dies wahrscheinlich weniger betreffen – ist die Organisation doch keine Behörde sondern eher ein Dienstleistungsbetrieb.

4. Können Non-Profit-Organisationen eine besondere Rolle bei der Abstimmung zwischen Behörden, Betrieben und anderen Instanzen spielen? Das kann gut sein. Die Form der (non-profit-) Stiftung ist in den Niederlanden eine sehr einfache und übliche Form für Kooperationsstrukturen (Dekker, 1999). Aber sie ist auch nicht mehr als eine Form, eine juridische Gestaltungsmöglichkeit. Wer hier kooperiert und wer diese Zusammenarbeit initiiert, ist eine andere Frage, die ich nicht im Allgemeinem beantworten kann. Oft sind es wohl unternehmerische Individuen, die in der Lage sind, auch andere zu überzeugen und zu begeistern. Diese findet man bei den kommunalen Behörden nicht unbedingt seltener als bei den Wohlfahrtsverbänden. Man liest z. B. auch von Geschäftsketten, die nun von sich aus Kooperationen mit Behörden und Non-Profit-Organisationen anstreben, um Problemgruppen zu integrieren – weil sie Schwierigkeiten haben, genügend Arbeitskräfte zu werben, oder sie sich davon neue Kundengruppen versprechen; vielleicht sehen sie es aber auch als 'Unternehmung aus sozialer Verantwortung'. Vor kurzem fand sich in einer niederländischen Zeitschrift für den 'Sozialen Sektor' ein interessanter Bericht über die Initiative eines marokkanischen Bäckers und eines pensionierten Beamten: In einem Stadtviertel machten beide für junge arbeitslose Marokkaner ein Zentrum in einem alten Schulgebäude auf, anfangs mit dem Ziel, der Gruppe einen eigenen Ort für Begegnungen und zur Erholung zu bieten (und um damit die Belästigung des Viertels durch die Gruppe zu vermindern), aber dann beabsichtigte man auch zunehmend, etwas Positives zu entwikkeln. Dies ist erfolgreich: 30 junge Marokkaner haben über eine im Zentrum eingerichtete soziale Aktivierungsinstanz eine subventionierte Arbeitsstelle bekommen. Mit der kommerziellen Arbeitsvermittlung wird zur Zeit verhandelt, ob diese nicht auch Sprechstunden im Zentrum abhalten könnte. Die Gemeinde stellt dabei das Gebäude zur Verfügung und akzeptiert zögernd die selbstständige Position des Zentrums (Galesloot, 2000). In größerer Zahl wird es solche Erfolgsgeschichten wohl nicht geben (sonst wäre es auch nicht Thema eines Zeitungsberichts gewesen), aber sie deutet dennoch eine wichtige 'dritte Vorgehensweise' in Form einer pragmatischen Zusammenarbeit von staatlichen, kommerziellen und Non-Profit-Organisationen an. Diese Art der Kooperation wird in zunehmenden Maße nötig sein. Wie angeführt ist bei vielen der jetzigen Langzeitarbeitslosen fehlende Arbeitserfahrung und zu geringe Qualifizierung und Schulung oft nicht das entscheidende Problem. Die entscheidenden Hindernisse für eine Partizipation am Arbeitsmarkt liegen vielmehr in Gesundheitsproblemen, finanziellen Schwierigkeiten, der Verantwortung für Kinder oder hilfsbedürftige Familienmitglieder, Alko-

hol und Drogen sowie die durch den Arbeitslosenstatus oft vorgegebene Einbindung in eine entsprechende Subkultur. Dies bedeutet, dass für eine Integration immer mehr Instanzen einbezogen werden müssen: Neben dem Sozialdienst, dem Arbeitsamt und dem Schulungsinstanzen dann eventuell eben auch die Kindergrippe, die Polizei, die Wohnungsbaugesellschaft, Psychologen/Psychiater, die Schuldenberatung und auch starke Individuen, die innerhalb der frustrierenden Subkultur Vertrauen und Autorität erwerben können. Sicherlich sind gerade für letzteres 'Privatinitiativen' erwünscht, ähnlich wie bei der Entwicklung des Dritten Sektors – Initiativen, die sich jetzt sicherlich nicht mehr auf nur einen Sektor beschränken können.

Literatur

Beer, P. de, 2000. Banengroei en hardnekkige armoede. In: G. Engbersen, J.C. Vroomn und E. Snel (Hrsg.), Balans van het armoedebeleid. Amsterdam University Press, Amsterdam.

Beer, P. de, Dekker, P., 2000. Die Deutschen haben Probleme, und uns geht es gut... Arbeits- und Zivilgesellschaft in den Niederlanden. Berliner Debatte Initial – Zeitschrift für sozialwissenschaftlichen Diskurs 11/4, 27-40.

Burger, A., Dekker, P. (mit Ploeg, T. van der, Veen, W. van der), 2000. The nonprofit sector in The Netherlands (Final chapter). Den Haag: Sociaal en Cultureel Planbureau (Manuskript).

CBS, 1999. Jeugd 1999, feiten en cijfers. Voorburg / Heerlen: Centraal Bureau voor de Statistiek.

Dekker, P., 1999. Non-profit Sektor und Stiftungswesen in den Niederlanden; Arbeitspapier zum 4. Colloquium der Expertenkommission zur Reform des Stiftungs- und Gemeinnützlichkeitsrechts am 31. Mai 1999 in München.

Dekker, P., 2001. Non-profits in den Niederlanden: entsäult, verpoldert und was jetzt? In: Zimmer, A., Priller, E. (Hrsg.), Der dritte Sektor im gesellschaftlichen Wandel. Sigma Verlag, Berlin.

Galesloot, H., 2000. Goudse bakker start succesvol buurtproject. Tijdschrift voor de sociale sector, Oktober, 4-9.

Hattem, P. van, 2000. De gemeente als opdrachtgever. Sociaal Bestek 10, 9-12.

Pas, I. van de, Jehoel-Gijsbers, G., 2000. Een stap in de goede richting. Sociaal Bestek 5, 18-21.

Pennen, T. van der, 1999. Sozialwirtschaftliche politische Strategie und Praxis: das Beispiel Niederlande. In: Modernisieren ohne auszuschließen. Friedrich Ebert Stiftung (Gesprächskreis Arbeit und Soziales Nr. 87), Bonn.

Pennen, T. van der, 2000. Sociale activering: een brug tussen uitkering en betaalde arbeid. Sociaal en Cultureel Planbureau, Den Haag.

Post, B., Bakker, I., 2000. Een bestaan in de bijstand. ITS, Nijmegen.

SCP, 2000. Nederland in Europa: Sociaal en cultureel rapport 2000. Sociaal en Cultureel Planbureau, Den Haag.

SGBO, 2000. Jeugd en werk. Den Haag: Vereniging Nederlandse Gemeenten / SGBO (Notiz von 30 Mai 2000).

Vijver, O. van de, 2000. Nogmaals een 'sluitende aanpak', Binnenlands Bestuur 40, X.

Zusammenfassung

In diesem Beitrag werden zuerst kurz einige Fakten über den Dritten Sektor (sehr groß, sehr angepasst) und die Jugendarbeitslosigkeit (niedrig, doch bestehen Problemgruppen) in den Niederlanden präsentiert. Dann wird ausführlicher auf die Arbeitsmarktpolitik sowie Arbeitsbeschaffungs- und Intergrationsmaßnahmen für Langzeitarbeitslose eingegangen. Dabei haben Gemeinden auf der Grundlage des 'Gesetzes zur Einpassung von Arbeitssuchenden' z. B. die Aufgabe, für Arbeitslose unter 23 eine 'lückenlose Vorgehensweise' zu entwickeln: Mit auf den Einzelnen abgestimmten Kombinationen von Angeboten für Schulungen, Arbeitserfahrungsprojekten und, wenn nötig, psychologischer und sozialer Hilfe sowie 'sozialer Aktivierung'. Im Rahmen des letzteren kann freiwillige Arbeit eine wichtige Rolle spielen, offiziell als erster Schritt in Richtung Arbeitsmarkt, aber faktisch auch als Alternative dazu. Diese freiwillige Arbeit wird oft in Organisationen des Dritten Sektors geleistet, doch ein Monopol besteht hier nicht. Insgesamt ist die Rolle des Dritten Sektors für die Schaffung von Arbeitsplätzen für Jugendliche sehr begrenzt. Das Problem des Dritten Sektors ist eher, dass es in wichtigen Bereichen wie der Gesundheitsfürsorge und Bildung offene Stellen gibt, weil sie für Jugendliche angeblich zu wenig attraktiv sind. Zum Schluss wird die These vertreten, dass der Dritte Sektor für eine erfolgreiche Integration von Problemgruppen in den Arbeitsmarkt zwar von geringer Bedeutung ist, aber eine Art 'dritter Arbeitsweise' in Form einer gezielten Zusammenarbeit von staatlichen, For-Profit und Non-Profit-Organisationen immer wichtiger wird.

Summary

This contribution starts by presenting in brief a few facts on the (very large and very well adapted) tertiary sector in the Netherlands as well as on youth employment (which is low although with some problem groups). There then follows a more detailed examination of labour market policy and employment creation and integration measures for the long-term unemployed. Here, the "Law on the Integration of Job-seekers" provides for example the basis for communities to develop an "unbroken procedure" for unemployed people under 23 using a combination of training, work experience projects and, if necessary, psychological and social assistance tailored to the needs of the individual as well as "social activation" measures. With regard to the latter, voluntary work can sometimes play an important role, officially as a first step towards the labour market, but in practice also as an alternative to it. This voluntary work often takes place in organisations in the tertiary sector, although they have no monopoly in this respect. Overall, the role of the tertiary sector in the creation of jobs for young people is very limited. The problem facing the tertiary sector is rather that whilst there are jobs available in important areas such as health care and training, these are allegedly too unattractive for young people. The contribution concludes with the thesis, that although the tertiary sector is of little importance for the successful integration of problem groups into the labour market, nevertheless a kind of "third way of working" in the form of intentional cooperation between state, for-profit and non-profit organisations is becoming increasingly important.

Mario M. Roitter

No Vacancy.

Can the non-profit sector make a difference?

*It is not so much to know if we are masters or slaves of our machines,
but if these serve the world and its things...*
Hannah Arendt[1]

Introduction

Even though numerous developed and developing nations have labour markets
which lack sufficient dynamism to absorb new ranks of workers, it is nevertheless
important to identify the specific causes – apart from the structural factors inherent
in current international economic developments – that lead to those situations in
each country, in order to find the best solutions. This paper discusses youth unemployment in Argentina in the context of the acute unemployment problems that
affect diverse social and age groups in Argentina. This paper also puts forward
alternatives oriented towards increasing job opportunities for young people, which
grant a predominant role to the third sector.

Argentina is one of those countries that experienced an early process of modernization at the turn of the XIXth century. In that sense it displayed a high proportion of urban population, a high level of public school enrolment, a relatively
high degree of industrial development and a more progressive distribution of income than the other Latin American countries.

Since the end of the Second World War, Argentina followed the international
trend in transforming the labour market into the main mechanism of welfare distribution and social integration. One of the main underpinnings of the peculiar Argentine welfare system was that the public corporations were engaged in the provision of public utilities as well as in the production of basic inputs for industrial
development. These corporations granted their employees a whole set of benefits
and social services unparalleled in the Latin American Context.

As a consequence of this model the country achieved high levels of social integration and the formation of strong middle classes. Since the economic crisis that
started in the mid 70s and continued until the 90s, we have witnessed a gradual

---

[1] Translated from Spanish

deterioration of the labour market. Although this did not result in a significant increase in unemployment in that period, the productive system did however display its limits in granting adequate employment to all the population willing to work. In this context we have registered a deterioration of the labour market, which translates into an increase of diverse forms of under-employment, the expansion of the urban informal sector and a drop in salaries.

The structural transformation of the 90s initially meant the passage from hyperinflation to a context of growth and stability. However this new scenario has not shown the capacity to generate enough employment to balance the jobs lost during the process of privatisation as well as those lost in the non-competitive sectors of the economy exposed to the globalisation process. On the contrary, it has given birth to an increase in the unemployment rate and consequently in poverty, with both phenomena being heightened by the context of recession since 1998.

Table 1: Argentina: Selected Indicators

Surface (Million square kilometres)	**2.7**
Population 2000 (Millions)	**36.8**
Urban population	**89.6%**
Population between 15 and 29	**25.6%**
Gross Domestic Product (US$ billions)	**283**
GDP per capita (US$)	**7,740**
Life expectancy (Years)	**72**
Child mortality rate	**22.2/1000**
Illiteracy	**3.7%**

Source: National Bureau of Statistics and Census (INDEC)

The unemployment rate has currently reached 15% of the economic population and notably affects youth, particularly those with lower education indices, who are compelled to look for a first job earlier. In this juncture a major national program to generate youth employment was launched during the last decade. However, in spite of its relevance it could hardly achieve its major goals of training youth to enter the labour market and of providing them with actual jobs.

A healthy economy is undoubtedly a necessary condition to reduce the unemployment rate in the medium-term; however it is necessary to make clear what we understand by a healthy economy. The mere elimination of inflation and the re-

236

duction of the fiscal deficit do not appear to be sufficient measures to mitigate, by themselves, the long-term high unemployment rates which Argentina demonstrates. Moreover, the re-establishment of the growth process does not ensure a reasonable reduction of unemployment. This becomes apparent when we witness that the country experienced both an important economic dynamism during the first five years of the 90s coupled with a dramatic destruction of jobs. In effect, the resulting economic structure, the weight of the foreign debt on public accounts and the problems of international competitiveness do not seem to be an optimal starting point to generate a healthy economy in a nation of the dimensions and size of Argentina.

Facing the scenario previously described, this paper presents, in the first place, the basic characteristics of youth unemployment and the social economic and political process that led to the current juncture marked by unprecedented unemployment rates. In the second place it briefly analyses the main public initiatives carried out to generate youth employment and identifies the factors that led to their reduced impact. In the third place it presents the characteristics of the non-profit sector, particularly its contribution to the economy and its capacity to generate employment. Finally this paper introduces some guidelines on the potentialities of non-profit organizations to improve poor youth conditions to enter the market; to reinforce public initiatives and to operate as a source of employment for young people.

2. Youth unemployment in the context of economic stagnation

The intensification of unemployment problems appears to be linked to a process of productive restructuring, especially if it is carried out with the speed and without the presence of compensation mechanisms, as was the case in Argentina. In effect, structural reforms were carried out at the beginning of the 90s, within the context of a profound economic crisis. The main components of these reforms were privatisation, deregulation, the definition of a fixed rate of external exchange and an accelerated opening of the economy to the international market. Though these reforms initially had a positive impact in terms of growth and modernization of the economy, they were not capable of leading to sustainable growth. Instead, they spawned "stop and go" phenomena that led to a situation of economic stagnation and social fragmentation.

An abrupt opening of the economy, without the assistance of the state in a process of productive adequacy was implemented. In this context an increase in the relationship employment-production of tradable goods is to be expected. This would respond, on the one hand to the disappearance of corporations and/or low efficiency sectors that cannot adjust to the new levels of effective protection. On the other hand, those that survive have to increase their productivity – both through the re-organization of work processes, with scarce investment; and also through the incorporation of new technology – with all this resulting in a reduction of the employment level or of employment/product elasticity (Beccaria and López, 1996).

Furthermore, the process of structural transformation experienced by the country has generated a productive structure adjusted to Argentina's natural comparative advantage. Nowadays the most dynamic branches of the economy are those that tap natural resources such as agriculture, gas and fishing. The manufactured activities that have reached a higher degree of development are the ones that produce commodities with a high capital investment and low labour demand. Besides, in spite of the fact that Argentina has registered significant growth in the service sector, its evolution is not similar to that experienced by the economies of the European Community and the US. Argentina does not produce technology[2] and only carries out a limited process of adjustment of the technologies it imports. In that respect, the country has integrated to the so-called *new economy* as a user and not as a generator of *high tech*. This difference is significant, given that it is not the same to be a consumer of computers, software, the internet and cell phones, as to be a producer of such goods.

The collapse of the representatives of the *old Argentine economy* oriented towards the satisfaction of domestic demand has not been replaced by new sectors capable of generating a dynamism that can incorporate the ranks of unemployed workers affected by the structural changes. The employees that used to make up the large staffs of the now privatised public corporations share the same condition. In most cases the new operators adjusted the number of employees in more than 70% of the previously existing jobs. The mass entrance of new commercialisation systems of food and other household consumption goods produced a similar effect. These corporations, which show higher indices of productivity and highly convenient prices, have replaced traditional small and medium scale providers (shops, groceries, hardware stores, etc) producing a profound impact on medium income level sectors of the population.

---

2 An indicator of the weak production of scientific knowledge can be noted in the participation of Research and Technology spending in the GDP, which totals 0,3%. This is 10 times lower than that of developed nations. The levels of investment in Research and Technology and the behavior of corporations and the state in this field are not fertile ground for the creation of quality jobs (Notcheff, 1999).

Table 2: Argentina: Evolution of the Unemployment and Underemployment

	Rate of Unemployment	Rate of Underemployment
1990	8.6	-----
1996	17.1	8.5
2000	15.4	9.5

Source: National Bureau of Statistics and Census (INDEC)

As a consequence of the processes briefly described, and as it can be noted in Table 2, the current unemployment rate has doubled since the beginning of the 90s (15,4% as against 8,1%). Likewise, underemployment, that is, those people who work less than 35 hours a week and would like to work more, has tended to rise slightly up to 9,5% of the population. These figures indicate that one in every four people face serious problems in finding a job. The social impact of this situation is worsened by the fact that, contrary to what happens in industrialized countries, only 5% of the unemployed population receives an unemployment subsidy.

Unemployment has intensified the unequal distribution of wealth as well as poverty. Diverse studies elaborated since the late 80s analyse the emergence of 'the new poor' as the main social transformation produced during 15 years of crisis. This means a significant increase of poverty as a result of the reduction of income that medium level income families went through as a consequence of the deterioration of the labour market, and the inflationary processes that featured the period, whose most paradigmatic expression were the hyperinflation episodes of the late 80s and early 90s. As opposed to the families characterized as "structurally poor", which are mainly composed of the rural migrant population who settled down in the cities, particularly in shanty towns or in crowded tenement housing; the "new poor", which refers to families who had achieved an adequate insertion in the labour market, had access to decent housing and whose children could pursue their studies, etc. These families have a trajectory and a symbolic and social capital that is closer to the non-poor families, but their fate is affected by the deterioration of salaries in the labour market. (Minujin, 1997).

Data corresponding to the metropolitan area of the City of Buenos Aires on the evolution of the incidence of poverty in the past decade shows that the economic measures taken at the beginning of 1991 (Convertibility Plan) had a positive impact on households' income, producing a significant reduction in poverty. In 1993, the percentage of poor households below the poverty line fell to 13%, and households below the indigence line to 3%. This is explained by the effect produced by the stabilization of prices on the salaries purchasing power, and by the positive reaction of the labour market at the beginning of the plan. The increase in the unemployment rate started in 1994, was intensified in 1995 by the Mexican crisis and stabilized in 1996, when the number of poor households had reached 20% of the population.

In contrast to what happened in the 80s – when the impoverishment of the population arose as a consequence of prolonged stagnation and inflation, affecting, to different extents, the entire population – the 90s were characterized by a significant expansion in production. In this decade, the intensification of poverty and indigence can only be explained by a particular type of growth in which income from productivity is not distributed to the whole of the population. This brings about a marked increase in inequality, an unprecedented phenomenon in our country's history [3] (López & Roitter, 2000).

Youth and particularly poor youth are those most affected by the current unemployment and poverty levels[4]. According to recent figures provided by the National Bureau of Statistics and Census (INDEC) approximately 30% of the 2 million people unemployed are under 24 years of age and 50% of the unemployed population is under 29. Youth unemployment is double the national average, with a similar picture being found in the other Latin American countries.

A still more critical fact is that there are more than half a million youngsters who do not work, study or look for a job, due to a generalized lack of expectations. For these young people who are "socially unconnected" it is not easy to participate in training programs given they would previously have to re-enter the formal education system in order to acquire the most basic skills demanded by the labour market.

It is necessary to mention that having a job does not mean walking out of poverty. The conditions of poor young people who are employed and low-qualified have also deteriorated. Between 1997 and 1999 the average salary dropped from 220 to 174 dollars, that is, their income represents a third of the median salary in the economy. Besides, most of them do not work in the formal sector and consequently do not enjoy social security benefits.

A study on youth in Argentina carried out by the Deutsche Bank (1999) indicates that there is a strong feeling of discouragement among those unemployed,

---

[3] While the families corresponding to the richest 10% of the population obtain more than one third of the total income distributed by the labor market; the families at the lowest 10% of the income structure obtain only less than 2% of total income.

[4] 40% of youth live below the poverty line, i.e. in households whose income is not enough to afford the minimum goods and services estimated at 500 dollars.

given that 44% consider it unlikely that they will obtain an 8 hour job in the following 3 months and that 13 % are no longer looking for a job.

The negative expectations exhibited by young people are based on the characteristics adopted by structural unemployment in Argentina. To the extent that the unemployment rate remains high, there are less possibilities of generating youth employment, particularly of generating jobs for poor youth given that less qualified positions currently employ people who are over-qualified.

Public Policies to curb unemployment

From what was previously mentioned, high unemployment is a relatively "new" issue in Argentina. However, it has reached such a scope in the last years that it has become the problem that raises most concern in Argentine society.

At the beginning of the 'Nineties, the first governmental reaction to the problem was to downplay the question and consider unemployment as a transitory problem. However, as time passed unemployment grew and since the end of 1993 the national government as well as some provincial governments have started to implement diverse initiatives to tackle this problem. The first measures taken include modifications in the regulatory framework of labour contracts that resulted in the reduction of labour costs. At the same time a National Employment Fund was created to provide modest unemployment insurance and to finance training activities.

In spite of the fact that the state launched various activities to tackle the unemployment problem, the emphasis was placed on the reduction of labour costs, that is, on the means through which government intended to promote the generation of employment and increase the competitiveness of the economy. However, these measures have not reduced unemployment, whose scope seems to be more related to the economic cycle and the potentialities of the Argentine economy than to the regulations of the labour market itself. What is more, in the current recessive context these measures have facilitated lay-offs due to the cost reductions generated by deregulation.

The steps taken by the national government have encompassed both the so called "passive" policies, that is, those designed to ensure an income for the unemployed, as well as "active" polices whose aim is to improve directly or indirectly the employment level either via the supply or the demand side. In that respect, the latter include: a) policies aimed at improving the institutional framework of the labour market; b) training or professional education policies; c) policies to stimulate the generation of employment in the private sector; and, d) policies directly oriented towards generating employment (Cárcar, 1998).

Among these active policies, those focused on youth were basically training programs. Generally speaking, training programs are financed by the national government, part of then with international credits, and are implemented by private training centers, corporations, development NGOs, and to a lesser extent, public schools.

Though it is true that these training programs have contributed to improve the possibilities of entering the labour market for those who have attended these courses, they have been ineffective in improving the possibilities of low-income sectors and unemployed women. Besides, these programs have only increased access to very low wages and precarious labour conditions.

It would in any case be difficult to expect a different situation than the one depicted. Though these programs started off with a correct diagnosis, namely the existence of a positive correlation between the type and level of training and the possibilities of employment, training alone does not solve the problems of an economy that is not capable of generating greater dynamism in the labour market.

There are critics of training programs for the generation of employment who maintain that there would be a substitution effect (one candidate would substitute another generating an excessive cost to the state). According to Tokman (1997) this argument is difficult to prove if we consider the long term, given that training is crucial when corporations have potential vacancies. In that case, there would be no substitution but net generation of employment. As many authors now argue, there is a transition towards employment in which access to a stable position is preceded by precarious and/or temporary jobs. The risk in these programs is that, in the cases in which they are not focused on the most vulnerable sectors of the population, they can simply increase the capacity to gain access to a job on the part of those who already have the requirements to enter the labour market (Cárcar, 1998).

The state, for its part, has shown a limited capacity to confront the unemployment levels that feature in the Argentine context. When the economic dynamics pull workers out of the market and the employment policies are concentrated on the social policy field, there are strong restrictions facing the demand for funds that these actions require. In that respect, even in the most industrialized nations social security systems have demonstrated they can only operate in relatively good conditions when the unemployment rate is kept below 10% (Birkhölzer & Lorenz, 1998).

There are other questions that also limit public actions. These questions are: the heterogeneity of unemployed people, the absence of criteria to evaluate the success of these initiatives, the lack of evaluation and monitoring mechanisms, the need to widen the contents of the courses and the articulation of these courses with the needs of the productive system in some cases, and with the needs of the informal sector of the economy in others. The latter has exhibited a growing relevance in Argentina and in other Latin American countries, as it constitutes one of the most characteristic features that differentiate our region from the labour markets existing in developed countries. All these questions, as we shall see later, are comparative advantages for the intervention of non-profit organizations in these activities.

However, beyond these limitations there are also positive questions to highlight. On the one hand these programs generate spaces for young people to communicate and socialize with their peers. On the other, they create a new instance of training and constitute a bridge for youth to re-enter the formal education system. When training programs are conceived in an integrated fashion, i.e. they are not restricted to transmitting skills for labour activities, they can have a positive effect particularly on poor youth. Integrated programs allow them to incorporate other skills as well as to widen their cultural frame of reference.

In this regard, it is crucial to articulate different types of actions, such as: technical training, non-formal activities (sports, arts, recreation), as well as assistance and promotion initiatives. The comprehensiveness of the initiatives instead of isolated and unilateral interventions with populations who show relevant needs produce a greater impact (Jacinto et al, 1998).

When the beneficiary population of the policies is composed of young people who have abandoned the formal education system, the possibility of re-insertion into the school system should not be overlooked, and this should be complemented with training activities oriented towards promoting the young people's capacity for initiative and autonomy, providing them with the tools that allow them to act under conditions of uncertainty and adverse situations. Hence it is a question of transferring competences for action in everyday life and of increasing their social capital. The latter is crucial amidst the *secessionist* tendencies registered in current societies, and has a bearing on the most vulnerable youth who, not being protected by networks, are not benefited by the interactions among the different social groups. (Murriello, 1995; Tokman, 1997).

Another issue which can be highlighted in the case of the programs designed for youth is that both in terms of content and approach they should incorporate not only market demands but should also take into account the expectations, characteristics and integral needs of the beneficiary populations (Jacinto et al, 1998). In is thus relevant to incorporate the motivations of the population to be assisted given that in many cases the main concerns of young people are not necessarily and exclusively their insertion into the labour market. These other issues should be considered if the intervention is to be successful. Hence it is important to channel the training programs through organizations that have a diversity of programs and services. NGOs or the third sector organisations appear to be the most appropriate to face this type of challenges. (Jacinto et al, 1998; Gallart, 2000).

3. The Third Sector as a key actor in tackling unemployment

In the context of the transformations previously described and of the social consequences they have brought about, the presence of non-profit organizations – or NGOs[5]- has increased significantly, reflecting a new distribution of roles between the public and private spheres in Argentina. This wide range of organizations is beginning to be conceptualised from different angles as a *sector* with characteristics that differentiate it from the market and the state. The remarkable space they occupy in the media, the emergence of different instances of training, the creation of specific institutional areas, their economic weight, the relevance they are attributed as providers of services both by the state and multilateral agencies, as well as the credibility they enjoy, are some of the elements that make them an emerging sector (See Salamon and Anheier, 1994; Salamon et al, 1999)

Likewise, in the recent years we have witnessed a redefinition of the quantity and quality of relations established by non-profit organisations with different social actors as the state, corporations, and international cooperation. A growing number of technical and financial cooperation activities are registered between the state and NGOs. Thus the organizations are performing new roles in the training, consulting, execution, monitoring and evaluation of social programs enjoying state financing. The advantages non-profit organizations have in this field are linked with factors such as: the handling of specific information, the expertise of their public resources, their capacity to operate at lower costs, their proximity to the beneficiaries, and in certain cases with a greater quality and operative capacity.

The redefinition of their relations implies new demands. In order for the organizations to meet the need to strengthen their organizational capacities and those of their members, as well as to effectively increase their activities in cooperation with other agents, it is necessary for them to improve their performance and their impact incorporating accountability practices into their organizational routine.

---

5 Though these terms are not necessarily the same in Latin America, they will be used as equivalents in this paper.

Table 3: The Size of the Non-profit Sector in Argentina [*]

Number of Non-profit Organizations	76,760
Employees	464,000
Volunteers	2,209,000
Expenditures (US$ millions)	10,500
Non-profit share of Total Employment	4.4%
Non-profit share of GDP	5.1%

[*] Including religious congregations
Source: CNP- Johns Hopkins University – CEDES

Studies carried out in different parts of the world have demonstrated that the Third Sector is an important source of employment in our societies (Salamon & Anheier, 1996; Salamon et al., 1999; Defourny & Monzon Campos, 1992). In the case of Argentina data estimated by the Center for Studies of State and Society within the Johns Hopkins Comparative Non-Profit Sector Project show that there are 76 thousand non-profit organizations (including religious congregations) in the country. These entities encompass 460 thousand employees and nearly one and a half million volunteers. If we estimate the number of full time jobs represented by these volunteers, we find that volunteer work contributes with the equivalent of more than 200 thousand full time jobs (Roitter et al, 1999).

Likewise, the figures available for a set of industrialized countries show that the third sector has a significant capacity to generate jobs. As Salamon et al (1999) point out, non-profit employment in the eight countries for which time-series data are available grew by an average 24 percent, or more than 4 percent a year from 1990 and 1995.

There are no recent figures on the creation of jobs by the non-profit sector in Argentina. But, taking into account only paid staff, the non-profit sector in Argentina generates nearly 4.4% of total employment and 11% of service sector employment, which indicates its relevance in the local labour market.

The relation established between the non-profit sector and the question of employment has been addressed form different perspectives by European and American authors. In France, authors as Pierre Rosanvallon (1995), consider the non-profit sector as an intermediate zone between the market and the state where new citizen's rights could be created, i.e. the right to social insertion on the basis of the minimal insertion income. Based on the French experience Pierre Rosanvallon argues that a solution to overcoming problems presented by the unemployment subsidy can be implemented through a socially useful job. To achieve this the

245

state, by means of the national budget, could subsidize the generation of employment within the non-profit sector, and non-profit organizations could provide employment without adopting the classical form of the wage contract.

Robert Castel (1995) also studies the use of the non-profit sector as an anti-cyclical mechanism in situations of high unemployment when he analyses the crisis of the "salary society" in contemporary societies. Contrary to Pierre Rosanvallon who sees in this a positive dimension of citizenship recreation through welfare practices, Robert Castel states that the non-profit sector can recreate neo-paternalistic modes, in which new post-modern methods of exploitation could be generated together with old assistance practices.

In the US a debate regarding "workfare" as an alternative to "welfare state" took place in the '80. Within this debate, and from different political views, the non-profit sector was re-valued as an alternative to the application of unemployment insurance. Jeremy Rifkin (1996) shares with his European counterparts the concern on the shortcomings of global and hyper-technological economy for providing employment to the population. The author believes that the expansion of the non-profit sector is a source of job generation that has to be explored and supported by the state through public policies.

What underlies these theoretical approaches is the conviction that we are not facing mere problems of adjustment in the mode of functioning of our economies, but that we are facing a new paradigm of economic and social development in which unemployment will be, at least in the medium term, one of its basic features. Thus it is necessary to resort to novel mechanisms of social integration. In that sense, it is necessary to move away from the assumption that unemployment results from the mere maladjustment between market needs and the capacities of the work force; a gap that could be breached only with more and better training.

In different modes during the nineties, third sector organizations have been trying in and autonomous way or in cooperation with the state to face the challenges that not even the state or the market have been able to approach successfully. Moreover, new initiatives for the self-generation of employment have emerged within the so called informal economy which, in contrast to what happens in developed countries, constitutes a large alternative field for the development of activities that provide support for poor people in Latin America. In many cases, these initiatives have achieved growing degrees of organization and can receive the support of NGOs with the aim to improve their performance and the social impact of their actions. There is still a lot to do to transform the informal sector and make it a an autonomous space capable of generating social benefits with its own rules, and in which non-mercantile modes of interaction based on solidarity and reciprocity can be promoted.

246

This does not seem to be a challenge only for developing countries. In that effect, the *Employment and Certification Societies* (BQG) created in Germany after reunification, base their strategy in the replacement of their disadvantages (chronic lack of capital as well as of all of other resources) by cooperation strategies. Thus for instance they develop alliances oriented towards organizing a common management strategy or utilizing resources in an associative mode, or making use of public spaces (schools, clubs, etc); all this aiming at serving the community through a non-profit initiative. The long-term capacity of these organizations to survive depends on the degree of participation and internal democracy they can achieve and on the adequacy of their services to local or regional needs (Birkhölzer & Lorenz, 1998).

As mentioned above, mixed offers with the participation of the state and NGOs oriented towards facing the unemployment problem have emerged in the recent years. In the case of training activities, NGOs carry out the training programs and the state provides the funds and certifies the training. These are generally comprehensive offers that articulate different types of youth needs and specific preparation for a particular skill or task, as well as the reinforcement of basic capacities, and the development of community work. In some cases networks of organizations are formed –sometimes supported by the Catholic Church- that include among their activities the exchange of experiences, the training of trainers, and the systematisation of job opportunities (Gallart, 1998). Likewise, it is crucial to have a partner in the public sector, especially if there is no need to show immediate results, given that in those cases the capacity to try innovative approaches is low (Favreau, 1998).

As this paper has presented, training processes demand a certain delicate tuning that can hardly be achieved if they are carried out without the support of the organizations close to youth needs and expectations. In that sense and given that the increase of unemployment is not homogeneous to different population groups (mid-career workers, women, untrained youths, etc.), NGOs can develop selective training courses not only adapted to the requirements of the labour market but also oriented towards satisfying the expectations of those who participate in the training programs. Young people should not only be considered as mere passive receptors of knowledge.

Besides, non-profit organizations can also work with local governments in small and medium scale areas so that subsidies for unemployed families can be integrated to training and social development processes thus increasing the social capital of unemployed people. In this respect, it is important to highlight that non-profit organizations included in networks and alliances can provide more job opportunities for poor youth in situations of profound exclusion. Cooperation with religious organizations can be highly useful here, as well as with corporations who can "provide" diverse forms of social capital to socially marginalized sectors of the population.

Concerning this, there is a fertile ground to advance into "three-sector" initiatives aiming at generating job opportunities for poor young people. This type of initiative can convoke corporations, NGOS and local governments. The main contribution corporations could make would include the voluntary work of employees and of retired workers who could act as mentors. One or various NGOs would provide support to young people grouped in what could be termed an *employment team*. The state for its part would provide financial resources or other type of subsidies. At this stage the role of the corporation is philanthropic and it does not constitute a space for internships or to generate job opportunities. Here one must bear in mind the fact that the idea is to generate an autonomous and sustainable initiative.

Evaluation activities are also another space for cooperation between the non-profit sector and the state. In a context of scarce resources it is crucial to evaluate the impact of subsidies and training activities and other types of public programs oriented at generating youth employment. In that sense, some non-profit organizations have the capacity to develop an independent professional opinion on these activities.

Conclusions

To conclude, it is possible to say that there is an important role for non-profit organizations to fulfil in job training that might also improve the quality and impact of public job programs. In fact, non-profit organizations are already performing this role. These organizations can also play an important role in coordinating job programs with corporations.

The main advantages presented by NGOs are that they can be closer to youth needs and expectations and thus develop activities not directly linked to job training (i.e. recreational) which can operate as bridges to help youth re-enter the formal education system or prevent them from leaving school.

In order to increase the possibilities of success of these projects, it is necessary to increment social cohesion among the people and groups involved. The feeling of belonging to a specific community is crucial if the aim is to articulate initiatives based on solidarity. In that respect, there is a lot to be done to promote an associative atmosphere among the youth from communities affected by poverty and despair. NGOs can contribute to the development of a systemic approach, both under mixed initiatives or in public initiatives, to promote employment and to articulate those initiatives with their environment in order to generate the social capital required to carry out them successfully.

Another specific contribution NGOs can make, particularly those that are more professional, is to promote the building of a collective feeling of initiative among young people. The capacity to formulate proposals and the development of an organizational culture promoting team work is a crucial input for this kind of project.

To sum up, programs oriented towards the promotion of youth employment with higher possibilities of success require the development of quality initiatives that demand integral and high cost strategies and that will rarely find organizations other than NGOs which have the capacity to face such a challenge. Non-profit organizations also exhibit a high degree of flexibility in integrating training and productive activities through the development of micro-enterprises or by taking on people who are being trained in community activities.

Finally, there is an urgent need to widen the scope of knowledge on the potential contribution of non-profit organizations operating as key actors in anti-cyclical employment policies, that is, as generators of employment through public subsidies. At the same time, it would be highly useful to increase our knowledge of the modalities of cooperation that can be developed together with other organizations in the so called social economy, such as cooperatives, trade unions and mutual aid associations.

Bibliography consulted

Beccaria, L., López, N., 1996. Sin Trabajo (Without a job). UNICEF-Losada, Buenos Aires.

Birkhölzer, K., Lorenz, G., 1998. Las sociedades de empleo y calificación en apoyo de la reunificación. In: Defourny, J. et al Inserción y nueva economía social (Insertion and new social economy). CIRIEC, Valencia España.

Cárcar, F., 1998. Políticas labourales implementadas en Argentina y su relación con las grandes empresas. In: Nochteff, H. (Ed), La Economía Argentina a fin de siglo: fragmentación presente y desarrollo ausente (The Argentine economy at the turn of the century: current fragmentation and absent development). Flacso- Eudeba, Buenos Aires.

Carpio, J., Klein, E. , Novacovsky, I., 2000. Informalidad y exclusión social (Informality and Social Exclusion). OIT- Fondo de Cultura Económica, Buenos Aires.

Castel R., 1995. The metamorphosis of the social. Seuil, Paris.

Defourny, J., Favreau, L. , Laville J. L., 1998. Inserción y Nueva economía social (Insertion and new social economy). CIRIEC, Valencia España.

Defourny, J., Monzón Campos, J., 1992. The Third Sector Cooperative, Mutval & Non-profit Organizations. CIRIEC – De Boeck Universite, Belgium.

Defourny, J., Nyssens M. , Simon, M., 1998. De las asociaciones sin ánimo de lucro a la sociedad de finalidad social. In: Defourny, J. et al Inserción y nueva economía social (Insertion and new social economy). CIRIEC, Valencia España.

De Moura Castro, C., Verdisco, A., 1998. Training Unemployed Youth in Latin American; Same story. Inter American Development Bank – IDB -, Washington.

Deutsche Bank, 1999. Segundo Estudio sobre la Juventud en Argentina (Second Study on Youth in Argentina). Planeta, Buenos Aires.

Favreau, L., 1998. Movilización social, inserción y desarrollo local: La experiencia de Quebec Canadá. In: Defourny, J. et al Inserción y nueva economía social (Insertion and new social economy). CIRIEC, Valencia España.

Gallart, M., 2000. Los desafíos de la integración social de los jóvenes pobres: la respuesta de los programas de formación en América Latina. In: Gallart M. Formación, pobreza y exclusión (Training, poverty and exclusion). OIT, Montevideo.

Jacinto, C., 1998. El caso de la Argentina. In: Jacinto, C. y Gallart, M. Por una segunda oportunidad: la formación para el trabajo de jóvenes vulnerables (Seeking a second opportunity: job training for vulnerable youth). OIT, Montevideo.

Lopez, N., Roitter, M., 1999. Diagnóstico social. (Social Diagnostic) Working Paper, Buenos Aires.

Murriello, A., 1995. Una controvertida articulación: educación y trabajo. Algunas reflexiones a partir de Proyecto Joven (A controversial articulation: education and job. Some reflections of Proyecto Joven).

Nochteff, H., 1998. La Economía Argentina a fin de siglo: fragmentación presente y desarrollo ausente (The Argentine economy at the turn of the century: current fragmentation and absent development). Flacso-Eudeba, Bs As.

Rifkin, J., 1994. The end of work: The decline of global labour force and the dawn of the post-market era. Putman Berkley, New York.

Roitter, M., Salamon, L., Rippetoe, R., 1999. Descubriendo el Sector sin fines de lucro en Argentina: su estructura y su importancia económica (Discovering the Non-profit Sector in Argentina: its structure and economic relevance). CEDES

- The Johns Hopkins Institute for Policy Studies Center for Civil Society Studies, Buenos Aires.

Rosanvallon P., 1995. The new social question: rethinking the State of Providence. Seuil, Paris.

Salamon, L., Anheier, H., 1994. The Emerging Sector: an overview. The Johns Hopkins Institute for Policy Studies Center for Civil Society Studies, United States of America.

Salamon, L., et al. 1999. Global Civil Society Dimensions of the Non-profit Sector, The Johns Hopkins Institute for Policy Studies Center for Civil Society Studies, United States of America.

Thompson, A., 1995. (Ed) Público y Privado. Las organizaciones sin fines de lucro en Argentina (Public and Private. Non-profit organizations in Argentina) UNICEF – Losada, Buenos Aires.

Tokman, V., 1997. Jovenes, formacion y empleabilidad (Youth, training, employability) . In: Boletin Cinterfor N° 139/140.

Summary

Since the end of the Second World War, Argentina has followed the international trend, transforming the labour market into the main mechanism of welfare distribution and social integration. Since the beginnings of the economic crisis which started in the mid 70s and continued into the 90s, we have witnessed a gradual deterioration of the labor market. The structural transformation in the last decade initially meant the passage from hyperinflation to a context of growth and stability. However this new scenario has not shown the capacity to generate enough employment to replace the jobs previously generated by the public sector and the non-competitive sectors of the economy lost as a consequence of the globalisation process. By contrast it has given birth to an increase both in the unemployment rate and, consequently, in poverty, with both phenomena currently being compounded by the recessive context. Unemployment currently stands at 15% of the economically active population and notably affects youth, particularly those with lower education indices, who are compelled to look for a first job earlier.

This paper begins by presenting the basic characteristics of youth unemployment and the social, economic and political process that led to the current juncture marked by unprecedented unemployment rates. It then goes on to briefly analyse the main public initiatives carried out to improve the employability of youth. Finally it presents the characteristics of the non-profit sector, particularly its capacity to generate employment and provide training for young people.

Zusammenfassung

Nach dem Ende des zweiten Weltkrieges folgte Argentinien dem internationalen Trend und transformierte den Arbeitsmarkt in das Hauptinstrument zur Wohlstandsverteilung und zur gesellschaftlichen Integration. Seit den Anfängen der Wirtschaftskrise Mitte der 70er Jahre bis heute können wir eine schrittweise Auflösung des Arbeitsmarktes beobachten. Die strukturelle Transformation im letzen Jahrzehnt sollte ursprünglich den Übergang von der Phase der Hyperinflation zu einer von Wachstum und Stabilität markieren. Allerdings hat dieser neue Ansatz bislang weder die entsprechenden Kapazitäten entwickelt, um eine angebrachte Beschäftigungswirkung zu entfalten, noch die Arbeitsplätze, die im öffentlichen und gemeinnützigen Sektor entstanden sind und die nun in Folge der Globalisierung verloren gegangen sind, ersetzen können. Im Gegenteil, die Transformation verursachte einen Anstieg der Arbeitslosenquote und damit auch der Armut. Beide Phänomene werden gegenwärtig durch die Rezession noch verstärkt. Die Arbeitslosenquote liegt gegenwärtig bei 15% der arbeitsfähigen Bevölkerung und betrifft spürbar die Jugendlichen, vor allem die Jugendlichen mit niedrigeren Bildungsniveau, die gezwungen sind, viel früher den Einstieg in den Arbeitsmarkt zu finden.

Diese Arbeit präsentiert zuerst die wesentlichen Merkmale der Jugendarbeitslosigkeit, und die sozioökonomischen und politischen Prozesse, die zu der jetzigen Situation, gekennzeichnet von einer einmalig hohen Arbeitslosenquote, geführt haben. Zum zweiten werden die wesentlichen staatlichen Initiativen zur Verbesserung der Beschäftigungschancen Jugendlicher kurz analysiert. Zum dritten werden in dieser Arbeit die Merkmale des gemeinnützigen Sektors dargestellt, vor allem dessen Kapazität, Beschäftigungs- und Ausbildungswirkung zu erzeugen.

Internationales Expertenforum

„Zukunft Schaffen: Strategien Gegen Jugendarbeitslosigkeit"

24. – 26. Oktober 2000, Hannover

Veranstalter:	TDP – Trägergesellschaft Deutscher Pavillon mbH mit ihren Gesellschaftern: • Die Bundesrepublik Deutschland • Die 16 Bundesländer der Bundesrepublik Deutschland • Die EXPO-Beteiligungsgesellschaft der Deutschen Wirtschaft mbH & Co. KG
Idee u. Konzeption:	• Prof. Claus Groth, Geschäftsführer der Trägergesellschaft Deutscher Pavillon mbH • Prof. Dr. Wolfgang Maennig, Universität Hamburg
Planung und Organisation	TEAM Deutscher Pavillon mbH: • Oliver Hasenkamp (Projektleiter) BRIDGES Public Management Consulting GmbH, Berlin: • Michael Weber, Geschäftsführer Partner • Dr. Ute Gallmeier (Projektleitung)

Für Rückfragen:

Universität Hamburg
Institut für Außenhandel und Wirtschaftsintegration
Prof. Dr. Wolfgang Maennig
Von-Melle-Park 5, 20146 Hamburg
Tel.: 040-42838-4622
Fax: 040-42838-6251
E-mail: wmaennig@t-online.de
www.rrz.uni-hamburg.de/iiw

Claus Groth / Wolfgang Maennig (Hrsg.)

Jugend und Arbeit

Die Düsseldorfer Thesen

Frankfurt/M., Berlin, Bern, New York, Paris, Wien, 1998. 74 S.
ISBN 3-631-33840-6 br. DM 18.–*

Die Arbeitslosigkeit in Deutschland ist zu hoch. Sie hat negative soziale, politische und ökonomische Konsequenzen in kurz- und langfristiger Sicht. In einigen europäischen Nachbarländern ist die Jugendarbeitslosigkeit dagegen erfolgreicher bekämpft worden. Diese Politikmaßnahmen sollen dargestellt und analysiert werden. Aus der Diskussion dieser Maßnahmen auf dem Kongreß für „Jugend und Arbeit 2000" ergaben sich dann die „Düsseldorfer Thesen", die sich an alle beteiligten gesellschaftlichen Gruppen wenden.

Aus dem Inhalt: Claus Groth / Wolfgang Maennig: Handlungsbedarf und Handlungsoptionen zur Jugendarbeitslosigkeit – Richard Münchmeier: Die Bedeutung von Arbeit und Arbeitslosigkeit für deutsche Jugendliche – Ergebnisse aus der Shell Jugendstudie '97 – Torben M. Andersen: Jobangebote und verringerte Arbeitslosenzahlungen – das Beispiel Dänemark – Paul Gregg: Beschäftigung als eine Herausforderung: Lehren aus dem Vereinigten Königreich – Ronald Schettkat: Arbeitszeitverkürzung – das niederländische Beschäftigungswunder – Charles Wyplosz: Die Lektion aus Frankreich: What *not* to do! – Wolfgang Franz: Jugendarbeitslosigkeit – Was können wir vom Ausland lernen? – Winfried Hamel: Statement zum Kongreß Jugend & Arbeit *JA2000* – Düsseldorfer Thesen

Peter Lang · Europäischer Verlag der Wissenschaften

Frankfurt/M · Berlin · Bern · Bruxelles · New York · Oxford · Wien
Auslieferung: Verlag Peter Lang AG
Jupiterstr. 15, CH-3000 Bern 15
Telefax (004131) 9402131

*inklusive Mehrwertsteuer
Preisänderungen vorbehalten
Homepage http://www.peterlang.de